成本管理会计理论与实践

盛天松 著

吉林人民出版社

图书在版编目（CIP）数据

成本管理会计理论与实践 / 盛天松著 . -- 长春：吉林人民出版社 , 2020.11
ISBN 978-7-206-16948-9

Ⅰ . ①成… Ⅱ . ①盛… Ⅲ . ①成本会计 Ⅳ . ① F234.2

中国版本图书馆 CIP 数据核字 (2020) 第 228008 号

责任编辑：郭　威　刘　学
封面设计：黄伟娟

成本管理会计理论与实践
CHENGBEN GUANLI KUAIJI LILUN YU SHIJIAN

著　　者：盛天松
出版发行：吉林人民出版社（长春市人民大街 7548 号　邮政编号：130022）
咨询电话：0431-85378007
印　　刷：北京军迪印刷有限责任公司
开　　本：787mm×1092mm　　1/16
印　　张：18　　　　　　　　　字　　数：301 千字
标准书号：ISBN 978-7-206-16948-9
版　　次：2021 年 4 月第 1 版　　印　　次：2021 年 4 月第 1 次印刷
定　　价：78.00 元

如发现印装质量问题，影响阅读，请与印刷厂联系调换。

前言
PREFACE

　　自 20 世纪 80 年代中后期以来,高新技术迅速发展,技术创新不断运用于产业经济,导致企业生产技术体系及生产组织管理发生了巨大变化,从而对会计信息提出了更高的要求。成本会计不仅要提供用于企业资产计价和损益确定的可靠性信息,而且要提供与企业经营管理具有高度相关性的信息。在此背景下,成本会计与管理会计呈现相互渗透、相互交融、合二为一的发展趋势。

　　成本管理会计作为现代企业规划未来、提升竞争能力的重要信息系统和管理工具,其基本理论和方法已经成为企业管理者必须学习的基本知识。随着经济结构调整的深化,成本管理在经济转型和企业升级中的巨大潜力被越来越多的国人所认识、所强调。

　　本书主要从产品成本计算的一般方法、本量利分析与全面预算、变动成本计算法与作业成本计算法、成本费用的归集与分配、成本预测和成本控制、责任会计与战略管理会计、短期经营决策与长期投资决策、会计业绩评价以及成本报表分析等方面为读者介绍成本管理会计的相关问题。

目录
CONTENTS

第一章　成本管理会计概述 ·· 001

　　第一节　成本管理会计的基本知识 ·································· 001
　　第二节　成本管理会计的理论依据 ·································· 011
　　第三节　成本管理会计信息及其质量要求 ······················· 030

第二章　产品成本计算的一般方法 ······································· 034

　　第一节　品种法分析 ·· 034
　　第二节　分批法分析 ·· 037
　　第三节　分步法分析 ·· 047

第三章　变动成本计算法与完全成本计算法 ······················· 054

　　第一节　变动成本计算法与完全成本计算法 ··················· 054
　　第二节　变动成本计算法的特点与评价 ··························· 057
　　第三节　作业成本法分析 ·· 062

第四章　本量利分析与全面预算 ··· 081

　　第一节　本量利与保本点 ·· 081
　　第二节　目标利润与利润敏感性 ····································· 088
　　第三节　全面预算及其编制 ·· 092
　　第四节　预算编制的常用方法 ·· 103

第五章　成本费用的归集与分配 ································· 108
第一节　基本要素费用与待摊预提费用 ······················ 108
第二节　辅助生产费用与制造费用 ····························· 114
第三节　停工损失与在产品的成本核算 ······················ 120

第六章　成本预测与成本控制 ·· 131
第一节　成本预测的步骤与实施 ································ 131
第二节　成本控制与标准成本法 ································ 140
第三节　标准成本的制定与账务处理 ························· 146

第七章　责任会计与战略管理会计 ································· 155
第一节　责任会计与战略管理会计概述 ······················ 155
第二节　责任中心与内部结算 ···································· 171
第三节　竞争优势与价值链分析 ································ 195
第四节　成本动因分析 ··· 204

第八章　短期经营与长期投资决策 ································· 209
第一节　短期经营决策概述 ······································· 209
第二节　定价、生产与存货决策 ································ 217
第三节　长期投资决策概述 ······································· 239

第九章　会计业绩评价分析 ·· 255
第一节　成本中心与收入中心的业绩评价 ·················· 255
第二节　利润中心与投资中心的业绩评价 ·················· 258
第三节　平衡计分卡的特点及指标 ···························· 263

第十章　成本报表与成本分析 ······································· 271
第一节　成本报表 ·· 271
第二节　成本分析 ·· 275

参考文献 ··· 281

第一章
成本管理会计概述

成本管理会计是为了适应特定的经济发展的要求而产生的，并在与外部环境的相互作用中不断发展。在过去几十年中发展起来的产品成本计算方法和成本管理实践对特定类型的决策环境和特定类型的生产技术是适用的。但在20世纪80年代，伴随着日益白热化的国际竞争而出现的利润空间的急剧缩小，使精确计算产品成本和加强成本控制在管理决策中占据了关键的地位。在当今的经济环境中，信息的产生和使用，尤其是成本管理信息的产生和使用是管理者有效进行管理、提升竞争地位的重要因素。如今，任何一个企业的成功——小到社区的便利商店，大到跨国公司，都离不开成本管理会计。

第一节 成本管理会计的基本知识

一、成本的含义

成本是商品经济的产物，是商品经济中的一个经济范畴，是商品价值的主要组成部分。

长期以来，我们主要以马克思在《资本论》中的有关论述来论证成本的含义。马克思指出，产品的价值（W）由三个部分组成，即生产中消耗的生产资料的价值（C）、劳动者为自己所创造的价值（V）以及劳动者为社会创造的价值（M），其中，产品成本由 C+V 构成。因此，从理论上说，产品成本是企业在生产过程中已经耗费的、用货币额表现的生产资料的价值与相当于工资的劳动者为自己所创造的价值总和。由于过分强调 C+V 的普遍意义，因此，人们将马克思所界定的产品成本当作一般的成本概念，即将 C+V 当作成本的全部，却忽略了成本的内涵是随着经济的发展而发展的事实。

事实上，产品成本属于成本，但成本并不等于产品成本。由于成本与管理相结合，因此，成本的内涵往往要服从于管理的需要。此外，由于从事经济活动的内容不同，成本的含义也不同。

美国会计学会（AAA）下属的成本概念与标准委员会将成本定义为：成本是指为达到特定目的而发生或应发生的价值牺牲，它可以用货币单位加以衡量。会计学对成本的一般定义是：特定的会计主体为了达到一定的目的而发生的可以用货币计量的代价。

会计人员将成本定义为：为了取得某些财产（如材料）或接受劳务（如人力资源）而牺牲的经济资源。

经济学家对成本的定义则较为宏观：凡是经济资源的牺牲都是成本。换言之，成本可以是有形或无形的，可以是主观认定或客观认定的，可以是货币性或非货币性的，也可以包括社会成本（如因噪音和污染）所引起的成本。

综上所述，根据不同的经济环境和不同的行业特点，对成本的内涵有不同的理解。但是，成本的经济内容归纳起来有两点是共同的：一是成本的形成是以某种目标为对象的。目标可以是有形的产品或无形的产品，如新技术新工艺；也可以是某种服务，如教育、卫生系统的服务。二是成本是为实现一定的目标而发生的耗费，没有目标的支出则是一种损失，不能叫作成本。

二、成本与费用

成本（cost）与费用（expense）是一组既有紧密联系又有一定区别的概念。区分成本与费用是非常重要的。成本是指生产某种产品、完成某个项目或者说做成某件事情的代价，也即发生的耗费总和，是对象化的费用。费用是指企业在获取当期收入的过程中，对企业所拥有或控制的资产的耗费，是会计期间与收入相配比的成本。成本代表经济资源的牺牲，而费用是会计期间为获得收益而发生的成本。

在财务会计中，成本分为未耗成本与已耗成本两大类。未耗成本是指可以在未来的会计期间产生收益的支出，此类成本在资产负债表上列为资产项目，如设备存货及应收账款等。已耗成本则是指本会计期间内已经消耗且在未来会计期间不会创造收益的支出。这类成本又可分为费用和损失：前者在利润表上列为当期收益的减项，如已销产品的生产成本及各项期间费用等；后者则因无相应利益的产生而在利润表上列为营业外支出等项目，如火灾、水灾等自然灾害造成的损失。

典型的成本是产品成本，其实质就是各项生产耗费的价值凝结，同时，它也被用作存货资产价值的计量。在产品没有被售出之前，产品成本始终作为资产的一个组成部分。一旦产品售出，其成本就转化为出售当期的销售成本，并与当期发生的其他费用一起，由当期营业收入予以补偿。由此可以得出以下结论：第一，费用是成本的基础，没有发生费用就不会形成成本。第二，按对象归集的费用构成成本，其发生期与补偿期并非完全一致；不予对象化的费用则可按发生期间归集，由同期收入补偿。

成本管理会计关注的是成本而不是费用。成本的两种主要类型是支出成本和机会成本。支出成本是过去、现在或未来的现金流出。机会成本是指因选取一个最优方案而放弃的次优方案上的收益。当然，在任何时刻，没有人能知道可利用的所有可能机会，因此，无疑会忽略一些机会成本。尽管会计系统的特征是记录支出成本而不记录机会成本，但是，为了保证所作的决策是最优的，在进行决策时应考虑机会成本。

三、成本管理会计的产生和发展

成本管理会计先后经历了早期成本管理会计、近代成本管理会计和现代成本管理会计三个阶段。成本管理会计的方式和理论体系，随着发展阶段的不同而有所不同。

（一）早期成本管理会计阶段（1880—1920 年）

如果说中世纪城市的兴起以及商业和银行业的发展是产生复式记账的温床，中世纪发展起来的手工工场则是产生成本管理会计的摇篮。随着英国产业革命的完成，用机器代替了手工劳动，用工厂代替了手工工场，会计人员为了满足企业管理上的需要，起初是在会计账簿之外，用统计的方法来计算成本，此时，成本管理会计出现了萌芽。随着企业规模的逐渐扩大，企业之间出现了竞争，生产成本得到了普遍重视。为了满足有关各方对成本信息资料的需要，提高成本计算的准确性，成本计算由统计核算逐步纳入复式账簿系统，将成本计算与会计核算结合起来，使成本记录与会计账簿一体化，从而形成了真正的成本管理会计。可见，成本管理会计体系产生的直接动因实际上是产业革命及随之而来的大生产方式和工厂制度。

早期研究成本管理会计的专家劳伦斯（W.B.Lawrence）对成本管理会计作过如下的定义："成本管理会计就是应用普通会计的原理、原则，系统地记录某一工厂生产和销售产品时所发生的一切费用，并确定各种产品或服务的单位成本和总成本，以供工厂管理当局决定经济的、有效的和有利的产销政策时参考。"从成本管理会计的方式来看，在早期成本管理会计阶段，主要是采用分批法或分步法等成本会计制度；从成本管理会计的目的来看，是计算产品成本以确定存货成本及销售成本。所以，初创阶段的成本管理会计也称为记录型的成本会计。

（二）近代成本管理会计阶段（1921—1945年）

随着科学技术的飞速发展和日趋复杂的外部环境，对企业管理提出了越来越高的要求，从而促使成本管理会计不断发展。19世纪末、20世纪初在制造业中发展起来的以泰勒为代表的科学管理，对成本管理会计的发展产生了深刻的影响。于是，美国会计学家提出的标准成本制度脱离实验阶段而进入实施阶段，为生产过程成本控制提供了条件。在此之前，企业不重视有效的成本控制，对生产中的实际耗费情况，只有事后通过计算实际成本以后才知道。实施标准成本制度后，成本管理会计不只是事后计算产品的生产成本和销售成本，还要事前制定标准成本，并据以控制日常的生产耗费与定期分析成本。此时，成本管理会计的职能扩大了，发展成为管理成本和降低成本的手段，从而使成本管理会计的理论和方法有了进一步的完善和发展，它标志着成本管理会计已进入了一个新的阶段——近代成本管理会计阶段，并形成了独立的学科。

这一时期的成本管理会计的定义，可引用英国会计学家杰·贝蒂（J.Batty）的表述："成本管理会计是用来详细地描述企业在预算和控制它的资源（指资产、设备、人员及所耗的各种材料和劳动）利用情况方面的原理、惯例、技术和制度的一种综合术语。"因此，近代成本管理会计主要采用标准成本制度，为生产过程的成本控制提供条件。以标准成本系统为基础的责任成本控制系统的形成和发展，是成本管理会计的第二次革命。

（三）现代成本管理会计阶段（1945年以后）

自20世纪50年代起，西方国家的社会经济进入了新的发展时期。一方面，社会资本高度集中，跨国公司大量出现，企业规模日益扩大，生产经营日趋多元化；另一方面，在战争中发展起来的军用科学技术向民用工业转移，新产品开发日新月异，市场竞争日趋激烈。随着管理现代化，运筹学、系统工程和电子计算机等各种科学技术成就在成本管理会计中得到广泛应用，成本管理会计也发展到一个新的阶段，即成本管理会计的发展重点已由如何对成本进行事中控制，事后计算和分析转移到如何预测、决策和规划成本，形成了新型的以管理为主的现代成本管理会计，这是成本管理会计的一个重大变革。

现代成本管理会计更重视成本发生的前因后果，通过作业基础成本计算和有效控制，使成本计算与成本管理有机地结合。现代成本管理会计系统的形成和发展是成本管理会计的第三次革命，是一场真正的成本管理会计革命。

综上所述，现代成本管理会计是成本核算与管理的直接结合，它根据成本核算和其他资料，采用现代数学和数理统计的原理和方法，建立起数量化的管理技术，用来帮助人们按照成本最优化的要求，对企业的生产经营活动进行预测、决策、控制、分析、考核，促使企业生产经营实现最优化运转，以提高企业的市场适应和竞争能力。因此，现代成本管理会计是一种以成本为重心的管理工具，也就是以成本为重心的管理会计。

四、成本管理会计的特点

会计系统是任何企业组织取得财务和管理信息不可缺少的工具。现代会计系统可分为财务会计和成本管理会计两类。与财务会计相比，成本管理会计有着许多显著的特点。

（一）成本管理会计侧重于为企业内部管理服务

成本管理会计的重点在于内部管理决策和业绩考核，成本管理会计的服务对象是企业内部各级管理人员，这是成本管理会计区别于财务会计的一个重要标志。成本管理会计主要应用一系列特定的理论概念和专门的技术方法（包括会计的、统计的和数学的方法，其中，用得最多的是运筹学和数理统计的方法），对包括财务会计、统计和业务等在内的各种有关数据进行加工，向企业内部不同层次的管理者提供信息，以帮助他们正确地确定经营目标、制定经营决策、编制计划预算和实施控制考核，从而不断提高企业的管理水平和经济效益。总之，成本管理会计主要是为满足企业内部管理的需要，所以，它也被称为"内部会计"。

财务会计的重点在于提供信息和反映情况。财务会计是通过对企业日常经济业务进行记录、整理、汇总和定期编制财务会计报表，向企业的投资者、债权人和政府管理部门等企业外部的有关人员提供企业的资金、成本、利润等主要财务信息，使他们能及时、准确地了解企业的财务状况和经营成果，以保障其切身的经济利益。总之，财务会计主要是向有关信息使用者提供相关信息，所以，它也被称为"外部会计"。

（二）成本管理会计的重点在于规划未来

成本管理会计的内容可以概括为规划未来、控制现在和评价过去，其重点在于规划未来。成本管理会计在决策和计划中以尚未发生的事项作为处理的对象，事先进行科学的预测和分析，为选取最优方案提供客观依据。因此，规划未来是成本管理会计的一项重要内容。虽然成本管理会计也要利用某些历史资料对企业过去的经营情况进行分析与评价，但其目的并不在于说明过去，而是为了将这些资料作为预测、分析的参考，使企业的未来能与过去相衔接，以便更正确有效地规划未来。成本管理会计这种面向未来的特点，大大提高了企业经济活动的预见性和计划性，也大大增强了成本管理会计参与企业的决策、控制和业绩评价的功能。

财务会计一般是对企业已经发生的经济业务进行事后的记录和汇总，对过去的经营活动进行客观的核算和监督。所以，如实地反映过去和提供信息，是财务会计的一个重要特点。虽然财务会计的某些记录有时也会涉及对未来情况的估计，如固定资产使用年限的估计及坏账损失率的预计等，但这并未改变财务会计专为有关使用者提供经营活动历史资料这一基本特征。

（三）成本管理会计兼顾企业经营活动的整体与局部

成本管理会计为了更好地服务于企业的经营管理，既要根据企业的经营目标对未来的经营活动进行总体规划和控制，又要从企业的各个局部出发考虑和处理有关业务部门、职能部门、基层单位以至职工个人的各种问题，两者不可偏废。因此，成本管理会计的核算对象可以是整个企业，也可以是企业内部的各责任中心，如车间，部门，班组，甚至责任人。因此，成本管理会计可按需要确定其核算对象或进行调整。

财务会计是以整个企业作为工作主体，通过定期编制财务报表和计算有关的财务指标来全面、系统、连续和综合地反映整个企业在一定时期的经营成果和财务状况，提供概括性的资料。因此，财务会计是以整个企业的经营活动为对象的。

（四）成本管理会计不受会计制度（或会计准则）的制约

成本管理会计主要是为企业内部经营管理提供各种信息，其信息正确与否，只影响管理的科学性和有效性，从而影响经济效益，而无须承担法律责任。成本管理会计工作的进行，完全取决于管理者规划及经营活动的实际需要，服从于企业内部管理的特定要求。因此，成本管理会计不像财务会计必须遵守公认会计准则的要求，而可以根据管理的要求，以其认为最适当的方式（可以是会计的、统计的或数学的，更多的是用数理统计的方法）获取资料。此外，成本管理会计不需要按照规定的格式、内容、时间编制会计报表，不需要按照规定的成本项目进行产品成本的预计和考核。

财务会计要如实地反映一个企业的财务状况和经营成果，要对其信息的正确性承担法律责任。为此，财务会计必须以企业会计制度（或企业会计准则）为准绳，严格按照会计原则和会计程序处理日常经济业务，而且核算方法在前后各期要保持一致和相对稳定，不得随意变更。如确有必要变更，应当将变更的情况、变更的原因及其对企业财务状况和经营成果的影响及时、充分地在财务报告中加以说明和披露。这是使财务会计资料能取信于企业外部的投资人、债权人以及有关政府机构并保障他们的经济利益所必需的。财务会计所采用的方法主要是会计的方法。

（五）成本管理会计提供的信息具有特殊性

由于成本管理会计侧重于预测未来，它在预测和规划未来、参与决策（尤其是风险决策）时，往往遇到的是一些不确定因素和不确定事项，而作为管理决策支持系统的成本管理会计，要求它及时地向企业管理决策者提供有用的信息，以便企业管理决策者能够审时度势，迅速地作出正确的决策，所以，对其提供的会计信息强调及时和相关。因此，成本管理会计在应用实际数据之外，还应用大量的估计数、近似数、趋势值等。此外，由于有些非货币性的资料甚至比货币指标对经营管理更为有利，因此，非货币性的资料常常受到成本管理会计的极大重视。

财务会计由于主要反映的是过去已经发生的确定事项，加之凭证、账簿和报表之间以及各种财务报表之间存在钩稽和平衡关系，要求财务会计提供的信息和数据要准确可靠，注重信息和数据的真实性和精确度。为了如实地反映企业在生产经营中发生的每一笔经济业务，正确核算和监督企业在一定期间的财务状况和经营成果，财务会计对数据的要求是严格的、精确的，具有唯一性。

（六）成本管理会计报告不具备法律责任

成本管理会计报告不是正式报告，不具备法律责任。成本管理会计完全可根据自身工作的需要，自行选择和确定其所编制的内部报告的种类、格式、内容和编制方法，并且成本管理会计编制的各种内部报告在时间上是不定期的，它所涉及的期间可长可短，可以是过去的某个特定时期，也可以是未来的某个时期。

财务会计工作的目的，是为了向企业外部的投资者债权人和政府有关部门公开提供全面的、系统的、连续的和综合的财务信息。因此，需要按统一规定的报表种类、格式和内容以及指标体系和填列方法编制财务报告，并按月度、季度和年度定期对外报送。财务会计报告是正式报告，具有法律责任。

（七）成本管理会计更多地应用现代数学方法

随着科学技术的不断进步，生产经营日趋复杂，企业规模也不断扩大。为了提高管理水平，现代化企业管理正朝着定量化方向发展。成本管理会计为了在现代化管理中能更好地发挥其积极作用，越来越广泛地应用现代数学方法，诸如一般代数模型、数学分析模型、数学规划模型、矩阵代数模型及概率模型等。这些经济数学模型可以把复杂的经济活动用简明而精确的数学模型表达出来，以揭示有关对象之间的内在联系和最优数量关系，使管理人员掌握有关变量在一定条件下的最优数量关系或其相互变化的客观规律，从而为正确地进行经营决策、选择最优方案和有效地改善经营活动提供客观依据。

财务会计虽然也要应用一些数学方法，但范围比较小，一般只涉及初等数学的某些运算，远不及成本管理会计之深入和广泛。

由此可见，成本管理会计与财务会计有着明显的区别，但这些区别并不是绝对的。从广泛意义上讲，财务会计所提供的会计信息，如产品成本、资产、负债、利润等数据资料，同样是为了满足企业管理的需要；而成本管理会计有关项目投资的可行性分析报告等也常常向相关信息使用者披露。因此，成本管理会计与财务会计很难截然划分，两者有着密切的联系，它们相互补充，相互配合，共同提供会计信息。此外，成本管理会计对经济活动进行预测、决策的结果是否正确，最后还是要通过财务会计进行检验。因此，成本管理会计不可能离开财务会计单独存在。

五、成本管理会计的职能

成本管理会计的职能是指成本管理会计作为一种管理经济的活动在生产经营过程中所能发挥的作用。由于现代成本管理会计与管理紧密结合，因此，它实际上包括了成本管理的事前事中和事后的各个环节。现代成本管理会计的主要职能有成本预测、成本决策、成本计划、成本控制、成本核算、成本分析和成本考核。

（一）成本预测

成本预测是指根据与成本有关的各种数据及其各种技术经济因素的依存关

系，采用一定的程序、方法和模型，对未来的成本水平及其变化趋势作出科学的推测。通过成本预测，可以减少经营活动的盲目性，有利于选择最优方案，挖掘降低成本、费用的潜力。

（二）成本决策

成本决策是指在成本预测的基础上，按照既定的目标，运用专门的方法，在若干个与生产经营和成本有关的方案中，选择最优方案，据以制定目标成本。成本决策对促进企业正确地制订成本计划，提高企业竞争能力具有十分重要的意义。

（三）成本计划

成本计划是根据成本决策所制定的目标成本，具体规定在计划期内为完成经营活动所需支出的成本、费用，确定各种对象的成本水平，并提出为达到目标成本水平所应采取的各种措施。成本计划是降低成本、费用的具体目标，也是进行成本控制、成本分析和成本考核的依据。

（四）成本控制

成本控制是指在经营过程中，根据成本计划具体制定原材料、燃料、动力和工时等消耗定额和各项费用定额，对各项实际发生的成本、费用进行审核、控制并及时反馈实际费用与标准之间的差异及其原因，进而采取措施，以保证成本计划的执行。

（五）成本核算

成本核算是对经营活动过程中实际发生的成本、费用按照一定的对象和标准进行归集和分配，并采用适当的成本计算方法，计算出各对象的总成本和单位成本。成本核算是对成本计划的执行结果（也即成本控制结果）的事后反映，成本核算还可以为制定产品价格提供依据。

（六）成本分析

成本分析是根据成本核算所提供的成本数据和其他有关资料，通过与本期计划成本、上年同期实际成本、本企业历史先进成本水平以及国内外先进企业的成本水平等进行比较，分析成本水平与构成的变动情况，研究成本变动的因素和原因，挖掘降低成本的潜力。通过成本分析，可以为成本考核提供依据，并为未来成本的预测和决策以及编制新的成本计划提供资料。

（七）成本考核

成本考核是指企业将计划成本或目标成本指标进行分解，制定企业内部的成本考核指标，分别下达给各内部责任单位，明确它们在完成成本指标时的经济责任，并定期对成本计划的执行结果进行评定和考核。成本考核应当与奖惩制度相结合，根据成本考核的结果进行奖惩，以便充分调动企业职工执行成本计划、提高经济效益的积极性。

在成本管理会计的各个职能中，成本核算是最基本的职能，它提供企业管理所需的成本信息资料。没有成本核算，成本的预测、决策、计划控制、分析和考核都无法进行；同时，成本核算也是对成本计划预期目标是否实现的最后检验，因此，没有成本核算就没有成本管理会计。成本管理会计的其他职能，正是在成本核算的基础上，随着企业经营管理要求的提高和管理科学的发展，随着成本管理会计与管理科学相结合而逐步发展形成的。成本预测是成本管理会计的第一个环节，它是成本决策的前提；成本决策既是成本预测的结果，又是制订成本计划的依据，在成本管理会计中居于中心地位；成本计划是成本决策的具体化；成本控制是对成本计划的实施进行监督，是实现成本决策既定目标的保证；成本分析和成本考核是实现成本决策和成本计划目标的有效手段。

综上所述，成本管理会计的各个职能是相互联系、互为条件的，并贯穿于企业经营活动的全过程，在全过程中发挥作用。

第二节　成本管理会计的理论依据

成本管理过去被认为仅适用于制造业，然而，在当今的经济社会里，任何类型的组织都能从运用成本管理的相关技术中获得利益。成本是一个引起企业内外各有关方面关切和重视的重要问题，不仅编制财务报表需要它，而且进行成本控制和成本计划更离不开它。因此，成本管理会计人员必须以通过一定方法进行成本计算所取得的成本数据为基础，进行加工、改制和延伸，为不同的目标提供不同的成本资料。

一、成本术语及其用途

为了适应企业经营管理的需要，寻求企业的成本优势，首先必须了解和掌握成本的分类。

（一）按经营目标的不同分类

根据社会分工对各类企业的划分，除了制造企业之外，还有交通运输企业、建筑施工企业、商品流通企业、邮电通讯企业、种植养殖企业、饮食宾馆旅游服务企业、金融保险企业等各类企业。这些实行独立经济核算的企业，都需要按照企业自身的经营特点，组织成本核算。因此，按各类企业经营目标的不同，可以将企业成本划分为生产性成本和服务性成本两大类。

1. 生产性成本

生产性成本是指制造企业为生产一定质量和数量的产品，在生产要素上个别耗费的物化劳动 C、生产者必要的活劳动 V 的补偿价值。制造企业是指那些通过一系列生产工艺过程采用一定的技术方法，将投入的生产要素有机结合起来，生产出具有某种使用价值、具有实物形态产品的企业。生产性企业包括工业企业、建筑施工企业、种植养殖企业等。这类企业的劳动成果都有特定的实物形态，能够以产品产出的地点和时间确定成本计算对象，归集生产费用，计算产品成本。在制造企业中，成本按其经济用途可进一步划分为制造成本和非制造成本两大类。

（1）制造成本。

制造成本（manufacturing cost）通常由直接材料、直接人工和制造费用构成，是在产品制造过程中所发生的成本。

直接材料是指加工后直接构成产品实体或主要部分的材料成本。直接人工又称直接工资，是指在产品制造过程中对材料进行直接加工制成产品所发生的生产工人的工资薪酬，包括工资、奖金和津贴等各种形式的报酬以及其他相关支出。制造费用是指在产品制造过程中所发生的除了直接材料及直接人工以外的各种费用，通常由间接材料、间接人工和其他制造费用三个部分构成。

在制造成本中，直接材料和直接人工之和一般称为主要成本（prime cost）；而直接人工与制造费用之和则称为加工成本（conversion cost）。

制造成本应否全额作为产品成本处理须视成本计算方法而定。在完全成本计算法下，制造成本全额作为产品成本处理；但在变动成本计算法下，只将制造成本中的直接材料、直接人工和变动制造费用作为产品成本，而固定制造费用则作为期间成本处理。

（2）非制造成本。

对生产企业而言，非制造成本应视为期间成本，主要包括管理费用、财务费用和销售费用，又称经营管理费用。

2. 服务性成本

服务性成本是指服务企业为提供某种劳务在生产要素上个别耗费的物化劳动 C、提供劳动者必要活劳动 V 的补偿价值。服务企业是指那些以具有某种服务功能的设施满足某方面需要的企业，包括交通运输企业、邮电通讯企业、饮食宾馆旅游企业、金融保险企业等。这类企业的劳动成果一般不具有实物形态，只能按照提供劳务的性质、数量和质量，归集所发生的经营费用，计算成本。

服务企业也有其"产品"成本，其成本通常包含直接材料、直接人工及营业费用三大类。以饮食业为例，采购食品的价款为直接材料成本，厨师的工资薪酬为直接人工成本，餐馆的租金及水电费等则为营业费用。

（二）按成本与特定对象的关系分类

成本按与特定对象的关系可分为直接成本与间接成本。

1. 直接成本

直接成本（direct cost）是指与某一特定对象（产品、劳务、加工步骤或部门）之间具有直接联系，可按特定标准将其直接归属该对象的成本。由于直接成本可直接归属于某一特定对象，故又称可追溯成本。

2. 间接成本

间接成本（indirect cost）是指与某一特定对象之间没有直接联系，无法按某一特定标准直接归属有关对象的成本。由于间接成本的发生与许多对象都有联系，必须选择适当的标准在各对象之间进行分配后，才能归属于某一特定对象，故又可称其为共同成本。

将成本划分为直接成本与间接成本，对正确计算该对象的成本是十分重要的。凡是直接成本，必须根据原始凭证直接计入该种成本计算对象；凡是间接成本，则要选择合理的分配标准分配给相关的成本计算对象。分配标准是否恰当，将直接影响成本计算的正确性。

（三）按成本与业务量的关系分类

成本按其与业务量（可以是产量，也可以是直接人工小时、机器小时或其他作业量）之间的依存关系（也即成本性态），可划分为变动成本、固定成本与混合成本三类。

1. 变动成本

变动成本（variable cost）是指其发生总额会随业务量的变动而正比例增减变动的成本。但就单位变动成本而言，则是固定的。如直接材料、直接人工中的计件工资等。

2. 固定成本

固定成本（fixed cost）是指其发生总额不随业务量的增减变动而变动的成本。

但就单位固定成本而言，则是随着业务量的增减变化而成反比例变动。根据固定成本形成的原因，固定成本可以进一步划分为约束性固定成本和酌量性固定成本两类。约束性固定成本主要是经营能力成本，它是和整个企业经营能力的形成及其正常维护直接相联系的，如厂房、机器设备的折旧费、保险费、财产税等。企业的经营能力一经形成，在短期内难以做重大改变，因此，与其相联系的成本也将在较长时期内继续存在。酌量性固定成本则是企业根据经营方针由高层管理者确定一定期间的预算额而形成的固定成本，如研究开发费、广告宣传费和职工培训费等。

必须指出，变动成本和固定成本与业务量的关系是有一定范围的，超过一定范围，变动成本和固定成本同业务量的关系可能会改变。

3. 混合成本

混合成本（mixedcost）是指其发生总额虽受业务量变动的影响，但其变动幅度并不同业务量的变动保持严格的比例。也就是说，混合成本同时兼有变动成本和固定成本的特征，可视其具体情况不同，进一步分为半变动成本和半固定成本。为了便于管理上的应用，应该对混合成本采用适当的方法进行分解，将其分解为变动成本和固定成本两部分。所以，按成本的性态分类，从根本上说，应该只有变动成本和固定成本两大类。

将成本划分为变动成本与固定成本两类，对于成本的预测、决策和分析，特别是控制和寻求降低成本途径具有重要的作用。

（四）按成本在经济工作中的作用分类

成本在经济工作中的作用，除了满足正确计算企业损益编制财务报表的需要之外，还必须为企业的经营管理提供相关信息。为此，按成本在经济工作中的作用，可以将成本划分为财务成本和管理成本两大类。

1. 财务成本

财务成本（financialcost）是指根据国家统一的财务和会计法规及制度核算出来的，用于编制财务报表和企业内部成本管理的成本。财务成本也称法定成本或制度成本，目前，我国会计核算都是按这种成本入账的。正确计算企业的财务成本，对保证合理的价值补偿、正确计算企业期末存货价值和盈利、考核企业成本费用水平、按照税法规定计算利润及缴纳各项税费具有重要意义。

财务成本在企业中有多种多样的表现形式。例如，在制造企业中，财务成本还可进一步分为购储成本、生产成本和期间成本（又称经营管理费用）等。

购储成本是指企业的原材料、辅助材料包装物、低值易耗品、燃料等生产要素的采购及储备成本，它由买价、运输费和定额内的损耗等构成。

生产成本是指生产过程中发生的、与生产工艺过程直接相关的各种费用，包括产品生产耗费的原材料、燃料，生产工人工资薪酬，以及各项用于生产经营活动的制造费用。

期间成本（经营管理费用）是指按一定会计期间归集的、与生产工艺过程没有直接关系的各种费用，包括管理费用、财务费用和销售费用，这些费用应当作为当期营业收入的抵减项，全部冲减当期损益。

2. 管理成本

管理成本（managerialcost）是用于企业内部经营管理的各种成本的总称，是根据财务成本和其他有关资料进行不同的归类、分析和调整后计算出来的，是对财务成本的进一步深化和发展。管理成本着重为企业管理部门的预测、决策、控制和业绩评价等职能服务。在实际工作中，为适应经营管理上的不同需要，运用着不同的成本概念。

（1）付现成本和沉入成本。

付现成本和沉入成本是按费用的发生是否需支付现金等流动资产来划分的成本。

付现成本是指由于某项决策引起的、需要在将来动用现金等流动资产的成本，付现成本是一种未来成本。企业在短期经营决策中，付现成本的大小往往会决定企业最终方案的选择，企业在决策方案取舍时，特别是当企业的资金处于紧张状态且向市场筹措资金比较困难时，往往会因支付能力的不足而宁可放弃付现成本低而选择总成本相对较高的方案。只有符合企业目前实际支付能力的方案，才算得上是最优方案。付现成本往往是制定决策时需要考虑的一种成本。

例：某公司拟购置一套设备，现有两家供应商供应该设备。A 供应商的价款为 120000 元，货款需在交货时一次付清。B 供应商的价款为 135000 元，交货时只需支付 35000 元的货款，其余的货款分 4 年付清。从总成本来考虑，A 供应商的较低，应该选择 A 供应商。但在公司近期资金紧缺的情况下，公司会考虑付现成本较低的 B 供应商。

沉入成本是指由于过去决策所引起的并已经支出、现在的决策不能改变的成本，该成本的发生不需要动用本期现金等流动资产，它所涉及的是以前的付现成本，如固定资产的折旧费用、无形资产的摊销费用等。从广义上说，凡是过去已经发生不是目前决策所能改变的成本，都是沉入成本。从狭义上说，沉入成本是指过去发生的、在一定情况下无法补偿的成本。沉入成本往往是一种与决策无关的成本。

从决策的角度看，不同时期发生的成本对决策会产生不同的影响，因此，区分付现成本与沉入成本有助于正确判断成本的时效性，避免决策失误。

（2）原始成本与重置成本。

原始成本与重置成本是按资产不同时期的价值作为计量依据来划分的成本。原始成本是指根据实际已经发生的支出而计算的成本。例如，购买的材料就按购入时的买价、运费及其他采购费用作为其原始成本；自制的设备就按生产该设备所消耗的料、工、费的价值作为该设备的原始成本。原始成本是财务会计中的一个重要概念。由于原始成本是已发生的实际成本，有较客观的参考价值，所以，在计算资产的价值和企业的收益时，一般都用原始成本作为确定销售成本的依据。由于原始成本已经发生或支出，因此，对未来的决策不存在影响力。

重置成本也称现行成本，是指按照现在的市场价格购买与目前所持有的某项资产相同或相似的资产所需支付的成本，它带有现时估计的性质。与财务会计不同，管理会计立足现在、面向未来，强调信息的相关性。因此，在有关的决策中，侧重考虑的是重置成本信息，而不是历史成本信息。

例：某产品生产所耗料、工、费的原始成本为200元，而目前它们的重置成本为250元，如果该产品按20%的加成率，采用成本加成法来定价，则按原始成本为基础所确定的售价为240元。虽然从表面上看，销售该产品有40元毛利，但其收入还不足补偿再生产所需的成本。如果按重置成本为基础来定价，该产品的售价为300元，这样，在补偿了生产所需的料、工、费成本后，还有真正的毛利50元。

由于通货膨胀、技术进步等因素，某项资产的重置成本与原始成本的差异较大，在进行管理决策时，应该以重置成本为依据。

（3）专属成本与共同成本。

专属成本与共同成本是按照费用的发生是否可直接追溯至某个成本对象进行的分类。

专属成本是指可以明确归属于某种、某批或某个部门的成本，专属成本是特定决策的相关成本。例如，某种设备专门生产某一种产品，这种设备的折旧就是该种产品的专属成本。

共同成本是指那些需要由几种、几批或有关部门共同负担的成本，共同成本不是某项特定决策的相关成本。例如，某种通用设备生产甲、乙、丙等多种产品，该设备的折旧就是这几种产品的共同成本。

区分专属成本与共同成本的目的在于明确某项决策所发生的成本，从而作出正确的决策。

（4）可控成本和不可控成本。

可控成本与不可控成本是按费用的发生能否为考核对象（即责任中心）所控制来划分的成本。

可控成本是指考核对象对成本的发生能予控制的成本。例如，生产部门对材料的消耗是可以控制的，所以，材料的耗用成本（按标准成本计算）是生产部门的可控成本，而材料的价格由供应部门所控制，所以是供应部门的可控成本。又如，企业生产过程中所消耗的由辅助生产部门所提供的水、电、气时，这些水、电、气的成本的高低对辅助生产部门来说是可以控制的，因而是可控成本，但对生产部门来说，则是不可控制的，所以，必须按标准成本来结转其成本。由于可控成本对各责任中心来说是可控制的，因此，必须对其负责。

不可控成本是指考核对象对成本的发生不能予以控制，因而也不予负责的成本。例如，上面所说的材料的采购成本，生产部门是无法控制的，因此，对生产部门来说是不可控成本，又如，水、电、气的供应成本对生产部门来说也是不可控成本。

可控成本与不可控成本都是相对的，不是绝对的，对一个部门来说是可控的，对另一部门来说就可能是不可控。但从整个企业来考察，所发生的一切费用都是可控的，只是这种可控性需分解落实到确切的部门。所以，从整体上看，所有的成本都是可控成本。

区分可控成本与不可控成本的目的在于明确各个责任中心的经济责任，便于评价和考核其工作业绩，促使可控成本的不断降低。

（5）可避免成本和不可避免成本。

可避免成本与不可避免成本是按决策方案变动时某项支出是否可避免来划

分的成本。

可避免成本是指当决策方案改变时某些可免予发生的成本，或者在有几种方案可供选择的情况下，当选定其中一种方案时，所选方案不需支出而其他方案需支出的成本。例如，在机械化生产情况下，产品零部件的传送需用人工来搬运，而改用自动流水线进行生产时，就可自动传送，对于自动流水线生产方案来说，机械化生产情况下搬运零部件所需的人工费用、设备费用就是该方案的可避免成本。由于可避免成本是与决策的某一备选方案直接联系的成本，因此，可避免成本常常是与决策相关的成本。

不可避免成本是指无论决策是否改变或选用哪一种方案都需发生的成本，也即在任何情况下都需发生的成本。例如，无论是机械化生产方案还是自动化生产方案，都需占用厂房，厂房的折旧费用对任何方案来说都需发生，因而是不可避免成本。同样，构成产品实体的材料成本无论哪一种方案都要发生，因而也是不可避免成本。由于不可避免成本与特定的决策方案没有直接的联系，因此，不可避免成本常常是与决策无关的成本。

区分可避免成本与不可避免成本对企业亏损产品决策、特殊订货决策以及零部件自制或外购决策都具有重要的意义。

（6）可延缓成本与不可延缓成本。

决策成本按其可递延性可以分为可延缓成本与不可延缓成本。

可延缓成本是指与已经选定但可以延期实施而不会影响大局的某方案相关联的成本。例如，某企业的办公条件较差，原来打算在计划年度改善办公条件，在办公室安装空调，现在因计划年度资金比较紧张，经过讨论决定将改善办公条件、安装空调的方案推迟到下个计划期执行。那么，与安装空调相关的成本就属于可延缓成本。因为是否在当期安装空调，对企业的全局不会产生重要的影响。

不可延缓成本是指对已经选定的某方案必须立即实施，否则，将会对企业的全局产生重要影响的成本。例如，企业某项关键设备出现严重的故障，需要立即进行大修理，否则，将影响企业的正常生产经营活动，致使企业遭受重大损失。这时，即使企业资金再紧张，也必须想方设法，立即修复该项关键设备，尽快投入运行。因此，与关键设备大修相关的成本就属于不可延缓成本。

区分可延缓成本与不可延缓成本，有助于企业在资源稀缺的约束条件下，根据轻重缓急安排方案的实施时间，从而提高企业资源的配置效益和使用效益。

（7）差量成本和边际成本。

差量成本与边际成本的特点与上述成本概念的特点不同，它们不是相对称的成本概念。

差量成本有广义和狭义之分。广义的差量成本是指两个备选方案之间预计成本的差异；狭义的差量成本是指由于生产能力利用程度的不同而形成的成本差异。在企业的经营决策中，差量成本是一个广泛应用的重要成本概念，诸如零部件外购或自制决策以及应否接受特殊订货决策等都要利用差量成本进行决策。

例：某公司的产品需用到甲零件，这种零件既可自制也可外购，若自制，每个零件的生产成本为10元；若外购，每个零件的采购成本为11元。如果共需10000个零件，则自制方案与外购方案的差量成本为10000×[10000×（11-10）]元。在各方案的成本比较中，当选定某一方案为基本方案，然后将其他方案与之相比较时，增加的成本也称为增量成本，所以，增量成本是差量成本的一种表现形式。在产品售价或销售收入相同的情况下，差量成本是进行决策的重要依据。

根据经济学的一般理论，边际成本是指成本对业务量无限小变化的部分。在数学上，它可用成本函数的一阶导数来表现。在现实的经济活动中，边际成本是指业务量每增加一个单位所需增加的成本。

在大批量生产的情况下，由于在一定的生产能力范围内，每增加一个单位产品只增加变动成本，所以，边际成本常表现为变动成本。但在单件小批生产情况下，增加一个单位产品常需增加生产能力，即需增添机器设备等，这时，边际成本就包括由增加这一单位产品所发生的所有变动成本和固定成本。严格地说，边际成本的含义如上所述，是指增加一个单位产品所增加的成本。但在会计实务中，人们常常也将增加一批产量所增加的成本看作边际成本，这时的边际成本实际上是边际成本总额。在经营决策中，边际成本可以用来判断业务量的增减在经济上是否合算。

（8）相关成本和非相关成本。

相关成本和非相关成本是按费用的发生是否与所决策的问题相关来划分的成本。

相关成本是指与特定决策相关的、决策时必须加以考虑的未来成本，例如，当决定是否接受一批订货时，生产该批订货所需发生的各种成本即为相关成本。相关成本通常随决策的产生而产生，随决策的改变而改变，从根本上影响着决策方案的取舍。属于相关成本的有差量成本、边际成本、机会成本、付现成本、专属成本、重置成本和可避免成本等。

非相关成本是指与特定决策不相关的、决策时可不予考虑的成本。例如，接受特殊订货时，原有的固定成本就属无关成本，因为即使不接受这批特殊订货，这些固定成本也照样发生。非相关成本不随决策的产生而产生，也不随决策的改变而改变，对决策不具影响力。属于非相关成本的有原始成本、沉入成本、共同成本和不可避免成本等。

区分相关成本与非相关成本，可以使企业在决策中避免把精力耗费在收集那些无关紧要的信息和资料上，减少得不偿失的劳动。

（9）目标成本和标准成本。

目标成本是企业在一定时期内经营活动追求实现的成本期望值，它是产品成本应该达到的水平，也是考核企业经营成果的基础。目标成本是根据最有利于产品推销的最低价格减去税金和企业必须保证的利润后所确定的各项费用支出的目标。目标成本是成本控制的标准，目标成本的制定是实现目标成本管理的关键。标准成本是目标成本的具体表现形式之一。标准成本是根据企业目前的生产技术水平，在有效的经营条件下可能达到的成本。企业总的目标成本一旦确定，就要结合企业实际生产经营情况，层层分解，为各个环节制定具体控制标准，即标准成本。标准成本在成本管理工作中能充分发挥其应有的积极作用。

（10）机会成本。

机会成本是指由于从多个可供选择的方案中选取一种最优方案而放弃的次

优方案上的收益。机会成本是企业在作出最优决策时必须考虑的一种成本。

由于资源的稀缺性，资源用于某一方案就不能同时用于另一方案。为了保证经济资源得到最佳的利用，即选择资源利用的最优方案，在分析所选方案（机会）的收益时，就要求将放弃的次优方案中的收益额视作选定该方案所付出的代价，这种被放弃的次优方案上的收益额即为所选方案的机会成本。在选择方案时，如果考虑了机会成本，所选方案的收益仍为正数，该方案即为最优方案；所选方案的收益为负数，该方案就不是最优方案。

例：某企业现有设备可以生产甲产品，也可以生产乙产品。但由于生产能力有限，只能选择生产其中的一种产品。假定该设备用来生产甲产品可以获利50000元，用来生产乙产品可以获利60000元。为了保证经济资源的最佳利用，企业选择生产乙产品。此时，放弃的生产甲产品可获利的50000元即为生产乙产品的机会成本。

机会成本不是实际所需支付的成本，也不记入账册，有时甚至是难以计量的。但是，为了保证所作的决策是最优的，就要将机会成本作为一个现实的重要因素加以考虑。

（11）质量成本。

质量成本是指企业为了保证和提高产品或服务的质量而支出的一切费用，以及因未达到既定质量标准而发生的一切损失之和。它一般由预防成本检验成本、内部缺陷成本、外部缺陷成本以及外部质量保证成本等几个部分组成。

预防成本是为了防止产生不合格品与质量故障而发生的各项费用；检验成本是为检查和评定产品质量、工作质量、工序质量、管理质量是否满足规定要求和标准所发生的费用；内部缺陷成本是指产品交用户前由于自身的缺陷造成的损失，及处理故障所支出的费用之和；外部缺陷成本是指在产品交用户后，因产品质量缺陷引起的一切损失费用；外部质量保证成本是指为提供用户要求的客观证据所支付的费用。

此外，对于低质量所发生的机会成本（如由于低质量而导致的销售下降）通常并不在会计系统中进行计量。但是，企业由于产品或服务的质量缺陷，可能会导致失去现有的和潜在的顾客，甚至会丧失市场份额，由此带来的损失是无法估量的，因此，在分析时也应加以考虑。

（12）责任成本。

责任成本是一种以责任中心为对象计算的成本，它是考核评价各责任中心经营业绩和职责履行情况的一个重要依据。

责任成本大部分是可控成本，因为只有责任中心能控制的成本，才能作为考核评价其业绩的依据。如果以不可控成本来衡量各责任中心的经营业绩，就会产生许多不合理的结果，从而挫伤各责任中心的积极性。责任成本是成本管理会计核算的一个重要内容。

二、成本对象及成本分配

（一）成本对象

1. 成本计算的对象

成本计算是在汇集一定时期发生的费用的基础上，运用一定的计算程序和方法，将费用按照确定的成本计算对象进行归集和分配，最终计算出各个成本计算对象的总成本和单位成本的一种方法。

成本计算的主要目的在于计量各项成本，并将之分配到每个成本对象（cost objects），因此，确认及选择成本对象是成本管理工作的基础。成本对象是指需要对其进行成本计量和分配的项目，如产品、服务、客户、部门、项目或作业等。例如，如果想知道生产一辆家庭轿车得花多少钱，成本对象就是家庭轿车；如果想知道航空公司的一条从上海飞往纽约航线的成本，成本对象就是该条航线的服务；如果想知道某一通信设备的开发成本，成本对象就是该通信设备的开发项目。因此，成本计算对象是为了计算各项经营成本而确定的归集经营费用的各个对象，也是成本的承担者。成本对象可以是一种产品、一项服务、一位顾客、一张订单、一纸合同、一个作业或是一个部门。

近年来，作业也开始成为重要的成本对象。作业是一个组织内部分工的基本单元。作业还可以定义为组织内行动的集合，它将有助于管理人员进行计划、控制和决策。在成本管理中，作业扮演着重要的角色，成为现代成本管理系统的必要组成部分。

不仅在制造行业要计算成本，在其他行业也要计算成本。例如，施工企业要核算工程成本及管理费用和财务费用；商品流通企业要核算商品的采购成本、销售成本以及商品流通费；旅游、饮食服务企业要核算营业成本、营业费用、管理费用和财务费用。这些行业的商品流通费用、销售费用、管理费用和财务费用也可以统称为经营管理费用。所以，成本计算的对象可以概括为各行业企业经营活动的成本和有关的经营管理费用，简称成本或费用。

2. 成本对象的特点

成本管理的一个中心目标是计算产品成本，为编制对外财务报告服务。

由于管理目标不同，产品成本的定义也不一样，因此，产品成本的具体含义取决于其所服务的管理目标。产品分有形产品和无形产品两种。制造企业生产有形的产品，服务企业提供无形的产品（也即服务）。有形产品是指通过耗用人工以及工厂、土地和机器等资本投入将原材料加工而成的产品。电视机、计算机、家具、服装和饮料等都是有形产品。无形产品是指为顾客开展的各项业务或作业，或是顾客使用组织的产品或设施自行开展的作业，即为顾客提供服务。服务也需要耗用材料、人工和投入资本。保险服务、旅游服务、咨询服务等都是向顾客提供的服务；汽车租赁、电话出租和保龄球等都是由顾客使用组织的产品或设施。

服务与有形产品相比，主要有四大方面的差别，即无形性、瞬时性、不可分割性和多样性。无形性是指某项服务的购买者在购买之前无法直接感觉到该项服务的存在；瞬时性是指顾客只能即时享受服务，而不能储存到未来；不可分割性是指服务的提供者与购买者通常有直接的接触，以使交换得以发生；多样性是指服务的提供比产品的生产有更大的差异性，提供服务的员工会受到所从事工作、工作伙伴、教育程度、工作经验、个人因素等的影响。

3. 成本对象的构成要素

成本对象是指以一定时期和空间范围为条件而存在的成本承担者。企业的任何经营成果都是依存于一定的时空范围而产生的。确定成本对象，不仅要认定计算什么产品的成本，而且要认定是什么地点、什么时期生产出来的产品。因此，确定成本对象一定要有"时空概念"。

通常，成本对象由以下三个要素构成。

（1）成本承担者。成本承担者是指承担各项费用的具体对象。对制造企业而言，成本对象可以是某种产品、某批产品或某类产品的完工产品或在产品；对服务企业而言，往往不存在有形的成本计算实体，而只能根据服务的性质确定成本对象，例如，运输企业可以按照货运和客运业务确定成本对象，商贸企业可以按照批发和零售业务确定成本对象。

（2）成本计算期。成本计算期是指归集费用、计算某个成本对象成本所规定的起讫日期，也就是每次计算成本的期间。制造业按其生产特点可以以产品的生产周期或会计期间为成本计算期；服务企业一般均以会计期间为成本计算期。

（3）成本计算空间。成本计算空间是指费用发生并能组织企业成本计算的地点。制造企业的成本计算空间可分为全厂和各车间或各生产步骤等；服务企业的成本计算空间可分为各部门和各单位等。

（二）成本分配

把成本准确地分配到各成本对象上去是很关键的。歪曲的成本分配会导致错误的决策和评价。成本分配（cost allocation）的方法主要有以下三种。

1. 直接追溯法

直接追溯法是根据成本的可追溯性分配成本的方法。

成本的发生与成本对象有着直接或间接的关系。直接成本是指能够容易和准确地归属到成本对象的成本。"容易归属"是指成本能够以一种经济上可行的方式分配；"准确地归属"则意味着成本分配中要遵循因果联系。间接成本是指不能容易地或准确地归属于成本对象的成本。因此，可追溯性是指采用某一经济、可行的方法并遵循因果关系将成本分配至各成本对象的可能性。成本的可追溯性越强，成本分配的准确性就越高。所以，建立成本的可追溯性是提高成本分配准确性的关键一环。

2. 动因追溯法

动因追溯法是指根据成本发生的动因将成本分配至各成本对象的方法。

尽管动因追溯法不如直接追溯法准确，但如果因果关系建立合理的话，成本归属仍有可能达到较高的准确性。

动因追溯法使用两种动因类型来追溯成本资源动因和作业动因。资源动因计量各作业对资源的需要，用以将资源分配到各个作业上。作业动因计量各成本对象对作业的需求，并被用来分配作业成本。

3. 分摊法

分摊法是分配间接成本的方法。把间接成本分配至各成本对象的过程称为分摊。

间接成本不能追溯至成本对象，也就是说，间接成本与成本对象之间没有因果关系，或追溯不具有经济可行性。由于不存在因果关系，分摊间接成本就建立在简便原则或假定联系的基础上。在将某项间接成本分配计入各成本对象时，所选择的分配标准应满足"受益"原则。选择分配标准时，一般要考虑以下四个方面。

（1）科学性。即这个分配标准项目要具有各个成本对象共有的特征，有典型的代表性；它与成本对象物化劳动或活劳动的消耗有直接的联系或表现为正比例关系。

（2）先进性。选为分配标准的项目，要有助于企业加强成本管理。如选定某个指标作为分配标准，通过定额与实际的比较，可以促使企业不断改善成本活动。

（3）现实可能性。选为分配标准的项目，要有取得现有资料的实际可能性。也就是说，各受益对象所耗用分配标准的资料应该是比较容易取得的，并且可以进行客观的计量。

（4）相对的稳定性。任何一种分配标准都不可能完全与间接成本保持正比例或反比例关系，所以，任何分配标准都具有主观性，选择不同的分配标准将产生不同的分配结果。为了便于各期间接成本间的比较分析，分配标准不宜经常改变，应该保持相对的稳定。

一般情况下，分配间接成本的标准主要有三类：①成果类如产品的重量、体积、产量、产值等；②消耗类如生产工时、生产工资、机器工时、原材料消耗量或原材料费用等；③定额类如定额消耗量、定额费用等。

分配间接成本的一般计算公式可以表述如下：

间接成本分配率 = 待分配的间接成本总额 / 分配标准总额
某成本对象应负担的间接成本 = 该成本对象的分配标准额 × 间接成本分配率

综上所述，成本追溯是把直接成本分配给相关的成本对象；成本分摊是把间接成本分配给相关的成本对象。上述三种成本分配方法中，直接追溯法依赖于可实际观察的因果关系，其结果最准确；动因追溯法是依赖于成本动因将成本分配至各个成本对象，其准确性次之；分摊法尽管有简便性和操作的低成本等优点，但它是三种方法中最不准确的，应尽可能避免使用。实际上，在很多情况下，提高成本分配准确性所带来的收益在价值上超过了与动因追溯相关的额外计量成本。

三、成本管理会计系统的设计

成本管理会计系统的设计，既要满足企业编制对外财务报表的需要，又要满足企业内部经营管理的需要。因此，成本管理会计系统应该设置成本会计信息系统和经营控制信息系统两个主要的子系统。

（一）成本会计信息系统

成本会计信息系统作为一个成本管理子系统，主要是用来计算产品、服务等成本对象的成本。成本会计信息系统计算的是财务成本，主要用于编制企业的财务报表。财务报告的编制要求将影响成本会计信息系统的设计。成本在利润表中列为营业成本，在资产负债表中列为存货。

我们知道，存货计价和收益计量是编制财务报表中的两个重要问题。这两个问题都和成本计算有着密切的联系。正确计算成本是正确划分本期已销成本和期末存货成本的基础，其中，本期已销产品成本应列入利润表，使之同本期实现的营业收入相配比，据以确定本期的利润；而期末未销售产品成本则列入资产负债表，作为存货结转至下期。所以，成本计算是否正确，直接关系到本期已销售产品成本和期末未销售产品成本的划分是否正确，也就是意味着存货计价和收益确定是否正确，最终表现为据以编制的财务报表能否如实地反映企业的财务状况和经营成果。

在编制利润表和资产负债表时，首先要区分资本化成本与非资本化成本。资本化成本是指发生时首先被记为资产，它被预期能为企业带来未来的收益。如购买机器设备和材料等的成本。这些成本在资产提供有效服务的使用期间逐期地或一次性地转变为费用。非资本化成本是指不经过资产阶段即作为费用被扣减的成本，其在发生时即计入费用，如支付给营销经理的薪金和管理办公用房的租金等。

1. 服务型企业

服务型企业为其顾客提供劳务或无形产品，如法律咨询或审计，这种企业在会计期末没有有形的存货。这类企业的人工成本是最主要的成本，大约占总成本的70%。服务型企业的经营成本包括了价值链所有环节的各种成本。

2. 商业和制造型企业

商业和制造型企业与服务型企业在资产负债表上对于存货的列报有所不同。商业企业从供货商处购进商品，再原样销售给顾客。会计期末还未卖出的商品即为存货。制造型企业从供货商处购进的材料，经过加工制造而成为产品。在会计期末，制造型企业的存货包括直接材料、在产品和产成品。

商业和制造型企业的资本化成本还可以进一步分为可计入存货的资本化成本和不可计入存货的资本化成本两种。可计入存货的资本化成本（也叫作可计入存货的成本）是指购进存货的成本或者是生产存货发生的其他新增加的成本。不可计入存货的资本化成本是指那些与存货无关的资本化成本。可计入存货的资本化成本将成为产品销售成本的一部分。

商业和制造型企业为了取得商品销售收入，除了发生的可与商品销售收入直接配比的商品销售成本之外，还会发生经营管理费用，包括不可计入存货的资本化成本在本期的摊销费用和非资本化成本等。

与商业企业不同，制造型企业向供应商购入原材料，经过加工才销售给消费者。因此，它有三种类型的存货。

（1）材料存货。为制造产品而储备的直接材料和间接材料。

（2）在产品存货。尚未全部完工的产品，也叫在制品。

（3）产成品存货。全部完工、验收合格等待销售的产品。

制造型企业的资本化成本包括上述各种存货成本，也包括制造过程中使用的设备成本。非资本化成本主要是指经营管理费用，包括不计入存货的资本化成本的摊销额和各项期间费用。

（二）经营控制信息系统

经营控制信息系统作为另一个成本管理子系统，主要是为了准确、及时地提供与管理人员和其他人员的业绩相关的反馈信息而设计的，这些业绩与他们对活动的计划和控制相关。经营控制信息系统提供的是管理成本，主要关注的是应实施哪些作业并评价实施的效果如何，着重判断改进机会并帮助发现改进的方法。一个理想的经营控制信息系统能够提供充足的管理信息，以帮助管理人员持续不断地改进经营流程。

在设计经营控制信息系统时，往往需要考虑这样几个问题：管理人员如何利用成本会计所提供的信息？利用成本信息可以制定哪类政策？等等。因此，从经营控制的角度看，成本计算是为企业正确地进行最优决策、有效经营和严格进行成本控制服务的。

众所周知，成本是综合反映企业经营活动过程的质量和效果的一个重要指标，企业管理部门为了实现有效经营，正确进行经营决策，往往要从许多方案中选取最优方案，"优"的标准主要是经济效果，而各种形式的"成本"又是经济效果的重要表现形式。

在设计经营控制信息系统时，应考虑以下几个基本要点。

（1）成本信息应是一个决策重心。经营控制信息系统必须满足决策制定者的需要，因此，成本计算不能停留在为计算而计算，要着重于把成本计算和成本管理很好地结合起来。

（2）不同的成本信息用于不同的目的。对某一目的有效的成本信息未必对其他目的也有效。例如，财务报告编制需要利用过去的成本信息，管理决策制定者需要的则是有关未来的信息。成本信息又经常被用于预测部门的盈利能力和顾客的盈利能力。

（3）用于管理的成本信息必须符合成本效益原则。成本信息总是可以被用来改进成本管理的,然而,改进带来的效益必须超过进行改进所发生的成本。例如,如果顾客的盈利能力分析仅用于介绍情况,而不能向管理者提供制定更好的决策所需的附加信息,收集该信息的成本可能会超过收益;如果管理者利用该信息决定哪些方面是营销努力的重点,并加以改进,收益可能会超过成本。经营控制信息系统的运行成本很高,所以,在建立一种新制度前应先考虑的一个基本问题是收益会否超过成本。

第三节 成本管理会计信息及其质量要求

一、成本管理会计提供信息的类型

如前所述,管理上对信息的需求范围很大,覆盖了财务、研究与开发、生产、市场和环境等问题。一般来说,企业越大,管理对信息的需求也就越大。成本管理会计是服务并参与企业内部管理的会计,其目标就是提供管理信息以满足实施各项管理职能的需要。成本管理会计信息系统主要为企业管理人员提供下列四类信息。

1. 制定决策和计划的信息

企业决策的制定在很大程度上都依赖成本管理会计信息。为了保证企业各项决策的正确性,成本管理会计通过收集和分析同该项决策相关的信息,及时为企业各方面的决策提供参考依据。例如,某企业拟投资一条新生产线,企业的管理人员在制订生产线的经营计划时就需要依赖成本管理会计资料。这些计划中最主要的内容是详细列示新生产线上马后的预计现金流入和流出。虽然关于生产线的最终决策由企业经理来决定,但成本管理会计人员不仅要提供有关资料,而且要对备选方案进行分析,并参与决策。

2. 指导和控制经营活动的信息

对日常经营活动的指导和控制需要各种有关经营成本费用的资料。成本管理会计通过追踪企业经营活动的预算执行过程,归集实际经营活动中的各项数据资料，并通过预算数据和实际数据的比较揭示和分析差异，发现问题并调查分析其原因，帮助管理当局对预算实施过程进行控制，指导经营活动按既定的目标运行。例如，在指导企业的经营活动时，管理人员需要了解产品的成本，以便制定产品销售价格；在对经营的控制中，管理人员需要对实际成本和预算中的数据加以比较，并分析差异产生的原因。

3. 业绩评价和激励的信息

尽管企业有明确的目标，但是，每个企业成员自身的目标各不相同，并且并不总是与企业的目标相一致。成本管理会计的一个重要目标就是激励管理人员和其他员工努力完成企业的目标。激励员工达到企业目标的方式之一，是在实现这些目标的过程中计量他们的绩效，这种计量能够帮助员工了解其自身所能取得的最高绩效水平，同时，通过预算与实际执行情况的比较，对企业各部门和员工的业绩加以客观评价，运用激励机制产生激励效果，以调动员工的积极性。

4. 评价企业竞争地位的信息

日益加剧的竞争要求企业了解自身的市场和产品，致力于不断地改善产品的设计制造和销售。成本管理会计的一个主要职能就是不断评价企业的竞争力，帮助管理者确定问题之所在，从而塑造企业的核心能力，实现企业的战略目标。成本管理会计提供评价企业竞争地位的信息，以便企业有效地维护自己在行业内的竞争优势。

二、成本管理会计信息的质量要求

成本管理会计的信息应具备一定的质量要求，主要有准确性、相关性、可理解性、及时性和效益性。

1. 准确性

准确性也称为可靠性，是指所提供的信息在一定的范围内是正确的。不正确的信息对管理是无用的，甚至会导致决策的失误，从而影响企业的经营业绩。成本管理会计是面对未来的，许多信息建立在估计和预测的基础上，主观因素不免要影响信息的准确性，然而，成本管理会计的目的是在一定的环境和条件下，尽可能地提供正确和可靠的信息。

2. 相关性

相关性是指成本管理会计所提供的信息必须与决策有关系。现代成本管理会计的重要特征之一是面向未来决策，因此，是否有助于管理者正确决策是衡量成本管理会计信息质量高低的重要标志。与决策相关的信息有助于管理者进行决策。

然而，相关性只是与特定决策目的相关，而与某一决策相关的信息与其他决策不一定相关。成本管理会计服务于企业的管理决策、内部规划和控制，其信息不受对外报告规范的约束，可以大量地使用预测、估计未来事项等信息。对成本管理会计而言，信息的相关性价值要高于客观性和可验证性。

3. 可理解性

可理解性也就是简明易懂。如果提供的信息不为使用者所理解，就难以发挥其预期的作用，甚至无法为决策者所用。因此，成本管理会计所提供的信息应以使用者容易理解为准则，以使用者容易接受的形式及表达方式提供；而提高可理解性的途径就是成本管理会计师应与信息的使用者加强沟通和协商，在成本管理会计报告的形式和内容上进行讨论。

4. 及时性

及时性要求规范成本管理会计信息的提供时间，讲求时效，在尽可能短的时间内迅速完成数据收集、处理和信息传递，确保有用的信息得以及时利用。及时性和准确性往往难以两全其美，因此，应根据具体情况权衡利害得失，在及时性和准确性之间进行折中，以满足决策者的需要。成本管理会计强调的及时性，其重要程度不亚于财务会计所强调的真实性和准确性。

5. 效益性

效益性是指成本管理会计在对信息的收集和处理时应考虑其发生的成本和产生的效益。效益性包括两层含义：第一，信息质量应有助于成本管理会计总体目标的实现，即成本管理会计提供的信息必须能够体现成本管理会计为提高企业竞争优势服务的要求；第二，坚持成本—效益原则，即成本管理会计提供信息所获得的收益必须大于为取得或处理该信息所花费的信息成本。成本管理会计对信息资源的获取和利用应建立在效益性的基础上。

第二章
产品成本计算的一般方法

本章主要介绍三种产品成本计算的基本方法：品种法是按产品品种组织成本计算，适用于大量大批单步骤生产；分批法按批别产品组织成本计算，适用于单件小批生产的企业及企业新产品试制、大型设备修造等；分步法按产品在加工过程中的步骤组织成本计算，适用于大量大批连续式多步骤生产企业。

第一节　品种法分析

一、品种法的适用范围和特点

（一）品种法的含义

产品成本计算的品种法，是以产品品种作为成本计算对象来归集生产费用，计算产品成本的一种方法。

计算产品成本时，无论采用何种成本计算方法，最终都需要计算出各种产品的实际总成本和单位成本，因此品种法是产品成本计算最基本的方法。

（二）品种法的适用范围

（1）品种法主要适用于大量大批的单步骤生产的企业，如发电、供水、采掘等企业。这类企业的生产过程在工艺上不可间断，因而不可能或不需要按照生产步骤计算产品成本；又因是大量大批同种类产品的生产，没必要按批别计算产品成本。

（2）在大量大批多步骤生产的企业中，如果企业生产规模较小，或者车间是封闭式的，而且成本管理上不要求提供各步骤的成本资料时，也可以采用品种法计算产品成本，如小型水泥厂、砖瓦厂、造纸厂等企业。

（3）企业的辅助生产（如供水、供电、供汽等）车间也可以采用品种法计算其产品（或劳务）的成本。

（三）品种法的特点

1. 以产品品种作为成本计算对象

如果只生产一种产品，只需为该产品开设一本成本明细账，账内按成本项目设立专栏即可，这时发生的所有费用都是直接费用，都可以直接计入该产品成本明细账的有关成本项目；如果生产多种产品，则应按产品品种分别设置产品成本明细账，直接费用直接计入各明细账有关成本项目，间接费用分配计入各明细账有关成本项目。

2. 成本计算期一般定期按月进行

采用品种法计算成本的企业主要是大量大批单步骤生产的企业，由于不断重复生产一种或几种产品，不可能在产品全部完工以后才计算成本，因而一般定期（每月月末）计算产品成本，成本计算期与会计报告期一致，与产品生产周期不一致。

3. 生产费用是否在完工产品和在产品之间分配视情况而定

品种法下，月末计算成本时，如果没有在产品或者在产品数量很少，则不需要计算月末在产品成本，各种产品的成本明细账中归集的全部生产费用，就是该产品的总成本，用总成本除以产量，即可得出产品的单位成本；如果月末有在产品，而且数量较多，则应将成本明细账内归集的生产费用采用适当的分配方法，在完工产品和月末在产品间进行分配，以便计算产成品成本和月末在产品成本。

二、品种法的计算程序

1. 按产品品种设置有关成本明细账

在"生产成本"总分类账户下设置"基本生产成本"和"辅助生产成本"二级账;同时,按产品品种开设产品成本明细账(或产品成本计算单),并按成本项目设置专栏;还应开设"辅助生产成本明细账"(按生产车间或品种)和"制造费用明细账"(按生产车间),账内按成本项目或费用项目设置专栏。

2. 归集和分配本月发生的各项费用

根据生产过程中发生的各项费用的原始凭证和相关资料,编制各种费用汇总表和分配表,进行账务处理后,登记"产品成本明细账""辅助生产成本明细账""制造费用明细账"及"期间费用明细账"。

(1)根据领料凭证和退料凭证及有关分配标准,汇总和分配材料费用,并登记有关明细账。

(2)根据各车间、部门薪酬结算凭证及有关分配标准,汇总和分配人工费用,并登记有关明细账。

(3)根据各车间、部门耗电数量、电价和有关分配标准,编制外购动力费用分配表,并登记有关明细账。

(4)根据各车间、部门计提固定资产折旧的方法,编制折旧费用计算表,分配折旧费用,并登记有关明细账。

(5)根据货币资金支出业务,按用途分类汇总各种付款凭证,登记各项费用。

(6)对应直接计入当期损益的管理费用、销售费用和财务费用,应计入有关期间费用入明细账。

3. 归集和分配辅助生产费用

在设有辅助生产车间的企业,应根据有关付款凭证和费用分配表归集辅助生产费用,编制辅助生产成本明细账;对本期辅助生产费用总额,采用适当的方法分配给各受益对象,编制辅助生产费用分配表,进行账务处理,并据以登记有关明细账。

辅助生产车间如果单独核算制造费用，则应在分配辅助生产费用前分别转入各辅助生产成本明细账。

4. 归集和分配基本生产车间制造费用

根据有关付款凭证和费用分配表归集基本生产车间制造费用明细账，对本期制造费用总额，采用一定的方法在各种产品之间进行分配，编制制造费用分配表，进行账务处理，并据以登记产品成本明细账（或产品成本计算单）。

5. 计算完工产品成本和在产品成本

根据各种费用分配表和其他有关资料，登记产品成本明细账（或产品成本计算单），对归集的生产费用合计数，采用适当的方法，分配计算各种完工产品成本和在产品成本。如果月末没有在产品，则本月发生的生产费用就全都是完工产品成本。

6. 结转完工产成品成本

根据各成本计算单中计算出来的本月完工产品成本，汇总编制"完工产品成本汇总表"，计算出完工产品总成本和单位成本，并进行结转。

第二节　分批法分析

一、分批法的适用范围和特点

（一）分批法的含义

产品成本计算的分批法，是指以产品批别作为成本计算对象来归集生产费用，计算产品成本的一种方法。因分批法多是根据购买者订单来确定产品的批量的，故分批法又称为订单法。

（二）分批法的适用范围

分批法主要适用于小批、单件，管理上不要求分步骤计算成本的多步骤生产，如：精密仪器、专用设备、重型机械和船舶的制造，新产品的试制、机器设备修理、来料加工和辅助生产的工具模具制造等。分批法具体可适用于以下几种情况：

（1）根据购买者订单生产的企业。这类企业需根据购买者的要求，生产特殊规格和特定数量的产品。购买者的订单可能是单件的大型产品，如船舶、大型锅炉、重型机器，也可能是多件同样规格的产品，如特种仪器、制服等。

（2）产品种类经常变动的小规模生产企业。这类企业规模小，要不断根据市场需要变动产品的数量和品种，不可能按产品设置流水线大量生产，必须按每批产品的投产来计算成本，如生产门窗把手、插销等的小五金工厂。

（3）承担修理业务的企业或企业生产单位（车间、分厂）。修理业务多种多样，这种企业往往要根据合同规定，在生产成本上加约定利润。这种约定利润可以是在成本的基础上加一定百分比的利润或一定数额利润，向客户收取货款，所以要报每次修理业务的成本，按每次修理业务归集费用，如修船等业务。

（4）从事新产品试制、自制设备等生产任务的生产单位。这类生产多是一次性的，可以按批次计算成本。

（三）分批法的特点

1. 以产品的批别（单件产品为件别）作为成本计算对象

在小批、单件生产中，产品的种类和每批产品的批量，大多根据购买者订单确定。但是，如果一张订单中不止一种产品时，可将这几种产品分为几批；如果几张订单都订有同一种产品，且数量都不多，可将其合并为一批；如果一张订单中虽只有一种产品，但数量较大，则可按最优批量将其划分为数批；如果订单中只有一件产品，但较大型和复杂，生产周期长，也可按产品的组成部分将其分为数批投产。因此，分批法的成本计算对象就不是单纯的购买者订单，而主要是企业生产部门下达的生产任务通知单（又称内部订单或工作令号）。财会部门应按"生产任务通知单"的生产批号设置"生产成本明细账"（或产品成本计算单），直接费用直接计入各明细账有关成本项目，间接费用分配计入各明细账有关成本项目。

2. 成本计算期是不定期的

在分批法下，要按月归集各批产品的实际生产费用，但只有该批产品全部完工以后才能计算其实际成本。因此，成本计算期是不定期的，与生产周期一致，与会计报告期不一致。由于产品批量小，批内产品一般都能同时完工或在相距不远的时间内全部完工，因而在月末计算成本时，一般不存在生产费用在完工产品与在产品之间分配的问题。某批产品完工前，生产成本明细账中所归集的生产费用就全部是在产品成本，产品完工时，生产成本明细账中所归集的生产费用就全部是完工产品成本。

当然也可能存在批内产品跨月陆续完工交货情况，为了使收入与费用配比，这时就需要分情况采用一定的方法来计算本月完工产品成本。

（1）若批内产品跨月陆续完工的情况不多，可采用简便的分配方法。即按计划单位成本、定额单位成本或最近一期相同产品的实际单位成本计算完工产品成本。但在该批产品全部完工时，应重新计算该批产品的实际总成本和单位成本；而对已经转账的完工产品成本，不做账目调整。

（2）若批内产品跨月陆续完工的情况较多，月末批内完工产品的数量占全部批量的比重较大，则生产费用在完工产品与在产品成本之间的分配，应相应采用定额比例法或在产品按定额成本计价法等方法。

为了使同一批产品尽量同时完工，避免跨月陆续完工的情况，减少在完工产品和在产品之间分配费用的工作，企业在合理组织生产的前提下，可以适当减少产品的批量。

二、分批法的计算程序

1. 按产品批别设置生产成本明细账

分批法以产品批别作为成本计算对象，因此，应当按产品批别设置生产成本明细账（或产品成本计算单），用以归集和分配生产费用，计算各批产品的实际总成本和单位成本。

2. 按产品批别归集和分配本月发生的费用

企业当月发生的生产费用，能够按照批别划分的直接计入费用，应直接计入各批产品生产成本明细账（或产品成本计算单），对多批产品共同发生的间接计入费用，按照适用的分配方法，在各批产品之间进行分配以后，再分别计入各批产品生产成本明细账（或产品成本计算单）。

3. 归集和分配辅助生产费用

在设有辅助生产车间的企业，应根据有关付款凭证和费用分配表归集辅助生产费用，编制辅助生产成本明细账，对本期辅助生产费用总额，采用适当的方法分配给各受益对象，编制辅助生产费用分配表，进行账务处理，并据以登记有关明细账。

4. 分配基本生产车间制造费用

根据有关付款凭证和费用分配表归集基本生产车间制造费用明细账，对本期制造费用总额，采用一定的方法在各批产品之间进行分配，编制制造费用分配表，进行账务处理，并据以登记产品生产成本明细账（或产品成本计算单）。

5. 计算完工产品成本

采用分批法一般不需要在完工产品与在产品之间分配生产费用。某批产品全部完工，则该批别产品生产成本明细账（或产品成本计算单）归集的生产费用合计数就是该批产品的实际总成本。

6. 结转完工产品成本

期末，根据成本计算结果结转本期完工产品的实际总成本。

上述分批法计算程序，除了产品生产成本明细账的设置和完工产品成本的计算与品种法有所区别外，其他与品种法是完全一致的。

三、简化的分批法

（一）简化的分批法的含义

在小批单件生产的企业或车间中，有时同一月份投产的产品批数很多，并且月末未完工的批数也很多，如果采用前述分批法计算各批产品成本，各种间接计入费用在各批产品之间的分配工作将非常繁重。因此，在这种情况下可采用一种简化的分批法。所谓简化的分批法是指采用分批法进行成本计算时，各批产品成本明细账在产品完工前只登记直接费用和生产工时，每月发生的间接费用则是在生产成本二级账中分别累计起来，到产品完工时，按照完工产品累计工时的比例，在各批完工产品之间进行分配。由于这种方法只对完工产品分配间接费用，而不分批计算在产品成本，故又称为不分批计算在产品成本的分批法。

采用简化的分批法，将生产费用在各成本计算对象之间的横向分配和生产费用在完工产品和期末在产品之间的纵向分配结合起来，大大简化了成本核算工作。

这种方法，仍应按照产品批别设立产品成本明细账，但在该批产品完工以前，账内只需按月登记直接计入费用（如原材料费用）和生产工时，而不必按月分配、登记各项间接计入费用，计算该批在产品的成本；只是在有完工产品的那个月份，才分配间接计入费用，计算、登记该批完工产品的成本。

（二）简化分批法的适用范围

适用于投产批数繁多而且月末未完工批数较多的企业。

（三）简化分批法的特点

1. 必须设立基本生产成本二级账

除按产品批别设置产品生产成本明细账（产品成本计算单）外，还必须设立基本生产成本二级账。基本生产成本二级账和产品生产成本明细账平行登记。

产品生产成本明细账只按月登记该批产品的直接计入费用（如原材料费用）和生产工时。

各月发生的间接计入费用（如职工薪酬和制造费用）不是按月在各批产品之间进行分配，而是按成本项目登记在基本生产成本二级账中，只是在有完工产品的月份才向本月完工产品分配登记间接计入费用；未完工产品的间接计入费用仍然保留在基本生产成本二级账中。

2. 不分批计算月末在产品成本

基本生产成本二级账按成本项目登记全部批次产品的累计生产费用（包括全部直接计入费用和全部间接计入费用）和累计生产工时。在有完工产品的月份，将完工产品应负担的间接计入费用分配转入到各完工产品生产成本明细账（产品成本计算单）后，基本生产成本二级账反映的是全部批次月末在产品成本。

而各批次未完工产品的生产成本明细账（产品成本计算单）中也只反映月末在产品的累计直接计入费用和累计工时，不反映在产品成本。

3. 通过计算累计费用分配率来分配间接计入费用

简化的分批法将间接计入费用在各批次产品之间的分配和在本月完工产品与月末在产品（全部批次）之间的分配一次完成。间接计入费用的分配，是通过计算累计费用分配率来进行的。其计算公式如下：

全部产品某项累计间接费用分配率 = 全部产品该项累计间接费用 ÷ 全部产品累计生产工时
某批完工产品应负担的间接费用 = 该批完工产品累计工时 × 全部产品某项累计间接费用分配率

四、制造费用的分配方法

采用分批成本计算法计算产品成本时，直接材料和直接人工等可以直接计入各批产品成本，而制造费用等间接计入费用因有多个受益对象，所发生的间接计入费用经归集后，应采用适当的方法进行分配，分别计入各批受益产品的制造成本中。由于制造费用等间接计入费用分配的结果对产品成本的正确计算影响较大，因此，合理选择间接计入费用的分配方法是分批成本法的关键。

制造费用（manufacturing overhead）是产品生产成本的重要组成部分，它是指企业各个生产单位（事业部、分厂、车间）为生产产品或提供劳务而发生的各项间接费用和没有专设成本项目的直接生产费用（如机器设备的折旧费、动力费、保险费以及工具模具的摊销费等）。当生产车间生产不止一种产品时，制造费用发生时一般无法直接判断它所归属的成本计算对象，因而不能直接计入所生产的产品成本中去，必须按费用发生的地点先行归集，月终时，再采用一定的方法在各种成本计算对象间进行分配，计入各种成本计算对象的成本中。

制造费用是通过设立费用项目进行归集的。制造费用的明细项目可按费用的经济性质分类，也可按费用的经济用途设置，但为了便于各企业之间，以及企业不同时期之间进行制造费用的分析和考核，应根据制造费用发生的内容，规定统一的明细项目。制造费用的明细项目主要包括：职工薪酬，机物料消耗，折旧费，动力费，经常性租赁费，保险费，照明费，取暖费，水电费，办公费，劳动保护费，差旅费，设计制图费，试验检验费，在产品盘亏、毁损和报废（减盘盈）以及季节性和修理期间的停工损失，等等。

为了总括地反映企业在一定时期内发生的制造费用及其分配情况，应设置"制造费用"总分类账户，其借方归集企业在一定时期内发生的全部制造费用，贷方反映制造费用的分配，月末一般无余额。制造费用还应按不同的车间、部门设立明细账，账内按照费用的明细项目设立专栏或专户，分别反映各车间、部门各项制造费用的支出情况，以便各车间、部门的管理者能对其车间、部门的间接成本负责，也便于高层管理者评价车间、部门管理者控制成本的业绩。

无论是基本生产车间还是辅助生产车间所发生的制造费用，月末最终都必须分配计入产品制造成本中。

合理分配制造费用的关键在于正确选择分配标准，在选择分配标准时，应遵循分配标准的资料必须比较容易取得，并且与制造费用之间存在客观的因果比例关系的原则。

制造费用的分配方法可分为实际分配率法、预定分配率法和累计分配率法三大类。

（一）实际分配率法

采用实际分配率法，应先根据各车间和分厂归集的制造费用和耗用分配标准总量，分别计算出各车间和分厂的制造费用分配率，然后根据制造费用分配率和各产品耗用的分配标准量计算出各产品应负担的制造费用。其分配的计算公式如下：

$$制造费用分配率 = \frac{该生产单位本期归集的制造费用总额}{该生产单位本期分配标准总量}$$

$$某种（批、类）产品应负担的制造费用 = 该生产单位的制造费用分配率 \times 该种（批、类）产品耗用的分配标准$$

按实际分配率法分配制造费用，通常以生产工人工时、生产工人工资和机器工时为分配标准。

1. 生产工人工时比例法

生产工人工时比例法简称生产工时比例法，是按照各种产品耗用生产工人实际工时的比例分配费用的方法。

按照生产工人工时比例分配制造费用，能将劳动生产率与产品负担的费用水平联系起来，使分配的结果比较合理，同时，该分配标准的资料容易取得，从而使分配计算的工作较为简便。但是，如果固定资产折旧费、动力费在制造费用中占的比重较大，且各种产品的机械化程度不同，按此标准分配制造费用，就会使机械化程度较高的产品少负担固定资产折旧费、动力费等，致使分配结果与制造费用的实际情况不相符合，因此，生产工人工时比例法适用于各产品生产的机械化程度大致相同的情况。

如果产品的工时定额比较准确，制造费用也可以按生产工人定额工时的比例分配。

2. 直接工资比例法

直接工资比例法，是按照直接计入各种产品成本的生产工人实际工资的比例分配制造费用的方法。

由于产品成本计算单中有现成的生产工人工资的资料，分配标准容易取得，分配计算工作比较简便。采用这种方法时，各种产品生产的机械化程度或者产品加工的技术等级也不能相差悬殊，否则，机械化程度高、加工技术等级低的产品，由于工资费用少，分配负担的制造费用也少，影响费用分配的合理性，从而影响产品成本计算的正确性。因此，这种方法适用于各产品机械化程度和产品加工技术等级大致相同的情况。

3. 机器工时比例法

机器工时比例法，是按照各种产品生产所耗用机器设备运转时间的比例分配制造费用的方法。

采用这种方法时，如果生产车间中机器设备的类型大小不一，应将机器设备划分为若干类别，按照不同类别归集和分配制造费用，也可以对不同机器设备按系数折成标准工时进行分配，以提高分配结果的合理性。这种方法适用于机械化、自动化程度较高的生产车间，因为这种车间所发生的制造费用中，折旧费和动力费等费用所占比重较大，而且这些费用的发生又与机器设备的使用密切相关，因此，按机器工时分配制造费用是较为合理的。但应予以指出的是，分厂制造费用与车间的机器工时没有直接关系，因此，分厂制造费用分配不应采用此种方法。

（二）预定分配率法

预定分配率法，亦称年度计划分配率法，是按照各生产单位年度的制造费用预算和计划产量的定额工时及事先确定的预定分配率分配制造费用的方法。其计算公式如下：

$$某生产单位的制造费用预定分配率 = \frac{该生产单位年度制造费用预算总额}{该生产单位计划产量的定额工时总数}$$

$$某种（批、类）产品应负担的制造费用 = 该生产单位的制造费用分配率 \times 该种（批、类）产品当月实际产量的定额工时数$$

采用预定分配率法时，不论各月实际发生的制造费用多少，每月计入各产品制造成本的制造费用都是按预定分配率分配的。对各月按预定分配率分配的制造费用与实际发生的制造费用之间的差额，月末不进行调整分配，这样，年内各月末"制造费用"账户就会有余额，余额可能在借方，也可能在贷方，借方余额表示超过计划的预付费用，贷方余额表示按照计划应付而未付的费用，月末编制资产负债表时，应将借方余额列入"待摊费用"项目内，将贷方余额列入"预计负债"等项目内。年终，制造费用全年实际发生数与分配数的差额，除其中属于为下一年开工生产做准备的可留待下一年分配外，其余部分实际发生额与分配额的差额，按已分配的比例一次分配计入12月份的各产品制造成本中，调增或调减当年产品的成本。实际发生额大于分配额的差额，用蓝字金额借记"基本生产成本"科目，贷记"制造费用"科目；实际发生额小于分配额的差额则用红字金额借记"基本生产成本"科目，贷记"制造专用"科目。

采用预定分配率法时，制造费用可以不用等到会计期末就能分配到各种（批、类）产品成本中，在一定程度上简化了分配手续，便于及时计算产品成本。这种方法特别适用于季节性生产的企业，因为在这种制造企业中，生产旺季和淡季的产量悬殊，而各月制造费用却相差不多，如果按实际费用分配，会导致各月产品制造成本水平波动太大，使淡季单位成本水平偏高，而旺季则偏低，从而不利于成本分析工作的进行。

由于预定分配率是在制造费用实际发生前确定的,因此,要求企业必须有较高的计划工作和定额管理的水平,否则,年度制造费用的计划数脱离实际太远,就会影响成本计算的正确性。

(三)累计分配率法

累计分配率法是将发生的各项制造费用先分别累计起来,到产品完工时,再按累计分配率和完工产品的累计工时数(或其他分配标准)分配给完工批别的一种方法。对尚未完工的各产品批别应负担的制造费用,仍然留在原成本费用账中,待产品完工后,与新发生的费用一起累计后再分配。假定制造费用按工时进行分配,其计算公式如下:

$$某生产单位的制造费用累计分配率 = \frac{度制造费用期初余额 + 制造费用本期发生额}{期初分配标准累计数 + 本期发生的分配标准量}$$

$$某批已完工产品应负担的制造费用 = 该生产单位的制造费用累计分配率 \times 该批完工产品分配标准的累计$$

如果企业生产周期较长(一个月以上),产品生产批次较多,每月完工产品批次只占全部产品批次的一部分,为了简化制造费用的分配计算和登账工作,可采用制造费用累计分配率法分配制造费用。

对于制造费用的分配计算,应按照生产单位分别编制制造费用分配明细表,根据该表的分配结果,登记各产品成本计算单,以反映各产品成本应承担的制造费用,同时还应根据制造费用明细表,汇总编制企业制造费用分配汇总表,据以进行制造费用分配的总分类核算。

应该注意的是,上述制造费用的分配方法都是假定数量是唯一的成本动因,因而过分地简化了成本的产生过程。在过去高度人工密集型的企业里,对成本动因所做的这种假定不会严重地歪曲产品的成本。因为在生产中涉及的主要成本是材料和人工,两者均可直接追溯至生产的单位数,而制造费用作为生产成本中的"杂项集合体"则并不重要(仅有极少的机器需要折旧和极低的服务成本)。然而,随着新制造环境的出现,情况则大大的不同了。由于自动化意味着更高的折旧费用、动力和其他同机器有关的费用,大多数制造成本均落入制造费用之范畴。在这种情况下再假定人工"驱动"制造费用将导致不准确的产品成本计算。

第三节 分步法分析

一、分步法的适用范围和特点

（一）分步法的含义

分步法是指以产品的生产步骤作为成本计算对象来归集生产费用，计算产品成本的一种方法。

（二）分步法的适用范围

分步法用于大量、大批多步骤生产，并且管理上要求按生产步骤计算每个步骤的产品成本的企业，如纺织、冶金、造纸和机械制造等企业。

在这类企业中，产品生产可以分为若干个生产步骤，如纺织企业的生产可分为纺纱、织布、印染等步骤；机械制造的生产可分为铸造、加工、装配等步骤。从原材料投入生产到产成品制造完成要经过若干生产步骤，除最后一个步骤完工的产成品外，其余生产步骤完工的都是半成品。这些半成品可以用于以后的生产步骤继续加工或装配，也可以对外出售。为加强成本管理，不仅要求计算各种产成品的成本，而且要求按照生产步骤来计算成本。分步法的特点：

1. 以产品品种及所经过的生产步骤作为成本计算对象

如果企业只生产一种产品，成本计算对象就是该种产成品及其所经过的各生产步骤，基本生产成本明细账应该按照该产品的生产步骤开设；如果企业生产多种产品，成本计算对象则是各种产成品及其所经过的各生产步骤，基本生产成本明细账应该按照每种产品的各个生产步骤开设。

在进行成本计算、分配和归集生产费用时，直接费用直接计入各明细账有关成本项目，间接费用分配计入各明细账有关成本项目。

应当指出，在实际工作中，产品成本计算的分步与产品实际生产步骤（加工步骤）不一定完全一致。在大多数多步骤生产企业中，按分步法计算成本时，一个生产步骤就是一个计算步骤，但也存在多个生产步骤为一个计算步骤或一个生产步骤分多个计算步骤的情况。

2. 成本计算一般定期按月进行

在大批、大量的多步骤生产中，生产过程较长，大多可以间断，而且往往都是跨月陆续完工，因此成本计算期难以也没必要与产品生产周期保持一致，而是按月计算产成品成本，与会计报告期保持一致。

3. 通常需要在完工产品和在产品之间分配生产费用

由于在大批、大量的多步骤生产中，成本计算按月进行，与产品的生产周期不一致，因而在月末计算产品成本时，各生产步骤一般都存在未完工的在产品，因此需要采用适当的分配方法，将汇集在基本生产成本明细账中的生产费用，在完工产品与在产品之间进行分配。

（三）分步法的分类

根据各个企业生产工艺过程的特点和成本管理的要求不同，对各生产步骤成本的计算和结转有逐步结转和平行结转两种方法；相应地，产品成本计算的分步法也就分为逐步结转分步法和平行结转分步法。

1. 逐步结转分步法

这是指按生产步骤逐步计算并结转半成品成本，直到最后计算出产成品成本的方法。由于这种方法必须逐步计算每一步骤的半成品成本，因此也称作计算半成品成本的分步法。

逐步结转分步法主要适用于大批量连续式多步骤生产企业，如纺织企业。这类企业各生产步骤所生产的半成品，既可以转交给下一生产步骤继续加工，也可以作为商品对外出售。例如，纺织企业主要包括纺纱、织布、印染三个步骤，其第一个生产步骤生产的棉纱既可以继续加工成毛坯布，也可以对外出售；其第二个生产步骤生产的毛坯布既可以继续加工成印花布，也可以对外出售。为了考核和控制半成品成本或计算半成品销售成本，就需要计算半成品成本。

逐步结转分步法实际为品种法的多次连续使用，每一步骤都需要将该步骤的生产费用在半成品和本步骤的在产品之间进行分配。因此，月末在产品是指停留在每一生产步骤上正在加工的在制品，即狭义的在产品。

逐步结转分步法的半成品实物逐步转移，成本也随之逐步转移。

逐步结转分步法按照半成品成本在下一步骤成本计算单中反映的方式不同，又可分为逐步综合结转分步法和逐步分项结转分步法。

（1）逐步综合结转分步法，是指将上一生产步骤的半成品成本转入下一生产步骤时，不分成本项目，全部记入下一生产步骤生产成本明细账中的"直接材料"成本项目或专设的"半成品"成本项目中，综合反映各步骤所耗上一步骤所产半成品成本。

半成品成本的综合结转可以按照上一步骤所产半成品的实际成本结转，也可以按照企业确定的半成品计划成本或定额成本结转。半成品成本按实际成本综合结转时，由于各月所产半成品的实际单位成本不同，因而所耗半成品实际单位成本可根据企业的实际情况，采用先进先出法或加权平均法确定。

（2）逐步分项结转分步法，是指将上一生产步骤的半成品成本转入下一生产步骤时，按其原始成本项目，分别记入下一生产步骤生产成本明细账中对应的成本项目中，分项反映各步骤所耗上一步骤所产半成品成本。如果半成品通过半成品库收发，自制半成品明细账也要按照成本项目分别登记。

半成品成本的分项结转一般按照上一步骤所产半成品的实际成本结转。

2. 平行结转分步法

这是指将各生产步骤中应计入相同产成品成本的份额平行汇总，以求得产成品成本的方法。因这种方法按生产步骤归集费用时，只计算各步骤应计入产成品成本的份额，不计算和结转半成品成本，因此也称作不计算半成品成本的分步法。

平行结转分步法主要适用于大批、大量装配式多步骤生产企业，如电子产品制造企业。这类企业的生产过程基本是先将各种原材料平行地加工为各种零部件，然后再组装成产成品。由于在这类企业中，各生产步骤所生产的半成品的种类很多，半成品出售的情况较少，在管理上也不需要计算半成品成本，为了简化成本核算工作，可以采用平行结转分步法。在某些连续式多步骤生产企业，如果各生产步骤所产半成品仅供本企业下一步骤继续加工，不准备对外出售，也可以采用平行结转分步法。

平行结转分步法下的月末在产品为广义的在产品，既包括本步骤正在加工的在产品（狭义的在产品），又包括本步骤已经加工完成，已经转入后续各生产步骤，但尚未最终制成产成品的半成品。

平行结转分步法的半成品实物转移而其成本不转移，仍保留在产出步骤的成本明细账中，各步骤的生产费用，只是各步骤本身发生的费用，没有上一步骤转入的费用。比如，当材料是一次投料时，除第一步骤生产费用中包括所耗用的直接材料、直接人工和制造费用外，其他各步骤只有本步骤发生的直接人工和制造费用。

如何正确确定各步骤生产费用应计入产成品成本的份额，即每一步骤的生产费用如何在完工产成品和广义在产品之间进行分配，是采用这一方法的关键所在。在实际工作中，通常是采用在产品按约当产量法或定额比例法来计算分配。

（四）分步法的计算程序

采用分步法计算产品成本，一般先应按照产品品种及其生产步骤设置基本生产明细账，然后按照直接费用直接计入、间接费用分配计入的原则归集和分配各生产步骤的成本，再计算最终完工产成本。但由于各生产步骤成本计算和结转方式的不同，逐步结转分步法和平行结转分步法的成本计算具体程序是不相同的。

1. 逐步结转分步法的计算程序

采用逐步结转分步法，其成本计算具体程序是：归集第一生产步骤发生的各种生产费用，计算第一生产步骤所产生的半成品成本，并将其转入第二生产步骤；归集第二生产步骤发生的各种费用，加上第一生产步骤转入的半成品成本，计算第二生产步骤所产半成品成本，并将其转入第三生产步骤。依次计算直至最后生产步骤，计算出完工产品成本。在设有半成品仓库的企业，还应在半成品仓库和有关生产步骤（生产半成品和领用半成品的生产步骤）之间，随着半成品实物的收入（生产完工验收入库）和发出（生产领用），进行半成品成本的转移。

2. 平行结转分步法的计算程序

采用平行结转分步法，其成本计算具体程序是：首先，归集各生产步骤发生的各种生产费用，但不包括上一步骤转入的半成品成本；其次，将各生产步骤所发生的费用在本月最终完工产成品与月末在产品（广义在产品）之间进行分配，确定各生产步骤应计入产成品成本的份额；最后，将各生产步骤应计入产成品成本的份额直接相加，计算出产成品成本。

二、计算方法的比较

（一）平行结转分步法与逐步结转分步法的比较

在分步成本法下，由于各生产步骤成本的计算和结转方式不同，形成了平行结转和逐步结转两种方法，它们的主要区别表现在以下四个方面。

1. 半成品成本结转方式不同

在平行结转分步法下，半成品实物移转到下一步骤加工，其成本仍然留在发生地的产品成本计算单内，一般不计算半成品成本，只计算各生产步骤生产费用中应计入产成品成本的份额。因此，不能提供各步骤半成品成本资料，也不便于半成品资金的管理。在逐步结转分步法下，每月都要计算半成品成本，各生产步骤半成品的成本随实物移转而逐步结转，因而能够提供各生产步骤的半成品成本资料，便于半成品资金的管理。

2. 产成品成本计算方法不同

在平行结转分步法下，产成品成本是由原材料费用和各步骤应计入产成品的加工费用组成，因而没有成本还原问题。在逐步结转分步法下，产成品成本是由最后加工步骤耗用上步骤半成品成本和最后步骤加工费用组成，因而需将半成品成本还原，才能取得按规定成本项目反映的产成品成本。

3. 在产品的含义不同

在平行结转分步法下，在产品是广义的，它不仅包括正在本步骤加工的在产品，还包括经过本步骤加工完毕，但还没有最后制成产成品的一切半成品，它的成本按发生地反映，也就是保留在成本发生地的产品成本计算单内。在逐步结转分步法下，在产品是狭义的，也就是仅指本步骤正在加工的在产品，它的成本是按所在地反映的，也就是各生产步骤产品成本计算单上按成本项目列示的在产品成本即为各该步骤加工中在产品的成本。

4. 适用性不同

平行结转分步法一般适用于半成品种类较多、逐步结转半成品成本的工作量较大、管理上不要求提供各步骤半成品成本资料的生产企业。逐步结转分步法一般适用于半成品种类不多、逐步结转半成品成本的工作量不大、管理上要求提供各生产步骤半成品成本资料的生产企业。

（二）分步成本法和分批成本法的比较

分步成本法和分批成本法相比较，有下列四个不同点。

1. 成本计算对象不同

分步成本法是按产品的生产步骤（分步、不分批）归集生产费用，计算产品成本的一种方法，其成本计算对象是各个生产步骤的各种产品。分批成本法则是按产品的批别（分批、不分步）归集生产费用，计算产品成本的一种方法，其成本计算对象是产品的批别。

2. 成本计算期不同

分步成本法的产品成本计算工作是在每月末定期进行的，其成本计算期与生产周期不一致，而与会计报告期一致。分批成本法的产品成本计算工作则是不定期的，其成本计算期与生产周期一致，而与会计报告期不一致。

3. 在产品计价不同

在分步成本法下，其产品的生产过程较长，但可以间断，月终计算成本时，各步骤内都有在产品，因此，需将成本费用在完工产品与月末在产品之间进行分配，也就是有在产品的计价问题。在分批法下，其产品是按批分别投产并计算成本的，批内产品一般都能同时完工，产品完工前，产品计算单上归集的成本费用就是在产品成本；产品完工后，成本计算单上所归集的成本费用就是完工产品的成本。因此，这种方法从理论上讲，一般不存在成本费用在完工产品与在产品之间的分配问题,也就是没有在产品的计价问题。

4.适用性不同

分步成本法适用于大量大批多步骤生产的企业,分批成本法则适用于单件小批生产的企业。

第三章
变动成本计算法与完全成本计算法

变动成本法和完全成本法是两种收益计算方法。两者在产成品计算方面的区别决定了用变动成本法反映的期末存货的价值较小；两种方法计算的利润不一样，具体表现为损益的计算公式不一致和损益表编制格式不一致。

完全成本计算法认为最终产品凝聚了各个作业上形成并最终转移给顾客的价值；而且产品成本是完全成本，所有的费用支出只要是合理的、有效的，都是对最终产出有益的支出，因而都应计入产品成本；另外成本计算的对象大体上可以分为资源、作业、作业中心和制造中心这几个层次。

第一节 变动成本计算法与完全成本计算法

一、基础概念

变动成本计算法是成本管理会计中广泛应用的一种成本计算方法。由于变动成本计算法的产生，为了加以区别，人们就将传统的成本计算方法统称为完全（全部）成本计算法。

变动成本计算法（variable accounting）也称直接成本计算法（direct costing），是只将产品生产中发生的直接材料、直接人工和变动制造费用计入产品成本，而将固定制造费用和非制造成本全部作为期间成本，计入当期损益的一种成本计算方法。因此，产品成本只包括变动制造成本，不包括固定制造成本，这是变动成本计算法与完全成本计算法的主要区别。变动成本计算法的理论依据是：固定制造费用是为企业提供一定的生产经营条件，以便保持生产能力，并使它处于准备状态而发生的成本。企业生产经营条件一经形成，不管其实际利用程度如何，有关费用照样发生，同产品的实际生产没有直接联系，在相关范围内，既不会由于业务量的提高而增加，也不会因业务量的下降而减少。因此，固定制造费用不应计入产品成本，而应作为期间费用处理。

完全成本计算法（full costing）也称吸收成本计算法（absorption costing），指的是一般意义上所说的制造成本计算。完全成本计算法是将产品生产中所发生的直接材料、直接人工、变动制造费用与固定制造费用全部计入产品成本的一种成本计算方法。采用这种方法进行成本计算，产品成本中不仅应包括产品生产过程中消耗的直接材料、直接人工和变动制造费用，而且还应包括固定制造费用。这样，固定制造费用也和产品生产过程中消耗的直接材料、直接人工和变动制造费用一样，汇集于产品，并随产品的流动而结转，从而使本期已销售的产品和期末未销售的产品具有完全相同的成本组成。完全成本计算法的主要目的是为估价存货确定损益和制定价格提供可靠的依据。

变动成本计算法是相对于完全成本计算法的一种成本计算方法。尽管变动成本计算法不符合公认会计原则和会计制度的要求，不能用来编制对外报告，但它是成本管理会计用于企业内部管理，为规划和控制企业经济活动而运用的重要方法之一，已成为企业内部管理的一种重要方法。从目前情况来看，这两种方法并不能相互取代，而是同时使用。

二、区别分析

（一）产成品成本计算方面的区别

采用完全成本法计算，产成品成本包括了直接材料、直接人工、变动制造费用和固定制造费用；而采用变动成本计算，产成品成本只包括直接材料、直接人工和变动制造费用，而把固定制造费用作为期间成本，全额列入损益表，从当期的销售收入直接扣减。可见，前者把本期已销售产品应分摊的固定制造费用作为本期销售成本，未销售部分应分摊的固定制造费用则递延到下期。后者则把本期发生的固定制造费用全额作为期间成本，列入损益表，从当期的销售收入中直接补偿。

（二）在存货计价方面的区别

变动成本计算法计算的产品成本只包括变动成本，不包括固定成本，而完全成本计算法计算的产品成本除包括变动成本外，还包括固定成本，所以变动成本计算法计算的产品成本小于完全成本计算法计算的产品成本。这样，用变动成本法反映的期末存货的价值就较小。

（三）在利润计算方面的区别

在完全成本计算法下固定性制造费用也计入产品成本，然后随产品销售而转出；当这些产品未出售时，其成本就作为存货的价值，所以在存货的价值中也包含了一定的固定制造费用，固定成本也由此而成为可盘存成本。

但在变动成本计算法下固定制造费用被作为一项不可盘存成本，因而必须作为期间费用，直接列入当期的损益计算。所以，当本期生产的产品没有全部完工或未全部销售时，两种方法计算的利润就不一致。因为完全成本下，有一部分固定性制造费用随着存货结转到下一期间，而变动成本法下，固定制造费用全部在当期作为期间成本从销售收入中扣除。

（1）损益的计算公式不一致，变动成本计算法需计算贡献毛益，完全成本计算法无此要求。具体公式为：

①完全成本法

$$销货收入-销货成本=销货毛利$$
$$销货毛利-营业费用=营业利润（税前利润）$$

其中：

$$销货成本=期初存货成本+本期生产成本-期末存货成本$$
$$营业费用=非制造成本=销售费用+管理费用$$

②变动成本法

$$销货收入-变动成本=贡献毛益（边际）$$
$$贡献毛益-固定成本=营业利润（税前利润）$$

其中：

$$变动成本=变动生产成本+变动非生产成本=单位变动生产成本销售量+单位变动非生产成本销售量$$

固定成本＝固定生产成本＋固定非生产成本＝固定制造费用＋固定销售费用＋固定管理费用

（2）损益表编制不同。

完全成本法（职能式）	变动成本法（贡献式）
销售收入	销售收入
减：销售成本	减：变动成本
期初存货成本	变动生产成本
加：本期生产成本	变动推销费用
可供销售的产品成本	变动管理费用
减：期末存货成本	变动成本合计
销售成本合计	贡献毛益（边际）
销售毛利	减：固定成本
减：营业费用（期间成本）	固定制造费用
推销费用	固定推销费用
管理费用	固定管理费用
营业费用合计	固定成本合计
营业利润（税前利润）	营业利润（税前利润）

第二节　变动成本计算法的特点与评价

一、变动成本计算法的特点

变动成本计算法与完全成本计算法的根本区别在于对固定制造费用的处理方法不同，因此，随着产品的流动，这种对固定制造费用的不同认识和处理，直接影响到产品成本，从而进一步影响到企业的财务状况和经营成果。与完全成本计算法相比较，变动成本计算法主要有以下五个特点。

（一）前提条件不同

变动成本计算法首先要进行成本性态分析，将全部成本划分为变动成本和固定成本两大部分；完全成本法首先是要把全部成本按其经济职能划分为制造成本和非制造成本两大部分。

（二）产品成本的组成不同

按变动成本计算法计算的产品成本只包括直接材料、直接人工和变动制造费用等变动制造成本，而将固定制造费用与非制造成本，作为期间费用，全额列入利润表，从当期的营业收入中扣减；完全成本计算法计算的产品成本除包括直接材料、直接人工和变动制造费用等变动制造成本外，还包括固定制造费用，期间成本只包括非制造成本。由此可见，变动成本计算法与完全成本计算法在产品成本组成上的主要差别在于对固定制造费用的处理不同。由于完全成本计算法下的产品成本中包括固定制造费用，因此，变动成本计算法计算的产品成本小于完全成本计算法计算的产品成本。此外，由于变动成本计算法下的产品成本中不包括固定制造费用，在产销量波动的情况下，产品的单位制造成本一般保持不变；而在完全成本计算法下，由于产品成本中包括固定制造费用，在产销量波动的情况下，产品的单位制造成本一般也随之上下波动。

（三）存货的盘存价值不同

采用变动成本计算法，由于只将变动制造成本在已销产品、期末库存产成品和在产品之间进行分配，固定制造费用全额直接从本期营业收入中扣减，所以，期末产成品和在产品存货并没有负担固定制造费用，其金额必然低于采用完全成本计算法时的估价。

采用完全成本计算法时，由于是将全部的制造成本在已销产品、期末库存产成品和在产品之间分配，所以，期末产成品和在产品存货中不仅包括了变动的制造成本，而且还包括了一部分固定制造成本，其金额必然高于采用变动成本计算法时的估价。

（四）损益确定程序不同

在变动成本计算法下，营业收入首先要减去产品的变动成本计算出边际贡献，再从边际贡献中扣除固定成本计算出当期的利润总额；而在完全成本计算法下，营业收入先减去营业成本计算出营业利润，再从营业利润中扣除期间费用计算出当期的利润总额。

（1）在变动成本计算法下，损益是按以下公式计算的：

$$边际贡献总额 = 营业收入 - 变动成本总额$$

其中，变动成本总额应包括已售产品的变动制造成本和变动期间费用。

$$利润总额 = 边际贡献总额 - 固定成本总额$$

其中，固定成本总额应包括固定制造费用和固定期间费用。

（2）在完全成本计算法下，损益是按以下公式计算的：

$$营业利润 = 营业收入 - 本期已售产品的制造成本$$

其中，制造成本总额包括变动制造成本与固定制造成本。

$$利润总额 = 营业利润 - 期间费用总额$$

其中，期间费用总额包括全部变动的和固定的期间费用。

由于变动成本计算法和完全成本计算法计算损益的口径不同，因此，两种计算方法下所编制利润表的格式也有所不同。

（五）应用的目的不同

变动成本计算法主要是为满足企业的经营预测与决策以及加强内部控制的需要；而完全成本计算法主要是为了满足对外提供报表的需要。

二、对变动成本计算法的评价

（一）变动成本计算法的优点

1. 能为企业提供有用的管理信息，为规划未来和参与决策服务

采用变动成本计算法预测和计算利润时，将成本总额划分为变动成本和固定成本两部分，科学地反映了成本与业务量之间以及利润与销售量之间的变化规律，同时提供了各种产品的盈利能力等重要信息。这些信息能帮助管理当局进行保本点分析、目标利润预测、短期经营决策和编制弹性预算等，从而有助于企业进行决策、控制和业绩评价，也有效地提高了企业管理的水平。

2. 便于分清各部门经济责任，有利于进行成本控制与业绩评价

一般说来，变动制造成本的高低最能反映出生产部门和供应部门的工作业绩。例如，在直接材料、直接人工和变动制造费用方面如果节约或超支，就会立即从产品的变动制造成本指标上反映出来，它们可以通过制定标准成本和建立弹性预算进行日常控制。至于固定制造成本的高低责任一般不在生产部门，通常应由管理部门负责，管理部门可以通过制定费用预算的办法进行控制。这样不仅有利于进行科学的成本分析，以及采用正确的方法进行成本控制，还能对各部门和各单位的工作业绩作出恰当的评价。

3. 促进管理当局注重销售，防止盲目生产

企业管理部门的主要职责是实现预定的目标利润，而实现目标利润的关键是销售目标的实现。因此，一般认为，企业产品销售越多，管理部门的业绩就越好。但在完全成本计算法下，有时却不能正确地反映经营业绩，相反，会产生一些令人费解的现象。而变动成本计算法将利润的变动趋势与销售量的变动趋势直接相联系，在销售单价、单位变动成本、销售结构不变的情况下，企业的净利润将随销售量同向变动。这样一来，就会促使管理当局重视销售环节，加强销售工作，并把注意力放在研究市场动态和搞好销售预测方面，做到以销定产，防止盲目生产。

4. 当销售不佳时，容易将问题暴露出来

在完全成本计算法下，当企业的产品产销不对路而大量积压时，大部分固定制造费用都作为产成品存货成本而列作企业的资产，因而销售不佳情况不易暴露。但用变动成本计算法计算利润时，由于所有的固定制造费用都作为当期的期间费用在营业收入中扣减，问题比较容易暴露。

5. 简化成本计算工作，有助于加强日常控制

采用变动成本计算法时，将固定制造费用全额列作期间费用，不计入产品成本，可以省略许多间接费用的分配。这不仅使成本计算中的费用分配大为简化，避免间接费用分摊中的主观随意性，而且可以使会计人员从繁重的事后核算工作中解放出来，将工作重点向事前预测、事中控制方面转移。

（二）变动成本计算法的局限性

变动成本计算法虽然有较多的优点，但也存在一些不足之处。其主要表现如下。

1. 不便于编制对外会计报表

按照会计准则的要求，产品成本应能反映产品在生产过程中的所有耗费，包括变动制造成本和固定制造成本。但是，变动成本计算法只反映了其中的变动部分，由于其存货计价的不正规而引起的对资产计量和收益计量的影响，从而不便于编制对外财务报表。

2. 不能适应长期投资决策的需要

因为长期投资决策要解决的是生产能力和生产规模的问题。从长期看，由于技术进步和通货膨胀等因素的影响，企业的生产能力和生产规模的变化，单位变动成本和固定制造成本总额不可能一成不变，因此，变动成本计算法难以适应诸如增加或减少生产能力、扩大或缩小经营规模等长期投资决策的需要，只能为短期经营决策提供选择最优方案的信息资料。

3. 不能直接据以进行产品定价决策

一般认为，固定制造费用是为了制造产品而发生的支出，应该由有关产品负担。产品成本中如果不包括这部分成本，显然是不完整的。由于变动成本计算法提供的产品成本资料不包括固定制造费用部分，因此，不能直接据以进行定价决策。

4. 改变成本计算法可能会影响有关方面的利益

由于对外报表不能以变动成本计算法为基础而只能以完全成本计算法为基础进行编制，在改用变动成本计算法时，一般都会降低存货的计价，减少当期的利润，从而减少所得税的上缴和投资者的投资收益，因此，会影响有关方面的利益。尽管变动成本法有一定的局限性，但它在加强企业内部经营管理方面的重要作用是不容置疑的，因此，变动成本法的应用已日益广泛。

（三）变动成本计算法与完全成本计算法的结合应用

综上所述，变动成本计算法和完全成本计算法都有其各自的优缺点和适用性。完全成本计算法能够满足财务会计的资产计价和利润计量的要求，有利于定期编制对外财务报告，但它无法提供企业内部管理所需要的各种信息，不利于企业经营决策、目标制定、业绩控制和责任会计的实施。而变动成本计算法则能弥补完全成本计算法的不足之处，它能提供企业内部经营管理所需要的各种信息。但是，变动成本计算法下的会计信息无法满足企业外部投资者和债权人决策的需求，也无法满足政府监管部门、国家税收部门对相关信息的需求。

目前，存货计价和收益的计量仍要求以完全成本计算法作为基础。但在企业内部，则大多采用变动成本计算法计算产品成本，编制内部报表，为企业管理部门正确进行预测、决策、分析和控制提供有用的会计信息。由此可见,企业会计为了能更好地履行其对内、对外两方面的职能,需要变动成本计算法和完全成本计算法互相补充,取长补短。换言之,企业需要一套兼有变动成本计算法和完全成本计算法优点的核算系统。

平时,为了满足企业内部管理的需要,以变动成本计算法进行核算,按变动成本计算法确定存货的价值。期末,为了满足编制对外财务报表的要求,按完全成本计算法调整资产的价值和利润的计量。合理的做法是：把日常核算建立在变动成本计算法的基础上,对在产品、产成品等存货账户均按变动成本反映,同时另设"存货中的固定制造费用"账户,把所发生的固定制造费用先记入这一账户；期末,把其中应归属于本期已销售产品的部分转入"主营业务成本"账户,并列入利润表,作为本期主营业务收入的一个扣减项目；而其中应归属于期末在产品、产成品等存货部分的则仍留在这个账户上,并将其余额加记在资产负债表上的存货项上,使存货价值仍按所耗的完全成本列示。

第三节　作业成本法分析

作业成本法既是一种成本计算方法,又是一种管理工具,它包括两大方面的内容：作业成本计算法和作业成本管理。作业成本计算法是一种着眼于"作业",依据作业资源的消耗情况(资源动因)将资源成本分配到作业,再依据作业对最终成本的贡献方式(作业动因)将作业成本追踪归集到产品,由此得出最终产品成本的成本计算方法。作业成本管理同样也必须基于"作业",根据作业成本计算法的计算过程,对生产过程甚至整个企业内部的作业链和价值链进行分析,从而达到改进生产及整个企业内部工作流程的目的。

一、作业成本计算法概述

自 20 世纪 70 年代以来,随着西方发达国家高新技术广泛应用于生产领域,使得企业生产过程高度自动化、电脑化。另外,竞争日趋激烈,买方市场逐步形成,这就要求企业提供与众不同的具有个性的产品或服务。企业经营所面临的环境使企业在制造产品和提供服务方面具有如下特点：①直接材料、直接人工成本在总成本中所占比重日益下降，制造费用所占的比重日益增加。②许多企业不得不放弃大批量的生产方式，采用以顾客为导向，对顾客的要求能及时作出反应的弹性制造系统（FMS），并改用小批量、差异化产品生产方式。从而使生产过程的复杂程度大大增加。在新的制造环境下，许多人工操作已被机器取代，因此直接人工成本比例大大下降，固定制造费用大幅上升。产品成本结构的根本变化使得以工时或机时为基础的间接费用分配方法已不能准确提供产品成本信息，无法为管理决策和控制提供有用信息，使得企业难以取得竞争优势。

（一）传统成本信息的局限性

在过去高度人工密集型的企业里，传统的成本系统建立在"业务量是影响成本的唯一因素"这一假定基础之上，从而将成本的产生过程过分简单化。但在当时的环境下对成本动因所做的这种简单假定通常不会严重歪曲产品成本。因为生产中涉及的主要成本是直接材料和直接人工，二者均可直接追溯到有关产品上，而制造费用所归集的间接费用，往往在总成本中所占比重较低，而且这些费用的发生通常又与直接人工成本高低具有显著的相关性。所以制造费用以直接人工成本为分配标准分配至各产品的做法能够适应传统的经营环境。但在高科技发展的今天，传统成本计算方法已越来越体现出其局限性。

1. 成本信息的严重歪曲

在新的制造环境下，传统成本计算法会产生以下不合理现象：①用在产品成本中占有越来越小比重的直接人工去分配占有越来越大比重的制造费用；②分配越来越多与工时不相关的作业费用（产品质量检验、试验、物料搬运和机器调整准备费用等）；③忽略批量不同产品实际耗费的差异。

因此传统成本计算法的应用必将导致产品成本信息的严重扭曲。成本信息发生严重扭曲，其后果是严重的。它会造成企业错误地选择产品经营方向。

亏损产品应该停产或扭亏，但企业始终误认为其盈利，而将其作为长期经营方向。与此相反，有些产品本来盈利，但传统成本信息却表明严重亏损，致使管理者对该产品错误地选择了放弃战略，从而丧失了企业提高竞争能力的机会。另外，某些产品的实际成本比传统成本法所提供的成本要低得多，由于管理人员无法得到准确的成本信息，所以不敢降低产品售价，从而就失去了扩大市场份额，提高竞争优势的机会。

2. 不能满足企业实行全面成本管理的需要

现代企业管理要求企业对成本实施全面管理，而传统成本管理系统无法满足其要求，其表现主要有：①不能反映经营过程。传统成本信息只能告诉人们经营结果如何，而无法告诉经营失败者失败的原因，以及怎样做出改变才能在今后的竞争中反败为胜。实行现代管理要求企业从根本上降低成本。这就要求企业管理必须深入到作业层次，通过展开作业分析，为寻求降低成本提供可靠依据。另外，作业观念也促使企业优化作业组合，采用日趋合理的产品生产程序，降低总资源耗费。传统成本信息不提供经营过程各作业环节所发生的成本，以及每项环节成本发生的前因后果。管理人员无法从中获得成本改善的机会。②短期性。现代管理的最大特点之一就是长期性。而变动成本法的特点恰是短期性。成本性态分析是变动成本法的基础，其基本假定条件是"相关范围"假定。从长远看，任何一种成本不可能长期保持不变，也不可能与业务量保持线性关系。③片面性。现代管理的另一重要特点在于全面性。传统成本系统是根据成本与业务量之间的关系，将所有成本划分为固定成本、变动成本。认为业务量（产销量、机器小时等）是驱动成本的唯一因素。盈亏临界点分析、边际成本、本量利分析、弹性预算等涉及的成本方面所考虑的几乎只有业务量一种因素。从战略角度看，业务量不是影响成本的唯一因素，其他因素（如质量、技术、规模、生产复杂程度等）也会对产品成本高低产生重要影响。此外，传统成本信息过分注重制造过程，忽视其他环节。通常只考虑产品制造环节，不重视考虑产品设计环节、售后服务等环节。不能最大限度地降低成本、提高企业竞争优势。④成本层次的单一性。传统成本计算法的成本对象主要局限于"产品"层次。实行全面成本管理要求对不同层次的成本对象提供相应的成本信息。

在实施全面成本管理过程中，管理人员需要资源、作业、产品、原材料、客户、销售市场、销售渠道等不同层次成本对象的成本信息。

（二）作业成本系统

作业成本系统是重要的战略支持系统。它所提供的大量相关、准确的成本信息能在很大程度上帮助管理者实施全面管理。这一系统逐步被西方国家的一些公司所采用，该系统在帮助企业寻找持续发展机会，进而获得竞争优势方面扮演了重要角色。

作业成本系统大致由两部分组成，一是作业成本计算法（ABC，简称作业成本法），二是作业管理（ABM）。作业成本计算法能够克服上述传统成本计算法的许多缺点。它的运用能为企业提供许多全面管理所需要的成本信息。作业管理是作业成本计算法在企业管理中的具体应用。作业管理方法的出现为企业实行全面管理提供了有力手段。

（三）作业成本计算法的基本概念

为更好地理解作业成本法，首先必须理解以下有关的概念。

1. 作业

作业是指企业生产经营过程中相互联系，各自独立的活动，作业可以作为企业划分控制和管理的单元。企业经营过程中的每项环节，或是生产过程中的每道工序都可以视为一项作业。企业整个经营过程可以划分为许多不同的作业。作业的划分是从产品设计开始，到物料供应，从生产工艺流程的各个环节、质量检验、包装，到发运销售的全过程。

2. 成本

在作业成本法下，成本被定义为资源的耗用，而不是为获取资源而发生的支出。作业成本法计量资源耗费水平的变动，而不是支出水平的变化。前者取决于对资源的需求，后者则取决于现有的资源状况。作业成本法将两者加以区分。其原因在于：一是有利于管理人员采取行动消除资源过剩或短缺；二是便于管理决策，因为资源的实际消耗量更能反映真实成本。

3. 作业成本法的基本假定

作业成本法认为"作业耗用资源，成本对象耗用作业"。"作业"是成本计算的核心，而产品成本则是制造和传递产品所需全部作业的成本总和。成本计算的基本对象是作业。成本计算的基本步骤是：首先将企业提供的各种资源向各作业进行分配，然后再将各项作业所耗用的资源向产品（或其他成本计算对象）分配。这样，许多在传统成本计算下被认为是不可追溯的成本，在作业成本法下就能转变成可追溯成本。从而使间接费用的分配更为合理，产品成本计算结果更为准确。

（四）作业成本法与传统成本法的比较

1. 作业成本法与传统成本法的联系

（1）性质相同。

作业成本计算法和传统成本计算法都是成本计算系统。它们都是为了计算一定时期内企业产品的成本，提供产品成本信息以支持决策。

（2）直接成本分配方法相同。

两者都根据受益原则，将直接发生的费用成本直接归集分配至受益产品。

2. 作业成本法和传统成本法的区别

（1）成本计算对象不同。

传统成本计算法以企业最终产品作为成本计算对象，以产品为中心。而作业成本计算法不仅关注产品成本，而且更多地关注产品成本产生的原因及其形成过程。它的成本计算对象不仅包括最终产品，还包括资源和作业。作业成本计算法以作业为中心。

（2）间接费用归集和分配的理论基础不同。

传统成本计算法的理论基础是：企业的产品是按照其耗费的生产时间或按照其产量线性地消耗各项间接费用的。因此，间接费用可以以一定的标准平均地分摊到各种产品的成本中。作业成本计算法的理论基础是成本驱动因素论。因此，间接费用可以按产品消耗的作业量进行分配。作业成本计算法在成本核算上突破了产品这个界限，使成本核算深入到资源、作业层次，并通过选择多样化的分配标准分配间接费用，从而大大提高了成本信息的准确性。

（3）成本信息的详细程度不同。

传统成本计算法只能提供各产品总成本的信息，而作业成本法不仅能提供各产品总成本的信息，还能提供产品生产过程中所消耗的各项作业的成本信息。作业成本计算法的成本信息反映了产品生产中成本形成的过程，其详细程度高于传统成本计算法。

（4）成本计算的意义不同。

传统成本计算法只是为了计算最终产品的成本，作业成本计算法则把重点放在成本的形成过程上。作业成本法系统中，成本是由作业引起的，通过对作业能否给产品带来增值的分析，可以区分增值作业与非增值作业，争取消除或减少非增值作业，以改进产品生产流程设计；通过分析增值作业的成本信息，检验作业的执行效率。可见，对这些信息进行处理和分析，可以促使企业改进产品设计，提高作业水平和质量，减少浪费，降低资源的消耗水平。

（5）适用环境不同。

传统成本计算法适用于与传统推进式生产管理系统相结合的手工制造系统和固定自动制造系统的经营环境。它适用于大批量生产和产品品种少、寿命周期长、工艺不复杂、制造费用较低的企业。作业成本计算法则适用于适时生产系统与高度自动化制造系统相结合的经营环境。它适用于小批量、多品种、技术复杂、高度自动化生产、制造费用比重相对比较高的现代企业。

二、作业成本计算法的基本理论

与传统成本计算方法相比，作业成本计算法更注重成本信息对决策的有用性，因此，两者之间存在较大理论差异：

（一）产品成本的经济实质

作业成本计算法认为，企业管理深入到作业层次以后，企业成为满足顾客需要而设计的一系列作业的集合体，从而形成了一个由此及彼、由内向外的"作业链"。每完成一项作业要消耗一定的资源，而作业的产出又形成一定的价值，转移给下一个作业，按此逐步推移，直到最终把产品提供给企业外部的顾客，以满足他们的需要。最终产品，作为企业内部一系列作业的总产出，凝聚了各个作业的价值，并最终转移给顾客。因此，"作业链"同时也表现为"价值链"，作业的推移，同时也表现为价值在企业内部的逐步积累和转移，最后形成转移给外部顾客的总价值，这个总价值即是产品的成本。

而传统成本计算法认为，成本的经济实质是生产经营过程中所耗费的生产资料转移的价值和劳动者为自己所创造价值的货币表现。

（二）产品成本的经济内容

作业成本计算法强调费用支出的合理有效性，而不论其是否与产出直接有关。虽然作业成本计算法也使用期间费用概念，但此时期间费用汇集的是所有无效的、不合理的支出，而不是与生产无直接关系的支出。之所以采用这种处理方法是因为作业成本计算法认为，并非所有的资源耗费都是有效的资源耗费，也并非所有的作业都可以增加转移给顾客的价值。一般而言，对最终产出有意义的资源耗费称为有效资源耗费，能增加转移给顾客价值的作业称为增值作业，否则，称为无效资源耗费和非增值作业。企业将无效资源耗费和非增值作业耗费计入期间费用是希望通过作业管理消除这些耗费。也就是说，在作业成本计算法下，产品成本是完全成本。就某一个集供、产、销于一体的制造中心而言，该制造中心所有的费用支出只要是合理的、有效的，都是对最终产出有益的支出，因而都应计入产品成本。另外，作业成本计算法下的成本项目是按照作业类别设置的。

而在传统成本计算法下，产品成本则是指其制造成本，就其经济内容看，只包括制造产品过程中与生产产品直接有关的费用，而用于管理和组织生产的费用支出则作为期间费用处理。产品成本按经济用途设置成本项目。

（三）成本计算对象

传统成本计算一般以产品为成本计算对象或以某一步骤（分步法）或某一批订单（分批法）为成本计算对象。传统成本计算方法与传统制造系统相适应，并受传统会计信息目标的制约。传统成本计算的目标主要是满足计算存货成本的需要，进而提供有关企业财务状况和经营成果的会计信息。

作业成本计算法适应于弹性制造系统下的适时制生产方式，生产组织中作业的可分辨性极大地增强，同时，企业成本控制观念和控制手段也都提高到了新的高度。这种变化要求成本信息不仅要反映企业财务状况和经营成果，还要满足成本控制和生产分析的要求。当作业成本计算法将资源、作业、作业中心、制造中心等概念引入成本控制时，就形成了一个完整的作业成本计算体系。因此，在作业成本计算法下，成本计算的对象是多层次的，大体上可以分为资源作业、作业中心和制造中心这几个层次。

1. 资源

如果把整个制造中心（即作业系统）看成是一个与外界进行物质交换的投入——产出系统，则所有进入该系统的人力、物力、财力等都属于资源范畴。资源进入该系统，并非都被消耗，即使被消耗，也不一定都是对形成最终产出有意义的消耗。因此，作业成本计算法把资源作为成本计算对象，是要在价值形成的最初形态上反映被最终产品吸纳的有意义的资源耗费价值。也就是说，在这个环节，成本计算要处理两个方面的问题：一是区分有用消耗和无用消耗，把无用消耗价值单独汇集为不增值作业价值，而只把有用消耗的资源价值分解到作业中去。二是要区别消耗资源的作业状况，看资源是如何被消耗的，找到资源动因，按资源动因把资源耗费价值分别分解吸纳到这些资源的不同作业中去。资源一般分为货币资源、材料资源、人力资源、动力资源等。

2. 作业

作业是成本分配的第一对象。资源耗费是成本被汇集到各作业的原因，而作业是汇集资源耗费的对象。从管理角度看，作业就是指企业生产过程中的各工序和环节。但从作业成本计算角度看，作业是基于一定的目的、以人为主体、消耗一定资源的特定范围内的工作。作业应具备如下特征：

（1）作业是以人为主体的。尽管现代制造业机械化、自动化程度很高，但仍然不能缺乏人的参与，人掌握并且操纵各种机器设备仍然是现代制造业中各项具体生产工作的主体，也就是作业的主体。

（2）作业消耗一定的资源。作业以人为主体，至少要消耗一定的人力资源；作业是人力作用于物的工作，因而也要消耗一定的物质资源。

（3）区分不同作业的标志是作业目的。在一个完备的制造业中，其现代化程度越高，生产程序的设计和人员分工越合理，企业经营过程的可区分性也就越强。这样，可以把企业制造过程按照每一部分工作的特定目的区分为若干作业，每个作业负责该作业职权范围内的每一项工作，这些作业互补并且互斥，构成了完整的经营过程。作业目的与某一具体工作的目的是有区别的，如采购作业，负责适时为生产提供材料，但从该作业内部看，仍然包括若干项具体工作：有人负责与供应商建立固定联系，有人处理款项结算与材料交接，有人负责材料运输等等。之所以把这些工作确定为一项作业有其深层次的原因，这个原因就是作业动因，因为这些具体工作都因该作业动因而发生。

（4）对于一个生产程序不尽合理的制造业，作业可以区分为增值作业和非增值作业。这里，非增值作业虽然也消耗资源，但并不是合理消耗，对于制造产品的目的本身并不直接做出贡献，如企业内部产品的搬运作业；以搬运距离作为其动因消耗资源，但作业成本计算法认为，这种搬运作业可以采用缩短搬运距离即紧凑经营过程的方式予以逐步消除。

（5）作业的范围可以被限定。从管理角度看，设定作业往往基于某一特定企业的生产状况，既可以做粗略的划分，又可以把作业区分得很细，这要视管理的要求而定。而就作业成本计算而言，虽然试图提供精细的成本管理信息，精细到何种程度并无特定的标准，但由于作业区分的依据是作业动因，而作业动因对于特定企业是客观的，因而，作业范围是能够得到本质上的限定的。

在上述分析中我们看到，作业作为成本计算对象，不仅有利于相对准确地计算产品成本，还有利于成本考核和分析工作。既然作业吸纳了资源，搞清作业状况，就搞清了资源耗费状况；减少作业，就堵塞了资源消耗的渠道，这都为降低产品成本提供了基本依据。

3. 作业中心

作业中心是负责完成某一项特定产品制造功能的一系列作业的集合。作业中心既是成本汇集中心，也是责任考核中心。一般说来，作业中心是基于管理的目的而不是专门以成本计算为目的设置或划定的，传统制造企业的经营过程被习惯地分为材料采购、产品生产和产品销售这三个环节，而按照作业成本计算理论，这三个环节都可以称为作业中心。但是，作业成本计算法面临变化了的制造环境，这种划分显得过于简单，已经不能满足成本计算和成本管理的需要。

另外，将作业中心作为成本计算对象，还有利于汇集资源耗费。由于管理手段的限制，也由于成本核算本身的成本——效益原则，及时地把资源汇集到每项作业既无必要、也无可能。这样,作业中心成为计算资源耗费价值必不可少的一个环节。我们在计算成本时,应先在作业中心中汇集该中心范围内所耗费的各种资源价值,然后,把汇集的资源价值按照资源动因分解到各种作业。之所以要把资源价值分解到各作业,是因为各作业对最终产品贡献的方式与原因不同。

4. 制造中心

制造中心作为成本计算对象,实质上是指计算制造中心产出的产品的成本。一般地,一个大型制造企业总可以划定为若干制造中心,划定制造中心的依据是各制造中心只生产某一种产品或某个系列产品。如某汽车制造厂按照产品类别可以划定为轿车、卡车、客车等多个制造中心,某机床厂也可按照机床种类划定制造中心等等。制造中心所产产品只是相对于该制造中心而言,未必是企业的最终产品。如具有多生产步骤的大型制造企业可以按生产步骤划定制造中心,此时,这些制造中心前后相接,共同构成完整的制造过程,前一个制造中心只是为后一个制造中心生产可供进一步加工的半成品而已。

如果制造中心只生产某一特定型号的标准产品,成本计算过程是简单的,只需把该制造中心所含各作业中心汇集的资源耗费价值全部计入该产品的生产成本,期末在完工产品与在产品之间进行分配即可。

如果制造中心生产多种产品,则作业成本法就更能体现其优越性。由于在适时制生产方式下,企业一般要成立专门的机构进行生产组织程序设计工作,因而无论是从设计安排上,还是从经济效益上看,由某制造中心生产同一系列的产品是合理的。所谓同一系列产品,是指生产工艺相似、制造手段一致而产品结构和用途又有明显差别的各种产品。如制笔厂的钢笔制造中心,其所生产的钢笔可以认为是同一系列产品。由于制造中心又包含若干作业中心,我们又可以将生产钢笔这个制造中心,划定为笔壳和笔芯这两个作业中心。按照作业成本计算理论,我们要按制造中心计算各种钢笔的成本,按作业中心考核生产责任,也就是说,我们要在该制造中心追踪由这两个作业中心生产组合形成的每一型号钢笔的生产状况进而计算产品成本。由于现代消费者的挑剔和选择性,该制造中心可能需要生产很多类型的钢笔,每种数量可能并不大,而且,每种产品在生产中所消耗的作业并不相同，结构简单的产品包含较少的作业，结构复杂的产品则包含较多的作业。显然，按传统的成本计算方法把间接费用按同一标准分配给这些复杂程度不同的产品是不合适的。在这个问题上，作业成本计算法显示了其作业既可能是多种产品的共同作业，也可能是某特定产品的专属作业。当把作业中心成本分配给作业后，要借助作业动因把作业成本分配给不同产品。当然，对于某项产品的专属作业，只需把该作业成本汇集到该特定产品中去即可。

上面分四个层次论述了作业成本计算法的成本计算对象。在作业成本计算理论中，还有一个引人注目的概念，即顾客。顾客这个概念虽不是一种成本计算对象，但却能使我们深化对作业成本计算对象的理解。就整个企业而言，企业的顾客即是向企业发出需求信息（即订单）的用户。而从企业内部看，顾客是接受价值的"吸收器"，这样看来，作业是资源的顾客，作业中心是作业的顾客，制造中心又是作业中心的顾客。强调这个概念，又与适时制生产方式有关，在适时制生产方式下，前一个顾客要适时地为后一个顾客服务。

三、作业成本计算法的核算原理及程序

（一）作业成本计算法的核算原理

作业成本计算法（Activity Based Costing，简称 ABC）是以作业为基础，通过对成本动因的分析来计算产品成本，并为企业作业成本管理提供更为相关、准确的成本信息的一种成本计算方法。

作业成本计算法将着眼点放在作业上，以作业为核算对象，依据作业对资源的消耗情况将资源的成本追溯到作业，再由作业依据成本动因分配到产品成本的形成和积累过程中，从而得出最终产品成本。

传统的以职能为基础的成本计算方法由于直接材料和直接人工可以采用直接追溯法分配到产品，因而，大部分职能基础成本系统的设计都能确保直接费用追溯结果的正确性。而对于间接费用，职能基础的成本系统首先将间接费用分配到一个职能性单位，建立一个车间或部门的成本库，然后，把每个成本库中的成本按单一的产量基础作业动因分配到各种产品。

在传统的成本计算系统中，间接费用的分配是建立在间接费用与产品产量

高度相关的基础上的，间接费用主要是以直接材料、直接人工或直接工时为标准进行分配的，这种分配方法的特点是方法简便，资料容易取得。在间接费用总额占全部费用的比重较小、成本管理对成本信息要求不高的情况下还是可行的。随着生产技术的不断进步，自动化程度的提高，间接费用的数额也在不断增加。如果仍采用传统的间接费用的分配方法，将可能使产量大、科技含量低的产品成本被高估，而使产量低、科技含量高的产品成本被低估，其结果是使每种产品的成本、利润指标都不准确，从而不能满足成本管理的要求。传统成本计算系统过分强调直接人工工时的作用，而实际上，在采用高级制造技术的情况下，直接人工只占总成本的一小部分。只重视变动成本而忽略了随着自动化程度的上升而提高的固定成本，不利于间接费用的计算和控制。

作业成本计算法与传统成本计算法最大的不同就在于：无论是直接成本还是间接成本，后者是直接将它们归集分配到产品中；而前者利用作业作为中介，将间接成本先分配到作业中心，再将作业成本分配至最终成本对象。

现代企业是一个由一系列作业组成的作业链，企业每完成一项作业均要消耗一定的资源，产品成本实际上是生产产品及将产品转移至消费者的全过程所发生的作业成本之和。因此，作业成本计算法就是以"产品消耗作业，作业消耗资源"为基本核算原理进行产品成本计算的。

（二）作业成本计算法的核算程序

作业成本计算法首先要确定作业成本，并以成本对象所耗用的作业量为基础，将作业成本追溯到成本对象中去。在作业成本计算法下，成本的分配过程分为两步：第一步，将资源成本按资源动因分配到作业；第二步，将作业成本按作业动因分配到产品。

作业成本计算法的基本核算程序是：先将各类资源价值分配到各作业成本库，然后再把各作业成本库所归集的成本分配给各种产品。其具体包括以下六个步骤。

（1）确定成本计算对象。如以产品的品种、批次或步骤作为最终的成本计算对象。

（2）确定直接生产成本的类别。直接生产成本一般包括直接材料、直接人工等。

（3）确定间接成本库。间接成本库一般可按作业中心设置，如在制造企业中有订单作业、采购作业、进货作业、生产作业、质量检验作业、销售作业、发货作业、售后服务作业等。由于作业数量的繁多会导致核算工作的烦琐。所以，应根据重要性原则，对所有的作业进行筛选，对于成本影响大的作业可予以保留，对于成本影响不大的作业则可予以合并，以减少成本核算的工作量。通常，作业中心可分为单位水平作业中心、批量水平作业中心、产品水平作业中心和维持水平作业中心四大类。

（4）选择成本分配基础。在按作业中心将各资源成本归集到各个成本库后，需要选择恰当的成本分配基础，也即成本动因分配作业库的成本。选择成本动因就是根据追踪的资源，选择分配各作业中心成本的标准。例如，材料搬运作业的作业衡量标准就是搬运的零件数量，生产调度作业的作业衡量标准是生产订单数量，自动化设备作业的作业衡量标准是机器工时数，精加工作业的作业衡量标准是直接人工工时数等。

（5）计算间接成本分配率。当作业中心已经确认、成本已经汇集、成本动因已经确立后，就可以计算各项间接成本分配率，也即作业成本动因分配率，以分配各项间接成本。作业成本动因分配率的计算公式如下：

$$作业成本动因分配率 = \frac{该作业的成本合计数}{该作业的成本分配基础}$$

（6）计算各产品成本。将各产品发生的直接生产成本和分配来的各项间接成本分别汇总，即可得各产品的总成本；将各产品的总成本除以各产品的数量，即可得各产品的单位成本。

四、作业成本管理的基本原理

作业成本法虽然是为了更准确地计量产品成本而产生的，但它的意义远不止于此，而是已经深入到企业的管理层面，用以解决企业作业链—价值链的重构，乃至企业组织结构设计等问题。因此，作业成本法更大的意义在于作业成本管理方面。作业成本管理在作业成本计算法认识价值链的基础上，对企业价值链进行改造和优化。

（一）作业成本管理的基本程序

作业基础成本管理（Activity Based Management，简称 ABM）是通过对作业的识别和管理，选择作业价值最大化而客户成本最小化的活动，旨在提高顾客价值，进而提高企业的竞争能力。

作业成本管理是基于作业成本计算法的新型集中化管理方法。它通过作业成本计量，开展价值链分析指导企业有效执行作业，降低成本，提高效率。从成本管理的角度讲，作业成本管理把着眼点放在成本发生的前因后果上，通过对所有作业活动进行跟踪动态反映，可以更好地发挥决策、计量和控制作用，以促进作业管理的不断提高。

作业成本管理按作业分析、成本动因分析、业绩计量三步骤来进行。作业成本管理的设计与运行必须考虑作业分析、成本动因分析和业绩计量三方面的要求，并按次序组织衔接，循环进行。

1. 作业分析

作业分析的主要内容包括辨别并力求消除不必要或不增值的作业；对不必要作业按成本高低进行排序，选择排列在前面的作业进行重点分析。同时，将本企业的作业与同行业先进水平的作业进行比较，以判断某项作业或企业整体作业链是否有效，寻求改善的机会。

2. 成本动因分析

成本动因即构成成本结构的决定性因素。成本动因通常分为资源动因和作业动因两种。资源动因是将资源成本分配到作业中心的标准，反映作业中心对资源的消耗情况；作业动因是将作业中心的成本分配到最终产品的纽带。成本动因分析的目的，就是通过对各类不增值作业根源的探索，力求摆脱无效或低效的成本动因。

3. 业绩计量

在作业分析和成本动因分析的基础上，建立相应的业绩评价体系，以便对作业成本管理的执行效果进行考核和评价。然后通过这种作业成本管理绩效信息反馈，重新进行下一循环的更高层次的作业分析和成本动因分析。

综上所述，作业成本管理的主要作用如下：

（1）通过区分增值作业和非增值作业，从而更有效地管理成本；

（2）关注关键活动过程和作业的有效性，并寻找降低成本、增加顾客价值的途径；

（3）通过将资源分配给关键的增值作业、关键顾客、关键产品，并通过持续改进，以提高企业的竞争能力。

总之，作业成本管理把管理的重点放在那些为顾客创造价值的最重要的作业上，通过对作业的跟踪和动态反映及事前、事中、事后的作业链和价值链分析，实现企业持续低成本、高效益的目标。因此，作业分析是作业成本管理的核心内容。

（二）作业分析

作业分析就是确认、描述和评价一个企业所执行作业这样一个过程。作业分析的目的就是找出在不需其中任何一种作业的条件下生产产品的途径。进行作业分析首先要将作业划分为增值作业和非增值作业。

1.增值作业和非增值作业

增值作业（Value Added Activity）是指那些有必要保留在企业中的作业。有些作业是为了遵守法律规定而产生的，如为遵守证券交易委员会（SEC）的报告要求和国内税收署（IRS）的填报要求而执行的作业。依照法律，这些规定的作业可看成是增值的。企业的其他作业是由企业酌情决定的。一个酌量性作业如同时满足三个条件就可被认为是增值的。这三个条件是：①该作业将带来状态的改变；②状态的变化不能由先前的作业来完成；③该作业使其他作业得以执行。

非增值作业（Non-value Added Activity）是不必要的，也就是说，除了企业中绝对必要保留的作业之外的所有其他作业都是非增值作业。如果一个作业不满足前述三个条件中的任何一个，就可以断定它是非增值的。通常情况下的非增值作业违反前两个条件。

相应地，增值成本是以完美的效率执行增值作业的成本。非增值成本是指由非增值作业或增值作业的低效执行而引起的成本。由于竞争的加剧，很多企业正在努力消除非增值作业，因为它们增加非必要成本，从而影响业绩。同时，企业也在尽量使增值作业达到最优效率。

降低非增值成本是提高作业效率的一种途径。如果非增值作业被消除了，由此节约的成本应能追溯到单个产品中去。这些节约将使产品价格降低，提高企业的竞争力。一个企业的成本管理系统应该能正确地区分增值成本和非增值成本，因为提高作业的业绩需要消除非增值作业，并使增值作业最优化。作业分析的主题是消除浪费。这样，作业分析试图确认并最终消除所有不必要的作业，与此同时，提高必要作业的效率。浪费消除了，成本就随之降低了。

非增值作业可以存在于组织的任何地方。在制造环节，有五种主要作业通常被认为是浪费的和非必要的。

（1）调度。一种耗费时间和资源来决定何时生产各种产品（或何时进行生产准备，需做多少次生产准备）及生产多少的作业。

（2）搬运。一种耗费时间和资源将原材料、在产品和产成品从一个部门搬到另一个部门的作业。

（3）待工。一种原材料或在产品在等待下一个工序时耗费时间和资源的作业。

（4）检验。一种耗费时间和资源来确保产品符合规定标准的作业。

（5）仓储。一种在产品或原材料处于存货形态时耗费时间和资源的作业。

所有这些作业都不能为顾客增加任何价值。

2. 作业分析与降低成本

降低成本是持续改善的目标。激烈的竞争要求企业以尽可能低的成本及时地生产顾客需要的产品。这就意味着企业必须不断地在成本方面进行改善，作业分析旨在找出成本节约的关键。作业成本管理通过作业消除、作业选择、作业减低和作业分享等措施来降低成本，提高效益。

（1）作业消除。

作业消除主要是针对非增值作业而言的。一旦断定某些作业是非增值的，就必须采取措施予以消除。例如，检验外购零件作业看起来是必要的，它确保使用合格的零件生产产品。然而，只有当供应商的产品质量较差时，该作业才是必要的。选择能够提供高质量零件的供应商，或选择愿改善质量控制以提供高质量零件的供应商，将会消除企业外购零件检验作业，成本节约随之实现。

（2）作业选择。

作业选择是指在由相互竞争的策略决定的不同作业组之间作出选择。不同的策略产生不同的作业。例如，不同的产品设计策略可能需要截然不同的作业。每一产品设计策略都有相应的一组作业及相关成本。在其他条件相同的情况下，应选择最低成本的设计策略。所以，作业选择对成本节约有重大的影响。

（3）作业减低。

作业减低是指减少作业所需的时间和资源。这种成本节约方法主要针对于改善必要作业的效率，或作为短期策略改善非增值作业直至能够将其消除。生产准备作业就是一项必要作业，常被用来作为能够用更少的时间和资源来完成的作业的例子。

（4）作业分享。

作业分享是指通过达到经济规模来提高必要作业的效率。具体而言，在不增加作业本身成本的情况下增加该成本动因的数量。这样，成本动因的单位成本降低，耗用作业的产品的可追溯成本也降低。例如，在设计新产品时，尽可能考虑利用现有其他产品的元件。通过使用现有元件，企业就可避免创建一组全新的作业，因为与这些元件相关的作业已经存在。

3. 非增值成本的消除

要实现消除或减少非增值作业的目标，首先要计量增值成本和非增值成本。增值成本是一个组织应发生的唯一成本。增值标准要求消除所有的非增值作业；对这些作业来说，最优状态就是零投入零产出。非增值作业的成本可通过比较实际作业成本和增值作业成本而得，可以反映无效作业（作业低效率）的水平及改善的潜力。

确认和计算增值和非增值成本的关键是确认每个作业的产出计量。一旦确认了作业产出计量，就可以界定每种作业的增值标准量（SQ）。将增值标准量乘以标准单价（SP）就可以得到增值成本。非增值成本可由实际作业产出水平（AQ）与增值水平的差额乘以标准单位成本得出。具体计算公式如下：

$$增值成本 = SQ \times SP$$
$$非增值成本 = (AQ - SQ) \times SP$$

其中：SQ——一项作业的增值产出水平；

SP——每单位作业产出计量的标准价格；

AQ——实际作业产出耗用量（如果资源是按需取得的）；

或 AQ——实际取得的作业能力量（如果资源是使用前预先取得的）。

对于使用前预先取得的资源来说，AQ 代表实际取得的作业能力，以实际作业能力计量。这样定义 AQ，使非增值成本计算既适用于变动作业成本，又适用于固定作业成本。对固定作业成本来说，SP 就是预计作业成本除以 AQ，而 AQ 是实际作业能力。

在理想状态下，应该没有次品。此外，通过提高质量、改变生产工序等，检验最终也能够被消除。因此，返工和检验作业应该被消除。生产准备是必要的，但在 JIT 环境下，可以努力使生产准备时间降为 0。

为了简化起见，也为了揭示与实际成本的关系，假设成本动因的实际单价与标准单价相等。在这种情况下，增值成本加上非增值成本等于实际成本。

应该注意的是，由于非增值成本的计量与追踪需要利用作业产出计量，而减低非增值作业又会减少作业需求，因而减少作业产出计量。如企业目标是减少企业加工的独一无二的零件的数量，从而简化到货检验、编制材料账单、选择供应商等作业。如果这些作业的成本是按耗用零件数分配到产品中，就会形成减少单位产品零件数的激励机制。尽管这种行为在某种程度上是有利的，但也存在负面影响，因为过多地减少零件数可能影响产品的功能和销售。

为了防止这种负面影响，企业可以运用标准成本制度。首先，如果零件的数量是到货检验、编制材料账单和选择供应商等成本的动因，就可以求出单位作业动因的预计成本（也就是标准单价）。其次，应确认每种产品零件的增值标准数量。这样增值成本就只是标准单价和标准数量的乘积（SP×SQ）。如前所述，非增值成本就是实际耗用零件数和实际产量下的标准零件数之差乘以标准单价之积 [（AQ-SQ）SP]。

（三）作业成本管理的具体运用

作业成本管理的任何措施都离不开作业基础成本法提供的成本信息，所以，作业成本计算法是作业成本管理的基础。作业成本管理过程中的不断改进作业、减低成本的理念贯穿于企业经营管理的全过程。

企业可运用作业成本管理的基本原理进行内部流程的持续改进、供应商的选择及顾客盈利能力分析等。

运用作业成本管理基本原理选择供应商时，供应商被定义为成本对象，与采购、质量、可靠性和到货准时性相关的成本全部被追溯到供应商。把供应商成本追溯到产品，而不是像传统成本计算法那样把它们平均分摊到所有的产品，根据得出的结果，管理者能够看到大量的、需由专业供应商来提供的独特配件对产品成本的影响，并与只需要标准配件的产品成本进行比较。产品设计者如了解复杂程度较高的产品的成本，他在设计新产品时，就能更好地在功能和成本之间进行权衡。准确地将供应商成本追溯到产品，可以更好地把握产品的利润率，以使产品设计者能够在不同的产品设计中作出更好的选择。

第四章
本量利分析与全面预算

本量利分析是以成本、业务量、利润之间相互关系进行分析的一种方法。全面预算是以货币等形式展示未来某一特定期间内企业全部经营活动的各项目标。

第一节 本量利与保本点

一、本量利分析

（一）本量利分析的基本假定

本量利分析所建立和使用的有关数学模型和图形，是以下列基本假定为前提条件的。

（1）成本性态分析的假定。假定成本性态分析工作已经完成，全部成本已经被区分为变动成本与固定成本两部分，有关的成本性态模型已经建立起来。

（2）相关范围及线性假定。假定在一定时期内，业务量总是在保持成本水平和单价水平不变所能允许的范畴内变化的，于是固定成本总额的不变性和变动成本单位额的不变性在相关范围内能够得以保证，成本函数表现为线性方程；同时，在相关范围内，单价也不因产销业务量变化而改变，销售收入也是直线方程。这一假定排除了在时间和业务量变动的情况下，各生产要素的价格

（原材料、工资率等）、技术条件、工作效率和生产率以及市场条件变化的可能性。总之，假定在一定期间和一定业务量范围内，成本与销售收入分别表现为一条直线。

（3）产销平衡和品种结构稳定的假定。假定在只安排一种产品生产的条件下，生产出来的产品总是可以找到市场，可以实现产销平衡；对于多品种生产的企业，假定在以价值形式表现的产销总量发生变化时，原来的各种产品的产销额在全部产品产销总额中，所占的比重并不发生变化。这种假定可使管理人员能够集中注意力于价格、成本以及业务量对营业净利润的影响。

（4）变动成本法的假定。假定产品成本是按变动成本法计算的，即产品成本中只包括变动生产成本，而所有的固定成本（包括固定性制造费用在内），均作为期间成本处理。

规定了上述假定，就可以十分便利地使用简单的数学模型或图形来揭示成本、业务量和利润等诸因素之间联系的规律性，有助于我们深刻理解本量利分析的基本原理。同时了解上述假定，也会为在实际工作中应用本量利分析原理指出努力方向：即不能套搬本量利分析的现成结论，必须从动态的角度去研究企业经营条件、市场与价格、生产要素、品种结构与技术条件等各因素的实际变动情况，调整修正分析结论，克服本量利分析的局限性，同时还应考虑如何在完全成本法下应用本量利分析的问题。

（二）本量利分析模型

本量利分析所考虑的相关因素主要包括单价、单位变动成本、销售量、固定成本、销售收入和营业利润。因此变量之间的关系可用下式来反映。

$$利润 = 收入 - 总成本$$

由于总成本包括变动成本和固定成本，该式可以写成：

$$利润 = 销售收入 - 变动成本 - 固定成本$$

设 P 为利润、p 为单价、b 为单位变动成本、a 为固定成本、x 为销售量，则：

$$P = p \cdot x - b \cdot x - a$$
$$= (p-b) \cdot x - a$$

上述 P，我国为营业利润，西方指息税前利润。

（三）贡献毛益、贡献毛益率和损益表

对本量利模型的有效使用依赖于对另外三个概念的理解：贡献毛益、贡献毛益率和贡献毛益损益表。贡献毛益可以是单位也可以是总量的概念。单位贡献毛益是销售单价与单位变动成本之差：

$$单位贡献毛益 = 单价 - 单位变动成本$$

单位贡献毛益计量销售量增加一个单位带来的利润的增长。如果预计销量增加 100 个单位，那么利润将增加 100 乘以单位贡献毛益的数额。贡献毛益总额（Tem）等于单位贡献毛益乘以销售数量。

$$贡献毛益总额 = （单价 - 单位变动成本）\times 销售量 = 销售收入 - 变动成本$$

贡献毛益损益表是将本量利分析的信息列示出来的一种表格。在贡献毛益损益表中，是先从销售收入中减去变动成本总额（生产性和非生产性）得到贡献毛益总额，然后再从贡献毛益中减去固定成本总额。贡献毛益表在本量利分析中要比通常的损益表更有用，因为它将固定成本与变动成本相分离，变动成本直接因销售量的变化而变化，而固定成本则保持相对固定。

二、保本点分析

许多企业经营计划的起点是决定保本点，保本点也称盈亏临界点，即收入和总成本相等利润为 0 的那一点时的业务量，通过本量利分析可以得到保本点。在本量利模型中令 P 为 0，代入数额已知的 b、p 和 a，然后可求出 ×0。我们可以用两种方法得到 ×0：等式法和贡献毛益法。每种方法都可以以销售数量或销售额的形式来计算保本点。

（一）单一品种保本点分析

1. 数量形式的保本点

（1）等式法：等式法就是直接使用本量利模型。令利润为 0（P=0），则有：

$$销售收入 - 变动成本 - 固定成本 = 0$$
$$销售单价保本点销售量 - 单位变动成本保本点销售量 - 固定成本 = 0$$

则：

$$保本点销售量 = \frac{固定成本}{销售单价 - 单位变动成本}$$

（2）贡献毛益法。

由于单位贡献毛益 = 销售单价 − 单位变动成本

则：

$$又有保本点销售量 = \frac{固定成本}{单位贡献毛益}$$

2. 金额形式的保本点

（1）等式法

$$保本点销售额 = 销售单价 \times 保本点销售量$$

（2）贡献毛益法：运用贡献毛益法也可以算出保本点的金额。一些管理者主要对保本额感兴趣，或者对一个生产多产品的公司来说计算出保本销售量似乎不太实际，而且当每种产品的计量单位不一致时，保本销售量的计算就有一定难度。

$$保本点销售额 = \frac{固定成本}{\frac{销售单价 - 单位变动成本}{销售单价}} = \frac{固定成本}{单位贡献毛益}$$

3. 保本作业率和安全边际

（1）保本作业率。

保本点还可以有另外一种表达方式，即保本作业率，是指保本点的销售量占企业正常销售量的百分比。而所谓正常销售量，是指在正常市场环境和企业正常开工情况下产品的销售数量。保本点作业率的计算模型如下：

$$保本点作业率 = \frac{保本点销售量}{正常销售量} \times 100\%$$

或

$$保本点作业率 = \frac{保本点销售额}{正常销售额} \times 100\%$$

上述比率表明：企业实现保本的业务量在正常业务量中所占的比重。由于企业通常应该按照正常销售量来安排产品的生产，在合理库存的条件下，产品产量与正常的销售量应该大体相同，所以，保本作业率还可以表明企业在保本状态下生产能力的利用程度。

（2）安全边际。

与保本点密切相关的还有一个概念，就是安全边际。安全边际是指正常销售量或者现有销售量超过保本点销售量的差额。这一差额表明企业的销售量超越保本点的销售量的程度，或者说，现有销售量降低多少，就会发生亏损。

$$安全边际 = 正常或现有的销售量 - 保本点销售量$$

安全边际除了可以用现有销量与保本点销售量差额表示外，还可以用相对数来表示，即安全边际率：

$$安全边际率 = \frac{边际}{现有或正常销售量} \times 100\%$$

4. 保本图（盈亏临界图）

保本图就是将保本点反映在直角坐标系中。保本点采用前述数学模型进行计算叫作公式法，反映在直角坐标系中则称为图示法。与公式法相比，图示法具有形象直观、简明易懂的特点，但由于图示法是依靠目测绘制而成，所以不可能十分准确，通常应与公式法配合使用。企业在进行成本、业务量和利润的目标规划时往往需要反复测算，测算时采用公式法较为方便。

保本图依据的特征和目的不同，可以有多种形式，较为普遍存在的有以下两种形式：

（1）传统式。传统式是保本图的最基本的形式，其特点就是将固定成本置于变动成本之下，从而清楚地表明固定成本不随业务量变动的特征。

保本点的位置取决于销售单价、单位变动成本、固定成本这三个因素。具体地说表现在以下几个方面：

①在销售单价、单位变动成本、固定成本不变的情况下，也就是说保本点是既定的，当销售量超过保本点时，销售量越大，实现的利润也就越大；当销售量不足保本点时，销售量越大，亏损越少。反之则利润越少或亏损越大。

②在销售单价、单位变动成本一定的情况下，保本点的位置随固定成本总

额的变动而同向变动：固定成本越大（表现在坐标图中就是总成本线与纵轴的交点越高），保本点就越高；反之，保本点就越低。

③在销售单价、固定成本一定的情况下，保本点的位置随单位变动成本的变动而同向变动：单位变动成本越高（表现在图中就是总成本线的斜率越大），保本点就越高；反之，保本点就越低。

④在总成本一定的情况下，保本点的位置随销售单价的变动而反向变动：销售单价越高（表现在图中就是销售收入线的斜率越大），保本点就越低；反之，保本点就越高。

传统式保本图是各种保本图中的基本形式，其他形式则是出于不同考虑由传统式演变而来。

（2）贡献毛益式。贡献毛益式保本图是将固定成本置于变动成本之上，强调的是贡献毛益及其实现过程，保本点的贡献毛益刚好等于固定成本；超过保本点的贡献毛益大于固定成本，也就是实现了利润；而不足保本点的贡献毛益小于固定成本，则表明发生了亏损。应该说贡献毛益式保本图更符合变动成本法的思路，也更符合保本点分析的思路。

（二）多品种保本点的计算

前面介绍了单品种保本点的计算和分析，但实际上大部分企业都不可能只生产销售一种产品，往往有几种、几十种或更多，在这种情况下，介绍的单一品种保本点分析法就无法应用，因为不同品种的销售量无法直接相加。那么，对于多品种生产销售的企业，保本点应如何计算和分析？下面分别介绍综合贡献毛益法、联合单位法和分算法三种多品种条件下保本点分析的原理及其应用。

1. 综合贡献毛益率法的原理及其应用

综合贡献毛益率法就是指在确定企业综合贡献毛益率的基础上分析多品种条件下本量利关系的一种方法。该法对各品种一视同仁，不要求分配固定成本，而是将各品种所提供的贡献毛益视为补偿企业全部固定成本的收益来源。综合贡献毛益率可通过加权平均法来计算，其步骤如下：首先，计算各种产品销售额占全部产品总销售额的比重。其次，以各种产品的贡献毛益率为基础，以该种产品销售额占销售总额的比重为权数进行加权平均计算，从而求出各种产品综合的加权平均贡献毛益率。其计算公式可表述如下：

$$加权贡献毛益率 = \frac{各种产品贡献毛益总和}{各种产品销售收入总和}$$

$$= \sum [各种产品的贡献毛益率 \times 各种产品的销售比重]$$

再次，计算整个企业综合保本销售额，即综合保本：

$$综合保本销售额 = \frac{固定成本总额}{加权贡献毛益率}$$

最后，计算各种产品的保本额，即：

$$各种产品的保本销售额 = 综合保本销售额 \times 各种产品的销售比重$$

2. 联合单位法的原理及其应用

联合单位法是指在事先掌握多品种之间客观存在的相对稳定产销实物量比例的基础上，确定每一联合单位的单价和单位变动成本，进行保本点分析的一种方法。

如果企业生产的多种产品实物产出量之间存在着较稳定的数量关系，而且所有产品的销路都很好，那么就可以用联合单位代表按实物量比例构成的一组产品。如企业生产的甲、乙、丙三种产品的销量比为1∶2∶3，则一个联合单位就相当于一个甲、两个乙和三个丙的集合，其中甲产品为标准产品。以这种销量比可计算出每一联合单位的联合单价和联合单位变动成本。在此基础上，可以按单一品种的保本点分析法计算联合保本点。公式是：

$$联合单价 = 一个联合单位的全部收入$$
$$联合单位变动成本 = 一个联合单位的全部变动成本$$

在此基础上，可计算出每种产品的保本点，公式为：

$$联合保本点 = \frac{固定成本总额}{联合单价 - 联合单位变动成本}$$

3. 分算法的原理及其应用

分算法是指在一定条件下，将全部固定成本按一定标准在各种产品之间进行分配，然后再对每一个品种分别进行保本点分析。

有的企业虽然组织多品种的生产经营，但由于生产技术的缘故而采用封闭式生产方式。在这种条件下，区分产品的专属固定成本不成问题，共同固定成本也可选择一定标准分配给各种产品。这种方法可以提供各产品计划与控制所需要的详细资料，故受到基层管理部门的重视与欢迎。但在选择分配固定成本的标准时容易出现问题，尤其是品种较多时比较烦琐。鉴于固定成本需由贡献毛益来补偿，故按照各种产品之间的贡献毛益比重分配固定成本最为合理。

第二节　目标利润与利润敏感性

一、目标利润分析

当企业的销售量超出盈亏临界点时，可以实现利润。保本点分析是在假定企业的利润为 0 这样一种特殊的经营状态下来研究问题的。企业的经营目标当然不是利润为 0，而是尽可能多地超越保本点而实现利润。所以，目标利润分析是保本点分析的延伸和拓展。为了便于分析和预测目标利润，需建立实现目标利润的有关模型。

（一）实现税前目标利润的模型

我们知道，

$$实现目标利润的销售量 = \frac{目标利润 + 固定成本}{销售单价 - 单位变动成本}$$

$$= \frac{目标利润 + 固定成本}{单位产品贡献毛益}$$

上述模型表明，企业产品销售在补偿了固定成本后，需要怎样的销售量才能实现目标利润。同样，实现目标利润的销售量也可以用金额来表示，即实现目标利润的销售额，只需将上式的等号左右乘以产品的单价，即：

$$实现目标利润的销售额 = \frac{目标利润 + 固定成本}{贡献毛益率}$$

（二）实现税后利润的模型

上述所说的目标利润均为所得税前的利润，所得税费用对于实现了利润的企业来说，是一项必然的支出。所以，从税后利润的角度进行目标利润的分析和预测，对企业来说更为适用。

税后利润 = 税前利润 × （1- 所得税税率）

则：

$$\text{实现目标利润的销售量} = \frac{\dfrac{\text{税后目标利润}}{1-\text{所得税税率}} + \text{固定成本}}{\text{单位贡献毛益率}}$$

或：

$$\text{实现目标利润的销售额} = \frac{\dfrac{\text{税后目标利润}}{1-\text{所得税税率}} + \text{固定成本}}{\text{贡献毛益率}}$$

（三）为实现目标利润应采取的措施

实现目标利润的模型是保本点模型的拓展与延伸，导致保本点变化的各个因素都可能对实现目标利润产生影响。根据前述利润计算公式可知，销售单价、销售数量、单位变动成本和固定成本总额是影响利润的因素，在多种产品生产的条件下，产品品种结构的变动也会影响企业利润的实现。为保证企业目标利润的实现，必须从分析影响利润的有关因素中，寻求相应的措施，以挖掘潜力。

1. 单项措施

（1）提高销售单价。

（2）降低单位变动成本。

（3）增加销售量。

（4）降低固定成本总额。

（5）调整产品品种结构。

2. 综合措施

事物总是相互联系的，某项因素的变动往往会同时引起其他因素的变动，销售量、销售单价、销售成本之间亦如此。比如为提高产品的产量，往往需要增加生产设备，这就会使折旧费这项固定成本增加；而为了使产品顺利销售出去，可能又会增加广告费这项固定成本。企业采取诸如降低固定成本、单位变动成本或提高单价等单项措施，可以使利润提高，但往往更多采取综合措施以实现目标利润。当然这需要经过反复权衡和测算。

二、利润敏感性分析

（一）敏感性分析的目的

利润敏感性分析是研究当制约利润的有关因素发生某种变化时对利润所产生影响的一种定量分析方法。它对于利润预测分析特别是目标利润预测有十分积极的指导意义。影响利润的因素很多，在现实经济环境中，这些因素又经常发生变动。即使它们的变动方向和变动幅度完全一样，对利润所产生的影响也可能不同。如有些因素增长结果会导致利润增长，而另一些因素只有降低才会使利润增长；有些因素只要略有变化就会使利润发生很大的变动，而有的因素虽然变动幅度较大，却又可能只对利润产生微小的影响。我们称那些对利润影响大的因素为利润灵敏度高，反之则称为利润灵敏度低；从另一个角度也可以说利润对前者的敏感性高，对后者的敏感性低。显然，因素的利润灵敏度不同，人们对它们的重视程度也就应有所区别。对敏感性高的因素，应当给予更多的关注；对敏感性低的因素则不必作为分析的重点。利润敏感性分析的主要任务是计算有关因素的利润灵敏度指标，揭示利润与因素之间的相对数关系，并利用灵敏度指标进行利润预测。

（二）利润敏感性分析的假定

利润敏感性分析应考虑以下假定条件：

1. 有限因素的假定

为了简化分析，假定利润只受到以下因素的影响，即单价 p、单位变动成本 b、销量 x 和固定成本总额 a，它们的序号 i 分别为 1，2，3，4。

2. 单独变动的假定

为了正确反映因素对利润的影响，假定上述因素中任一因素的变动均不会引起其他三项因素的变动。

3. 利润增长的假定

为了使分析的结论具有可比性，假定每项因素的变动最终都能够导致利润增加。这就要求属于正指标的单价和销售量的变动率为增长率，属于反指标的两项成本的变动率为降低率。

4. 同一幅度变动假定

为了科学地考察利润受因素变动影响程度的大小，必须排除各因素变动率不一致的现象，假定任一因素均按同一幅度（如1%）变动。结合第3个假定，利润灵敏度分析中有关因素的变动率分别为：单价增长1%，销量增长1%，单位变动成本降低1%，固定成本降低1%。

（三）利润敏感度指标的计算

利润敏感性分析的关键是计算利润受各个因素影响的灵敏度指标（后面简称为因素的利润灵敏度）。某因素的利润灵敏度指标是指该因素按上述假定单独变动1%后使利润增长的百分比指标。

$$\text{某因素的敏感系数}(S_i) = \frac{\text{利润变动百分比}}{\text{某因素变动百分比}} = \frac{\Delta P/P}{1\%} = \frac{\Delta P}{P \times 1\%}$$

下面推导四个因素的敏感系数：

1. 单价增长1%

则利润的变动额 P= Px・1%，则得出：

$$\text{单价的敏感系数}(S_1) = \frac{\Delta P}{P \times 1\%} = \frac{Px \times 1\%}{P \times 1\%} = \frac{Px}{P}$$

2. 单位变动成本降低1%

则利润的变动额 P= bx1% 则：

$$\text{单位变动成本的敏感系数}(S_2) = \frac{\Delta P}{P \times 1\%} = \frac{bx \times 1\%}{P \times 1\%} = \frac{bx}{P}$$

3. 销售量增长1%

则利润的变动额 P=（p–b）x・1%= Tcm・1% 则：

$$\text{销售量的敏感系数}(S_3) = \frac{\Delta P}{P \times 10\%} = \frac{Tcm \times 1\%}{P \times 1\%} = \frac{Tcm}{P}$$

4. 固定成本降低1%

则利润的变动额 P=a·1% 则：

$$\text{固定成本的敏感系数}(S_4) = \frac{\Delta P}{P \times 1\%} = \frac{a \times 1\%}{P \times 1\%} = \frac{a}{P}$$

第三节　全面预算及其编制

一、全面预算概述

（一）预算与全面预算

预算是企业经营活动的数量计划，它确定企业在预算期内为实现企业目标所需的资源和应进行的活动。预算包括计划活动的财务和非财务两个方面。

一段时期的预算可以作为预算期间经营活动的指南和经营成果的目标。全面预算是以货币等形式展示未来某一特定期间内企业全部经营活动的各项目标及其资源配置的定量说明。即在预测与决策的基础上，按照规定的目标和内容对企业未来的销售、生产、成本、现金流入与流出等有关方面以计划的形式具体地、系统地反映出来，以便有效地组织与协调企业的全部生产经营活动，完成企业的既定目标。

（二）全面预算的作用

全面预算的作用主要表现在以下四个方面：

1. 明确工作目标。预算作为一种计划，规定了企业一定时期的总目标以及各级各部门的具体目标。这样就使各个部门了解本单位的经济活动与整个企业经营目标之间的关系，明确各自的职责及其努力方向，从各自的角度去完成企业总的战略目标。

2. 协调部门关系。全面预算把企业各方面的工作纳入了统一计划之中，促使企业内部各部门的预算相互协调，环环紧扣，达到平衡。在保证企业总体目标实现的前提下，组织各自的生产经营活动。例如，在以销定产的经营方针下，生产预算应当以销售预算为根据，材料采购预算必须与生产预算相衔接等等。

3. 控制日常活动。编制预算是企业经营管理的起点，也是控制日常经济活动的依据。在预算的执行过程中，各部门应通过计量、对比，及时揭露实际脱离预算的差异并分析其原因，以便采取必要措施，消除薄弱环节，保证预算目标的顺利完成。

4. 考核业绩标准。企业预算确定的各项指标，也是考核各部门工作成绩的基本尺度。在评定各部门工作业绩时，要根据预算的完成情况，分析偏离预算的程度和原因，划清责任，奖罚分明，促使各部门为完成预算规定的目标努力工作。

（三）全面预算的内容

全面预算是由一系列预算按其经济内容及相互关系有序排列组成的有机体，随着企业的性质和规模的不同，全面预算的体系及编制方法也会有所不同。通常完整的全面预算应包括经营预算、财务预算及资本支出预算三个部分。

1. 经营预算

经营预算是指与企业日常业务直接相关，具有实质性的基本活动的预算，通常与企业损益表的计算有关。主要包括：

（1）销售预算。

（2）生产预算：

· 生产量预算

· 直接材料预算

· 直接人工预算

· 制造费用预算

· 期末产成品存货预算

（3）销售成本预算。

（4）销售及管理费用预算。

这些预算以实物量指标和价值量指标分别反映企业收入与费用的构成情况。

2. 财务预算

财务预算是指与企业现金收支、经营成果和财务状况有关的各项预算。主要包括：

（1）现金预算表。

（2）预计损益表。

（3）预计资产负债表。

3. 资本支出预算

是指企业不经常发生的、一次性业务的预算，如企业固定资产的购置、扩建改建、更新等都必须在投资项目可行性研究的基础上编制预算，具体反映投资的时间、规模、收益以及资金的筹措方式等。这里主要讨论有关经营预算和财务预算的编制方法和原理。

企业全面预算的各项预算之间前后衔接，存在着相互钩稽和相互制约的关系，形成了一个完整的预算体系。

企业生产经营的全面预算，是以市场需求的研究和预测为基础，以销售预算为主导，进而包括生产、成本和现金收支等各个方面，并特别重视生产经营活动对企业财务状况和经营成果的影响，因此，整个预算体系是以预计的财务报表作为终结。

（四）全面预算的编制程序

全面预算的编制可以简单随意到小公司几天之内就完成，也可以复杂精细到大公司或政府部门得用几个月甚至超过一年的时间来完成。为了保证预算编制工作有条不紊地进行，一般要在企业内部专设一个预算委员会负责预算编制并监督实施。企业预算的编制，涉及经营管理的各个部门，只有执行人参与预算的编制，才能使预算成为他们自愿努力完成的目标。

因此，预算的编制应采取自上而下或自下而上的方法，不断反复和修正，最后由有关机构综合平衡，并以书面形式向下传达，作为正式的预算落实到各有关部门付诸实施。具体说，全面预算的编制程序包括成立预算委员会、确定预算期、明确预算原则、编制预算草案、预算协调、复议和审批、预算修正。

1. 预算委员会

大多数企业都成立预算委员会来管理有关预算事项。它由企业的高级管理人员组成。典型的预算委员会由总经理、一个或多个副总经理、战略经营单位负责人、财务总监等人组成。委员会的大小取决于企业的规模、预算所涉及人数、预算过程中内部单位的参与程度及总经理的管理风格等。在一些企业里，所有事项都由总经理决定，根本没有预算委员会。预算委员会是企业内涉及预算事项的最高权力机构。该委员会设定和批准企业及主要经营部门的预算目标，解决预算编制过程中可能出现的冲突和分歧，批准最终的预算，在预算期开始后监控预算的实施并在预算期末评价经营成果。预算委员会还审批预算期内对预算的重大调整。

2. 预算期

预算的编制通常与企业的会计年度一致，以一年为一个预算期。许多公司编制季度和月度财务报表，所以也编制季度和月度预算。企业预算期与会计期的协调便于比较预算数与实际经营成果。

一些公司使用连续（或滚动）预算。连续预算是将预算期始终保持一个固定的月份数、季度数或年数的预算系统。这样，一个月或一个季度结束后，用最新获得的信息更新原来的预算，预算中增加下一个新的月份或季度。例如某公司运用连续预算，每年编制下两年的预算。每一年，都会根据自上一个预算编制期以后逐渐获得的新的信息对第二年的预算进行修正和更新。这样，第二年的预算就成了下期的全面预算，新的第二年的预算又在准备之中了。另外，该公司还编制五年和十年的预算。

在实践中，很少有公司只编制一年的预算。不过，下年以后的预算通常只包括一些主要的经营数据。这种方法的优势在于为管理者提供了较长远的战略视角、给他们更多的时间来进行经营决策、更多的机会评价预测的精确性。

常见的连续预算是将 4 个季度或 12 个月作为固定预算期。使用连续预算的企业认为连续预算可以使管理者较长远地考虑经营问题，而不是将目光仅仅局限在预算年度。使用连续预算的公司，预算更可能反映实时状况，因为在增加新的预算月份或季度时，都会对现有预算做一些调整和修正。

与连续预算相似，连续更新预算在预算年度开始之后不断利用新的信息来调整预算，但不同于连续预算的是，连续更新预算并不将预算期固定为4个季度或12个月。它的目的主要是利用新的信息来修正该年度全面预算中已确定的经营方针。

3. 预算原则

预算委员会的职责之一就是确定预算原则来规范预算、管理预算编制过程。所有的责任中心（或预算单位）在编制预算时都应遵循这一原则。

确定预算原则的起点是明确公司长期战略目标。在确定预算原则时，预算委员会应当考虑以下因素：采用战略计划后公司已取得的发展和变化；经济环境与市场前景；预算期内公司的目标；公司的特殊政策如收缩、再造、特殊营销推销活动等以及迄今为止的经营业绩。

4. 预算草案

每个预算单位会依据预算原则编制各自的预算草案。预算单位在编制预算草案时应考虑以下内部影响因素：

（1）可使用的机器设备的变动；

（2）新的生产程序的应用；

（3）产品设计或产品结构的变化；

（4）新产品的引进；

（5）本预算单位因原材料投入或其他经营因素所依赖的其他预算单位经营活动和预期的变化；

（6）依靠本预算单位供应部件的其他预算单位，其经营环境、预期或经营活动发生的变化；在编制预算草案时应考虑的外部因素：

（1）原材料、零件的可得性及它们的价格；

（2）近期内行业的动向；

（3）竞争对手的行动。

5. 预算协调

上一级预算单位审查预算草案，看它是否符合预算原则。上一级预算单位还应查看预算目标是否能够实现，是否与上一级预算单位的目标一致，其内容是否与其他预算单位的预算内容协调，这些单位包括直接或间接受本单位活动影响的单位。每个预算单位都应与上级单位共同商议预算草案中的变更。

协商在公司的所有层次都存在。协商可以说是预算编制程序的核心工作，它占用了预算编制的大量时间。例如，一个企业的会计年度在 12 月 31 日结束，那么预算编制程序通常会在 5 月份开始，协商会持续到 9、10 月份，预算在年底前被通过。

6. 复议和审批

预算单位通过了自己的预算之后，此项预算会沿着组织的层级传达到预算委员会，这时，这些单位预算合并便形成了整个组织的预算。预算委员会最后审批预算。预算委员会主要检查该预算是否符合预算原则、是否能达到短期的期望目标、是否履行了战略计划。总经理据此来批准预算并将其提交董事会。

7. 调整

对预算如何进行调整，企业间各不相同。预算通过后，有些企业只允许在特殊的情况下调整预算；但也有一些，如执行连续更新预算的企业却按季或按月调整预算。在只允许特殊情况下调整预算的企业，修改预算是很难获准的。然而，不是所有的事情都会像预计的那样进行。当实际情况已与预计出现重大差异时，依旧恪守预算是不可取的。在这种情况下，应提醒管理者不要将预算教条化。系统地、周期性地调整已通过的预算或使用滚动预算可以使企业在动态的经营环境中获益，因为时常更新的预算能够更好地指导经营活动。但是，定期预算调整可能会使责任中心在编制预算时不尽全力。系统调整预算的企业应确保预算调整只是在情况发生重大变化的条件下进行。

二、全面预算的编制

（一）销售预算

企业通过销售实现期望目标。企业几乎所有的活动都是致力于实现销售目标和销售增长。销售预算对企业的重要性不可低估。它是编制全面预算的起点，精确的销售预算能够增强预算作为计划、控制工具的作用。通常销售预算是在销售预测的基础上来编制的。

1. 销售预测

销售预测就是估计公司产品的未来销售状况，它是编制期间销售预算的起点。销售预测的性质是主观的。为减少预测的主观性，许多公司都准备多个独立的销售预测并将此作为一种惯例。例如，一个公司可以让市场研究部门、经营部门及预算单位的销售部门等分别进行销售预测。这样，销售预算中的销售量就是各单位都认为最可能的那个数。在销售预测中应考虑的影响因素有：

（1）现在的销售水平和过去几年的销售趋势；

（2）经济和行业的一般状况；

（3）竞争对手的行动和经营计划；

（4）定价政策；

（5）信用政策；

（6）广告和促销活动；

（7）未交货的订单等。

进行销售预测有多种方法，其中比较普遍采用的两种方法是趋势预测分析法和因果预测分析法。趋势预测分析可以是简单的散布图目测法，也可以是复杂的时间序列模型。趋势分析的优点在于它只使用历史数据，这些数据都可在公司记录中轻易找到。但是，历史不会重演，所以需要根据可能偏离趋势的未来事项来调整预测结果。因果预测分析法如回归分析和计量经济学模型利用历史数据和其他影响销售的信息。例如，公司使用的计量经济学模型可能会包括国家和地区经济指标、失业率、消费者信心指数和年龄群体的分布等。计量经济学模型预测的优点在于其结果客观、可证实且计量可靠。近年来，计量经济学模型的使用越来越普遍，部分原因是高能廉价计算机的普及。比起只使用经验判断或模型分析的做法，将二者结合起来会得到更好的预测结果。

2. 销售预算

销售预算列示了在预期销售价格下的预期销售量。编制期间销售预算的起点一般是预计的销售水平、生产能力和公司的长、短期目标。销售预算是整个预算编制的基石，因为公司只有在了解了期望的销售水平之后才能对其他经营活动作出规划。不知道要生产多少产品，企业无法作出生产安排。企业只有明确了预算期内所要销售的产品数量才能确定产量。产量确定之后，原材料的采购量、需要雇佣的职员数以及所需的工厂制造费用才能随之确定。预计的销售和管理费用也由期望销售量决定。

（二）生产预算

生产预算依据销售预算进行编制。生产预算就是根据销售目标和预计预算期初期末的存货量决定生产量，并安排完成该生产量所需资源的取得的整套规划。生产量取决于销售预算、期末产成品的预计余额以及期初产成品的存货量。确定预计生产量的公式如下：

$$预计生产量 = 预算的销售量 + 期末存货量 - 期初存货量$$

选择期末存货量的大小时需要平衡两个相冲突的目标。一方面，公司不愿意因缺货而丧失销售机会，另一方面，储存过多的产成品又会耗费成本。因此，企业必须确定在需求增加时，它能以多快的速度增产，然后设定相应的生产和存货水平。例如，企业使用即时管理系统，它的期初、期末存货量就是 0 或很小的数额。影响生产预算的其他因素有：企业关于稳定生产和为降低产成品存货而实施的灵活生产方面的态度、生产设备的状况、原材料及人工等生产资源的可得性以及生产数量和质量方面的经验等。生产经理会对生产预算复审，以确保利用现有设备能够达到预算的生产水平，并明确预算期内其他的活动安排。如果生产水平超过可利用的最大生产能力，管理者可以调整销售预算水平或者采取其他措施来满足需要。如果可利用的生产能力超过预算生产水平，管理者可以为闲置的生产能力寻找一些其他用途或者安排其他活动，如预防性维修或为新的生产程序而进行试运行。协调销售需求和生产活动是拥有预算的另一好处，它能使企业发现生产能力和所要求的产量之间的不配比情况。近年来随着新的制造技术和即时管理方法的运用，日益增多的企业被迫根据销售量的变动来调整生产，而不是保持生产稳定。

（三）直接材料的使用和采购

生产预算是直接材料使用和采购预算的基础。直接材料使用预算显示了生产所需的直接材料及其预算成本。所以，直接材料使用预算是编制直接材料采购预算的起点。企业编制直接材料采购预算是为了保证有足够的直接材料来满足生产需求并在期末留有预定的存货。

直接材料采购预算也为计划直接材料的采购提供预算成本，这样企业就能够确定采购所需的资金数额。材料采购预算取决于一些有关生产活动的公司政策，如采用即时采购系统还是储备一些主要材料，以及企业对原材料质量的经验判断和供应商的可靠性。确定预计直接材料的采购量的公式如下：

预算期直接材料的采购额＝生产所需的直接材料总额＋期末所需的直接材料库存额－期初的直接材料的库存额

生产所需的直接材料总额＝预算期生产量 × 单位产品耗用量

（四）直接人工预算

生产预算同样也是编制人工预算的起点。企业的劳动力必须是拥有充分技能、能够从事本期计划产成品生产的工人。直接人工预算可以使企业人事部门安排好人员，以防出现突然解雇或人工短缺情况，并降低解聘人数。不稳定的用工制度会降低雇员对企业的忠诚，增加他们的不安全感，进而导致效率低下。许多企业都有稳定的雇佣或劳动合同作保障，以防止企业按照生产需要的变化随意解雇工人。根据直接人工预算，企业可以判断：何时能够重新安排生产活动或给闲置的工人分配其他临时工作。许多采用新生产技术的企业可以用直接人工预算来计划维护修理、安装、检测、学习使用新设备及其他活动。

直接人工预算通常包括对生产所需的各类人员的安排。

直接人工预算额＝预计生产量 × 单位产品直接人工小时 × 小时工资率

（五）制造费用预算

制造费用包括直接材料和直接人工之外的所有生产成本。不像直接材料和直接人工按产量的比例增减，制造费用中有一些成本并不随产量按比例变化，即包括一些固定成本，如生产管理人员的工资和车间的折旧费等。

编制制造费用预算需要预计生产量、确定生产方式并考虑一些影响制造费用的外部因素。许多企业在制造费用预算编制时将制造费用分为可变和固定两项。所有不随产量发生相应变动的制造费用为固定成本，这种判断的前提是，非变动制造费用在生产量的一定范围内保持不变。

由于变动制造费用与生产量之间存在着线性关系，因此其计算方法为：

变动性制造费用预算额 = 预计生产量 × 单位产品预定分配率

固定制造费用与生产量之间不存在线性关系，其预算通常都是根据上年的实际水平，经过适当的调整而取得的。此外，固定资产折旧作为一项固定制造费用，由于其不涉及现金的支出，因此在编制制造费用预算，计算现金支出时，需要将其从固定制造费用中扣除。

（六）期末产成品存货预算

期末产成品存货不仅影响到生产预算，而且其预计金额也直接对预计损益表和预计资产负债表产生影响。其预算方法为：先确定产成品的单位成本，然后将产成品的单位成本乘以预计的期末产成品存货量即可。

（七）销售成本预算

销售成本预算是在生产预算的基础上，按产品对其成本进行归集，计算出产品的单位成本，然后便可以得到销售成本的预算。即：

销售成本预算 = 产品单位成本 × 预计销售量

需注意的是，商业企业不需做生产预算。实际上，商业企业用商品采购预算来代替生产企业的生产预算，企业的商品采购预算列示预算期内所需购买的商品数额。商品采购预算的基本形式与生产预算相同。

（八）销售与管理费用预算

销售与管理费用包括除制造费用以外的其他所有费用，这些费用的预算编制方法与制造费用预算的编制方法相同，也是按照费用的不同性态分别进行编制的。

（九）现金预算

企业为了生存和捕捉发展机会，经常持有足额现金是非常必要的。现金预算综合了所有预算活动对现金的预计影响，它还列示了预算期内的现金流入和流出状况。通过现金预算，管理者确保企业将有足够的现金进行计划的各项活动，提前安排额外的融资以避免临时借款的高成本，并对持有的多余现金进行投资筹划以获得可能的最高收益。对于小公司和季节特征明显的公司，现金预算对于协调经营活动、避免出现危机显得尤为重要。许多公司认识到了持有足够现金来满足经营需要的重要性，都将现金预算作为全面预算中最重要的一个预算。

现金预算的数据几乎来自所有的分预算。在编制现金预算时，企业需要复查所有的预算来确定所有对现金有影响的收入、支出和其他事项。现金预算通常包括现金收入、现金支出、现金多余和不足以及资金的筹集与应用等四个组成部分。现金收入部分详细列示了经营活动可利用现金的来源。通常情况下有两个来源，即预算期初的现金余额和预算期内的现金收入。现金收入包括现金销售和应收票据或应收账户的现金收回。影响现金销售收入和应收账款的现金回收额的因素包括企业的销售水平、企业的信用政策及企业的收账经验等。企业从事非经常性交易也会产生现金。如出售设备、建筑物等经营性资产，或出售企业不再需要的已购置的建厂土地等非经营性资产。这些销售所得的所有收入都应包括在可使用现金部分。现金支出部分列示了所有的支出，包括直接材料和物品的采购支出、工资奖金支出、利息支出和税金等。可使用现金和现金支出的差额就是期末现金余额。

如果现金余额低于管理者设定的最低现金持有量时，公司就需融资补足资金。另一方面，如果公司预计的现金持有量有多余，它就要决定将多余资金进行投资。在可选择的投资项目中应权衡收益、流动性和风险这三个因素。贷款计划和投资计划都包括在融资部分中。

（十）预计损益表

预计损益表是在上述各经营预算的基础上，按照权责发生制的原则进行编制的，其编制方法与编制一般财务报表中的损益表相同。预计损益表揭示的是企业未来的盈利情况，企业管理当局可据此了解企业的发展趋势，并适时调整其经营策略。

（十一）预计资产负债表

预计资产负债表反映的是企业预算期末各账户的预计余额，企业管理当局可以据此了解到企业未来期间的财务状况，以便采取有效措施，防止企业不良财务状况的出现。预计资产负债表是在预算期初资产负债表的基础上，根据经营预算、资本支出预算和现金预算的有关结果，对有关项目进行调整后编制而成的。

第四节　预算编制的常用方法

一、固定预算和弹性预算

（一）固定预算

固定预算是一种最基本的全面预算编制方法，该方法所涉及的各项预定指标均为固定数据。因此预算方法也叫静态预算。

（二）弹性预算

所谓弹性预算，是指企业在编制费用预算时，根据本量利之间有规律的数量关系，按预算期可预见的多种生产经营管理活动水平分别确定相应的数据，使编制的预算随着生产经营管理活动的变动而变动。因为在企业实际经营过程中，由于市场等因素的影响，预算期的各项指标，如销售量、售价，及各种变动成本费用等都可能发生变动，各项指标不可能始终固定不变。由于这种预算本身具有弹性，故称为弹性预算或可变预算。

1. 弹性预算的特点

它与固定预算（或静态预算）相比，有两个显著的特点：

（1）弹性预算是按一系列业务量水平编制的，能适应不同经营活动情况的变化，具有一定的伸缩性，扩大了计划的适用范围，更好地发挥预算的控制作用，避免了在实际情况发生变化时，对预算的频繁修改。

（2）使预算执行情况的评价与考核建立在更加客观而可比的基础上。

弹性预算比固定预算更便于区分和落实责任。

2. 弹性预算的编制步骤

弹性预算的编制一般可按下列步骤进行：

（1）选择或确定经营活动水平的计量标准，经营活动水平的计量标准应根据具体情况进行选择。一般来说，生产单一产品的企业，可以选用产品产销量，生产多产品的企业，可以选用人工工时、机器工时等。

（2）确定不同情况下经营活动水平的范围，一般在正常生产能力的70%—110%之间。在这个范围内，按10%或5%的间隔编制预算。间隔小，则容易在弹性预算里找出与实际业务量较为接近的业务量及相应的预算，因而用来控制费用的支出比较准确。但间距过小，会增加编制弹性预算的工作量。反之，间距大，可以减少编制预算的工作量，但是，由于不易在弹性预算中找到与实际业务量相接近的业务量及相应的预算而容易丧失预算的作用。

（3）根据成本和产量之间的关系，分别计算确定变动成本、固定成本等多个具体项目在不同的经营活动水平范围内的计划成本。

3. 弹性预算的编制与运用

（1）弹性成本预算的编制方法。

用弹性预算的方法编制成本预算时，其关键在于把所有的成本划分为变动成本与固定成本两大部分。变动成本主要根据单位产品预定的直接材料成本、直接人工成本、变动性制造费用等进行控制，固定成本则按总额进行控制。成本的弹性预算公式如下：

$$弹性成本预算 = \Sigma（单位变动成本预算 \times 预计业务量）+ 固定成本预算$$

对于产品成本中的直接材料、直接人工、制造费用、销售及管理费用可采用不同的方法编制弹性预算。

①由于直接材料、直接人工的弹性预算只需以预算期内多种可能完成的生产量为基础，分别乘以单位产品的预算数（或标准）即可完成预算的编制。因此，在实际工作中，通常只是编制单位产品变动成本标准进行控制，待实际业务发生后，再按实际业务量进行换算，形成弹性预算。

②由于制造费用属于混合成本，为加强控制，更宜按照不同的业务量水平编制制造费用的弹性预算。生产单一产品的企业，制造费用预算可按生产量直接编制，如表中的制造费用预算部分。生产多品种的企业，通常可按照直接人工工时（或机器工作台时数）进行编制。

③销售与管理费用的弹性预算的编制方法与制造费用弹性预算的编制方法

基本相同，所不同的是编制基础的选择不一样，它不是以生产工作量作为基础，而是以销售量作为计算基础。

（2）弹性利润预算的编制。

弹性利润预算是以预算期内的各种可能实现的销售收入作为计量基础，按成本性态扣除相应的成本，据以分别确定不同销售收入水平下可能实现的利润或发生的亏损。

（3）弹性预算的运用。

弹性预算的主要用途是作为控制成本支出的工具。由于成本一旦支出就不可挽回，只有事先提出成本的限额，使有关的人在限额内花钱用物，才能有效地控制支出。根据弹性预算和每月的生产计划，可以确定各月的成本控制限额。同时弹性预算也可用于评价和考核实际成本，每个计划结束后，编制成本控制情况的报告，对各部门成本预算执行情况进行评价和考核。

二、概率预算

弹性预算虽然考虑了预算期内不同的业务量水平，但在各种不同的业务量水平下的有关价格、变动成本、固定成本等都是确定的。因此，弹性预算仍然属于确定性预算。但构成预算的各个变量，在预算期也可能是不确定的。在这种情况下，只能作出一个近似的估计，估计它们将在一定范围内变动，在这个范围内有关数值可能出现的概率如何。然后按照各种可能性的大小加权平均计算，确定有关指标在预算期内的期望值，从而形成所谓概率预算。

概率预算的编制必须根据不同的情况来进行。如果销售量的变动与成本的变动没有直接联系，则只要用各自的概率分别计算销售收入、变动成本、固定成本等的期望值，最后就可直接计算利润的期望值。如果销售的变动与成本的变动有着密切的联系，就要用计算联合概率的方法来计算期望值。

三、零基预算

零基预算，全称为"以零为基础的编制计划和预算"的方法，由美国仪器公司彼得派尔在20世纪60年代末提出，是目前已被西方国家广泛采用的作为控制间接费用的一种有效方法。

过去，在编制间接费用预算时，一般采用的传统方法是，以现有的各种费用项目的实际开支数为基础，考虑到预算期业务的变化，作适当的增减调整后确定。这种方法往往使原来不合理的费用开支还会继续存在下去，造成很大的浪费。

零基预算不同于传统的预算编制方法，它对于任何一笔预算支出，不是以现有费用水平为基础，而是一切以 0 为起点，从根本上考虑它们的必要性及其数额的多少。这样，能使所编制的预算更切合当期的实际情况，从而使预算充分发挥其控制实际支出的作用。

零基预算的具体做法，大体上可分为以下几个步骤：

（1）根据本企业计划期的目标和任务，要求列出在计划期内需要发生哪些费用项目，并说明费用开支的目的性，以及需要开支的具体数额。

（2）将每项费用项目的所得与所费进行对比，权衡利害得失，并区分轻重缓急，然后按先后顺序排列，并把它分成等级。一般以必不可少的业务及其发生的费用为第一层次，优先保证；然后依据业务内容和费用大小，依次列为第二层次、第三层次等，作为领导人决策的依据。

（3）按照上一步骤所定的层次和顺序，结合可动用的资金来源，分配资金，落实预算。

零基预算编制工作量是相当繁重的。但由于不受现行预算的束缚，所以，能充分发挥各级管理人员的创造性。其具体优点有：

（1）编制时不考虑过去支出的水平，所有支出均以 0 为始点进行观察、分析衡量，而不受过去框框的约束，这有助于压缩、节约开支。

（2）零基预算以一定业务量为基础，根据业务量水平确定费用的支出，可以将生产经营活动和财产收支活动有机地联系起来，这样不仅可以控制和监督企业的生产经营业务活动，而且还可以控制监督企业的各项财务收支。

（3）零基预算要求对每项业务预算，都要进行"成本—效益分析"，从经济效益上考虑各项支出的必要性和数额，从而可以促进企业各基层单位精打细算，量力而行，合理使用资金，提高费用的使用效果。

必须指出的是，不同的企业由于生产经营的特点不同，管理水平不同，因此，具体费用所处的等级位置也会不同。

四、滚动预算

滚动预算又称连续预算或永续预算。它是在预算的执行过程中自动延伸，使预算期永远保持在一年。每过一个季节（或月份），立即在期末增列一个季度（或月份）的预算。例如，当原年度预算中有一个季度的预算已经执行了，只剩下三个季度的预算数时，就立即将从这时算起的第四个季度的预算补上，使预算期永远保持在一年的限度内。这种预算，能使企业管理人员有较长远的打算，经常考虑和规划未来一年之内的生产经营活动，从而保证企业的经营管理工作连续并有秩序地进行。

滚动预算的编制一般采用长、短安排的方式进行，也就是在基期编制预算时，先按年度分季，并将其中的第一季度按月划分，建立各月的明细预算数，至于其他三个季度的预算可以粗一点，只列各季总数。到第一季度即将结束时，再将第二季度的预算按月细分，予以具体化。同时，立即增补再下一年度的第一季度预算，可以概括的只列示季度总数，依此类推。

可以看出，滚动预算的编制工作量较大，但是由于采用这种方式编制的预算，有利于企业管理人员对预算资料进行经常性的分析研究，并能根据当前预算的执行情况，及时调整或修正，这样可以使预算更加切合实际，能够真正指导企业生产经营活动，所以编制滚动预算的过程，就是对企业经营活动规律性的认识逐步深化的过程。这种方法有利于管理人员经常对未来时期的经营活动进行筹划，使企业的经营活动始终有一个长远的总体战略布局。

第五章

成本费用的归集与分配

成本费用是指企业在生产经营中发生的各种资金耗费。成本费用可以综合反映企业工作质量，是推动企业提高经营管理水平的重要杠杆。成本费用是指企业在经营管理过程中为了取得营业收入而发生的费用，用货币形式来表示，也就是企业在产品经营中耗费的资金的总和。

第一节 基本要素费用与待摊预提费用

一、基本要素费用的汇集与分配

（一）材料费用的分配

1.外购材料、燃料费用的汇集与分配

工业企业生产过程消耗的材料燃料数量大，用途不一，故平时只根据材料、燃料的领料、退料凭证在有关明细账中登记材料、燃料的发出和退库数量，月末再按领料用途和单价，汇总编制"发出材料、燃料费用汇总表"。

材料、燃料费用在产品成本中一般都占有较大的比重，其费用汇集与分配的正确与否，直接关系到产品成本计算的正确性。因此，对于材料、燃料费用的汇集与分配，必须力求准确。

在领用构成产品实体的原材料和用于产品生产的燃料时，应尽可能在"领料单"上注明用途,以便根据领料凭证分清各成本计算对象的材料、燃料消耗情况,并将其费用直接记入该对象的"基本生产成本"账户及成本计算单的"直接材料"成本项目内。

在两种以上的产品(成本计算对象)共同消耗一种材料或燃料的情况下,其费用则需在每种产品(成本计算对象)之间采取以下合理简便的方法进行分配。

(1)实际产量(或重量)比例法。实际产量(或重量)比例法是根据各种产品的实际产量(或重量)比例关系,分配材料费用的一种方法。由于构成产品实体的原材料消耗量,通常与产品产量(或重量、体积)有着直接的关系,尤其是在原材料一次投入的情况下,这种关系更为明显,故此种方法常用于原材料费用的分配。当采用产量比例法时,如果各种产品的材料单耗有差别,应按产品材料单耗水平将产品产量折合为标准产量再计算材料费用分配率。

(2)定额消耗量比例法以各种产品的材料、燃料的定额消耗量为标准,分配材料费用的方法。计算公式如下:

各产品材料(燃料)定额消耗量之和 = Σ[某产品实际产量 × 该产品单位材料消耗定额]

单位产品材料费用分配率 = 材料(燃料)总费用 / 各产品材料(燃料)定额消耗量之和

某产品应分配的材料(燃料)费用 = 该产品定额消耗量 × 单位产品材料费用分配率

上述分配结果,受各种产品的单位材料(燃料)定额消耗量的高低影响很大。因此,这种方法只适用于产品材料、燃料消耗定额制定较为准确,定额管理工作较为健全的企业,否则将导致材料(燃料]成本核算失实;在缺乏较为准确的定额消耗资料情况下,只宜采用实际消耗量比例法分配材料(燃料)费用。

例:企业生产甲、乙两种型号产品,均耗用32#圆钢。本月投产甲产品8000套,乙产品6000套,实际耗用32#圆钢4400公斤,单价1元/公斤,甲产品材料消耗定额0.5公斤/套,乙产品材料消耗定额0.8公斤/套。材料费用分配如下:

各种产品材料定额消耗量之和 =8000×0.5+6000×0.8=8800 公斤

单位产品材料费用分配率 4400/8800=0.5 元/公斤

甲产品应分配材料费用 =0.5×8000×0.5=2000 元

乙产品应分配材料费用 =0.8×6000×0.5=2400 元

上列原材料费用是按实际成本进行核算分配的，如果原材料费用是按计划成本进行核算分配，计入产品成本和期间费用的原材料费用是计划成本，还应该分配材料成本差异额。

期末，根据分配结果做如下会计处理：

（1）产品生产工艺过程直接耗用，并构成产品实体的原料及主要材料费用，以及直接用于生产工艺过程的燃料费用，记入"基本生产成本"账户的借方"直接材料"成本项目内。

（2）辅助生产耗用的各种材料、燃料费用，记入"辅助生产成本"账户的借方有关项目内。

（3）生产车间、企业管理部门一般性耗用的各种材料、燃料费用，分别记入"制造费用"和"管理费用"账户的借方有关项目内。

上列原材料费用是按实际成本进行核算分配的，如果原材料费用是按计划成本进行核算分配，计入产品成本和期间费用的原材料费用是计划成本，还应该分配材料成本差异额。

2. 低值易耗品摊销

低值易耗品是劳动手段中单位价值和使用年限在规定限额以下的物品，包括工具、管理用具、玻璃器皿，以及在经营过程中周转使用的包装容器等。低值易耗品的收入、发出、摊销和结存的核算，是通过设立"低值易耗品"总账科目及按其类别、品种、规格设置明细账进行的。低值易耗品的日常核算一般按照实际成本进行，在按计划成本进行时，还应在"材料成本差异"总账科目下设置"低值易耗品成本差异"二级科目。

低值易耗品可分为在库阶段和在用阶段进行核算。在库阶段核算与原材料核算相同。在用低值易耗品是指车间、部门从仓库领用，直到报废以前整个使用过程中的低值易耗品。低值易耗品在使用中的实物形态基本不变，其价值应该采用适当的摊销方法计入产品成本期间费用等。但是，低值易耗品摊销额在产品成本中所占比重较小，又没有专设成本项目，因此，用于生产应计入产品成本的低值易耗品摊销应计入制造费用；用于组织和管理生产经营活动的摊销，应计入管理费用；用于其他经营业务的摊销，则应计入其他业务支出等。

低值易耗品的摊销方法通常有一次摊销法、分次摊销法和五五摊销法。一次摊销法在领用低值易耗品时，将其全部价值一次计入当月成本、费用：借记"制造费用"和"管理费用"等账户，贷记"低值易耗品"。低值易耗品报废时，残料价值借记"原材料"等账户，贷记"制造费用"和"管理费用"等。一次摊销法核算简便。但由于低值易耗品使用期一般不止一个月，所以，这种方法使各月成本、费用负担不合理。一般适用于单位价值低、使用期短或易破损的低值易耗品。

应注意的是，一次摊销法和分次排法由于在低值易耗品领用时就从账上转出，形成账外资产，因而不利于企业的价值控制。

分次摊销法下，低值易耗品的价值按使用期限的长短或价值的大小分月摊入成本、费用，摊销期在一年以内的，转做"待摊费用"分月摊销；摊销期超过一年的，转做"长期待摊费用"分月摊销。这种方法各月成本、费用负担的低值易耗品摊销额比较合理，但核算工作量大。一般适用于单位价值较高、使用期长的低值易耗品或单位价值不高、使用期不长但一次领用数量较多的低值易耗品。

五五摊销法下，低值易耗品在领用时摊摊销其价值的一半，报废时再摊销其价值的另一半。五五摊销法便于对低值易耗品进行价值监督，对成本费用的负担比较合理。但核算工作量大。适用于需要按车间、部门进行低值易耗品数量、金额明细核算的企业。

（二）外购动力费用的汇集与分配

外购动力费是支付给供电、供汽等单位的费用。外购动力费应根据各车间、各部门安装的计量仪表记录的实际耗用量进行分配。

生产工艺过程直接耗用的外购动力费，记入"基本生产成本"账户及各成本计算单的"直接材料"成本项目内；辅助生产耗用的外购动力费，记入"辅助生产成本"账户的有关项目内；车间及企业管理部门照明或其他用途耗用的外购动力费，记入"制造费用"和"管理费用"账户的有关项目内。

在生产多种产品情况下，产品生产工艺过程耗用的外购动力费，凡能通过计量仪表记录确定每种产品动力耗用量的,应直接计入各种产品的成本计算单内。不能确定每种产品动力耗用量的,可采用各种产品的实际耗用工时或定额耗用工时为标准进行分配。

(三)工资费用的汇集与分配

工资费用包括职工工资总额和按工资总额的一定比率提取的应付职工福利费。在计件工资制以及只生产一种产品的情况下,直接从事生产人员的工资费用,属于直接费用,其工资总额及福利费应直接计入各产品成本计算单的"直接工资"成本项目内。

在计时工资制且同时生产多种产品的情况下,直接从事生产人员的工资费用,属于间接费用,通常采用按各产品的实际耗用生产工时比例或定额生产工时比例为标准,分配计入各产品成本计算单的"直接工资"和"其他直接支出"成本项目内,以反映生产效率高低(单位产品耗用工时情况,对产品工资成本的影响),计算公式如下:

$$某产品直接工资成本 = 该产品实耗(定额)工时 \times 直接工资分配率$$

例:某企业生产甲、乙两种产品,甲、乙产品的计时工资共 6000 元,甲、乙产品生产工时分别是 700 小时和 800 小时。分配如下:

工资费用分配率 =6000/(700+800)=4 元 / 小时

甲产品分配工资费用 =700×4=2800 元

乙产品分配工资费用 =800×4=3200 元

(四)固定资产折旧费用的分配

固定资产的折旧费用按固定资产的使用车间和部门进行归集,与其他费用一起分配。借记"制造费用""管理费用""经营费用"等科目,贷记"累计折旧",企业根据确定的折旧计算方法和计算折旧的范围提取折旧。一般来说,在用的固定资产应计提折旧,未使用和不需用的固定资产不应计提折旧。应计提折旧的固定资产包括:房屋建筑物(不论是否使用均应计提折旧),在用的机器设备、运输设备和工具器具等,季节性停用和修理停用的设备,以经营租赁方式租出的固定资产和以融资租赁方式租入的固定资产。不应计提折旧的固定资产包括:除房屋建筑物以外的未使用和不需用的固定资产,以经营租赁方式租入的固定资产，建设工程交付使用前的固定资产，已提足折旧继续使用的固定资产以及过去已经估价单独入账的土地等。提前报废的固定资产不补提折旧，未提足折旧的净损失列为营业外支出。为了简化，月份内增加的固定资产当月不提折旧，月份内减少的固定资产当月照提折旧。

（五）其他费用的汇集与分配

除上述各项基本要素费用之外，还有一些在生产经营过程发生的诸如办公费、租赁费保险费、差旅费、运输费等其他费用。这些其他费用项目纷杂数额较小，不单独设置成本项目。发生其他费用时，应根据有关付款凭证，按照费用发生的地点和用途，分别记入"辅助生产成本""制造费用""财务费用""管理费用"等账户借方的相应项目内，其中应计入产品生产成本的部分，再通过一定的分配程序，转入"基本生产成本"账户，计入产品成本计算单中的制造费用成本项目。

至此，应计入产品成本的各项要素费用已经分配完毕，它们均按其用途，分别记入各生产费用账户的借方和各产品成本计算单的有关成本项目之中，从而完成了基本要素费用在各成本计算对象之间的分配。

二、待摊费用和预提费用的汇集与分配

为了如实计算产品成本，按权责发生制的原则，对于本期发生但不应计入本期产品成本，以及本期虽未发生但应计入本期产品成本的各项生产费用，应正确组织核算。

（一）待摊费用的发生与摊销

待摊费用是指本月已经发生或支付，但应在一年之内的受益期内由本月和以后各月产品成本分期负担的生产费用。待摊费用通常包括：预付租入固定资产的租金、一次性发生数额较大的固定资产修理费、预付保险费、低值易耗品摊销费等。

待摊费用的受益期较长，不应一次全部计入当月产品成本，而应按其受益期限分月摊入各月产品成本，以划清各个月份的费用界限。待摊费用发生时，记入"待摊费用"账户的借方，按月摊入成本时，按费用的用途和受益的部门，

从该账户的贷方分别转入"辅助生产成本""管理费用""制造费用"账户的借方有关项目内。

待摊费用的分摊期限，一般可根据费用的受益期长短而定，如生产用低值易耗品规定使用期为半年，则应分 6 个月摊销，又如一次预付租入固定资产的租金，一般数额较大，摊销期限可以适当延长，但摊销期一般不应超过 12 个月。如果预付资金较大且受益超过一年，应计入"长期待摊费用"核算。

（二）预提费用的提取与支付

预提费用是指应由本月产品成本负担，但在以后各月才实际发生或支付的生产费用。预提费用通常包括：按季结算支付的银行借款利息、固定资产修理费用等。

预提费用预计在将来时期一次性支付数额较大，当期虽未发生支付但已受益，为使各期产品成本负担合理，应预先将其费用分期计入产品成本，实际发生支付时，再从预提费用中冲减，按月从产品成本预提时，按费用的用途和受益的部门，记入"制造费用""财务费用""管理费用"账户的借方有关项目及"预提费用"账户的贷方；实际支付费用时，记入"预提费用"账户的借方，预提费用分期从成本计提的期限，应根据费用的受益期限确定。

由于预提费用计入产品成本的时间早于其实际发生的时间，因而计入产品成本的费用与实际发生的费用在数额上可能不一致。如果预提费用的实际支出数大于预先提存数，其差额作为待摊费用处理，在数额不大的情况下，也可以一次计入当月生产成本。如果预提费用的实际支出数小于预先提存数，其多提数额应于年终一次冲减生产成本。

第二节 辅助生产费用与制造费用

一、辅助生产费用的归集与分配

辅助生产是为基本生产和管理部门服务而进行的产品生产和劳务供应，如工具模具、修理用配件等产品的生产以及供水、供电、供汽、机修等劳务供应。

辅助生产车间所发生的各项费用，是企业产品生产过程中的必要劳动耗费。因此，必须正确组织辅助生产费用的核算。

（一）辅助生产费用的汇集

辅助生产费用的汇集与分配，是通过设置"辅助生产成本"账户进行的。"辅助生产成本"账户的借方反映辅助生产车间生产产品和提供劳务所耗费的材料、动力、工资及福利费、折旧及修理费、其他费用等。月终，将汇集在"辅助生产"账户的费用，根据生产产品数量和提供劳务的用途，采用一定的分配方法，将完工验收入库的产品实际成本及受益单位应负担的劳务实际成本，从"辅助生产成本"账户贷方，分别转入各有关账户的借方。"辅助生产成本"账户应按成本计算对象或辅助生产车间设置明细账户，并按费用项目设置专栏。为了简化核算，对于辅助生产车间发生的管理费用和废品损失费用，可以不另设"制造费用""废品损失"等账户，而是直接计入"辅助生产成本"账户之内。

（二）辅助生产对各基本受益单位提供产品或劳务的费用分配方法

基本受益单位，是指本企业内除辅助生产车间之外，一切耗用辅助生产产品或劳务的单位，包括基本生产车间，企业管理部门等。

按辅助生产的性质不同，其成本计算及费用分配结转的方法也不同。

（1）提供产品的辅助生产费用分配。辅助生产提供的产品，一般是按基本车间的要求生产的工具、模具、备件等。产品不定型，产量不大，一般采用"分批法"。如果产品稳定，产量大的情况下，也可采用"品种法"。产品完工后，从"辅助生产成本"转入"低值易耗品"或"原材料"账户。

（2）提供劳务的辅助生产车间，产品没有固定的实物形态，不存在期末在产品，要在各受益单位之间按所耗数量或其他比例进行分配。

（三）辅助生产费用的分配方法

在某些大中型企业中，设有多个辅助生产车间，除向基本受益单位提供产品和劳务外，相互之间也存在产品或劳务的供应情况，例如，企业同时设有供电、供水、供汽生产车间，供水车间耗用电力，供汽车间耗用水，供电车间耗用蒸汽，等等。

辅助生产费用的分配方法有下述几种：

1. 直接分配法

直接分配法下分配辅助生产费用，不考虑各辅助车间之间相互提供劳务的情况，而是将各辅助生产费用直接分配给辅助生产车间以外的各受益单位。直接分配法计算简便，但辅助车间之间相互提供的劳务不进行分配，因而分配结果不够准确。一般适用于辅助车间相互提供劳务不多的情况。

2. 交互分配法

交互分配法是首先根据各辅助生产车间相互提供的劳务数量及交互分配前的单位成本（或计划单位成本），进行一次交互分配。然后将各辅助生产车间交互分配后的实际费用（交互分配前的费用加上交互分配转入的费用，减去交互分配转出的费用），根据对辅助生产车间以外的各部门提供的劳务数量，分配给各基本受益单位的方法。采用这种方法辅助车间内部相互提供劳务进行了交互分配，提高了准确性，但工作量较大。由于交互分配的费用分配率（单位成本）是根据交互分配前的待分配费用计算的，不是各该辅助生产的实际单位成本，因而分配结果不很准确。

3. 代数分配法

根据联立解方程的原理，计算辅助生产劳务的单位成本，然后根据各受益单位耗用的数量和单位成本分配辅助生产费用。这种分配方法结果最准确，但如果辅助生产部门较多时，计算工作会很复杂，适用于计算方法实现电算化的企业。

4. 计划成本分配法

计划成本分配法，先按劳务的计划成本分配辅助生产车间为各受益单位提供的劳务费用，再计算辅助生产实际发生的费用（包括辅助生产内部交互分配转入的费用在内）与按计划单位成本分配转出的费用的差额，即成本差异。为简化分配工作，这部分差异全部调整计入管理费用。这种方法简化了分配工作，通过辅助生产成本差异的计算，能反映和考核辅助生产成本计划的执行情况。由于辅助生产成本的差异全部计入管理费用，各收益单位所负担的劳务费用不包括成本差异因素，还便于分析和考核各受益单位的成本，有利于分清企业内部各单位的经济责任。适用于计划成本比较准确的企业。

二、制造费用的归集与分配

（一）制造费用的归集

制造费用是指工业企业为生产产品（或提供劳务）而发生的，应该计入产品成本，但没有专设成本项目的各项生产费用。制造费用中大部分不是直接用于产品生产的费用，而是间接用于产品生产的费用。例如：机物料消耗、车间辅助人员的工资及福利费以及车间厂房的折旧费等。也有一部分直接用于产品生产，但管理上不要求单独核算，也不专设成本项目的费用例如机器设备的折旧费等。生产工艺用燃料和动力，如果不专设成本项目也不单独核算，也应包括在制造费用中。制造费用还包括车间用于组织和管理生产的费用，例如车间管理人员工资及福利费，车间管理用房屋和设备的折旧费、修理费、车间照明费、水费、取暖费、差旅费和办公费等，这些费用虽然具有管理费用性质，但由于车间是企业从事生产活动的单位，其管理费用和制造费用很难严格划分，为简化核算工作，也作为制造费用核算。每月各基本生产车间发生的制造费用，按其发生的地点和用途，记入"制造费用"账户借方及相应的明细项目之内；月终采用一定的分配标准，在各成本计算对象之间进行分配，计入各产品成本计算单的"制造费用"成本项目之中。

（二）制造费用的分配

制造费用的分配方法有以下两种：

1. 传统的分配方法

这种方法适用于科技含量不高的传统产业。这种企业的产品成本中，直接计入成本在总成本中的比例很大，间接计入成本的比例相对较小，一般按直接计入成本中所耗各种工时比例分配，由于间接制造费用本身在产品成本中所占比例不大，因而这样分配不会扭曲产品成本的计算。

由于各车间制造费用水平不同，所以制造费用应该按照各车间分别进行分配，而不得将各车间的制造费用统一起来在整个企业范围内统一分配。制造费用的分配标准一般有实际（定额）生产工时、实际机器工时、生产人员工资、产品产量、产品直接材料成本以及产品直接生产成本等。为了使分配结果尽可能符合制造费用发生的实际情况，企业应根据各自的生产特点，选用适当的分配标准。

（1）产品生产工时比例法。

制造费用分配率 = 制造费用总额 / 基本生产车间实际（定额）生产总工时

某产品应分配的制造费用 = 该产品实际（定额）工时 × 制造费用分配率

例：某企业生产 A、B 两种产品，本月汇集的制造费用总额为 7200 元，A 产品实际生产工时 1200 小时，B 产品实际生产工时 1800 小时。

制造费用分配率 = 7200/（1200+1800）=2.4 元 / 小时

A 产品应分配 1200×2.4= 2880 元

B 产品应分配 1800×2.4=4320 元

按生产工时比例分配是较为常用的一种分配方法，它能将劳动生产率的高低与产品负担费用的多少联系起来，分配结果比较合理。但是，必须正确组织好产品生产工时的记录和核算工作，以保证生产工时的正确、可靠。

（2）生产工人工资比例法。

生产工人工资比例法是以各种产品的生产工人工资的比例分配制造费用的一种方法。计算公式如下：

制造费用分配率 = 制造费用总额 / 基本生产车间生产工人工资总额

某产品应分配的制造费用 = 该产品生产工人工资×制造费用分配率

由于工资费用分配表中有现成的生产工人工资的资料，所以该种分配方法核算工作很简便。但是这种方法适用于各种产品生产机械化的程度应该大致相同，否则会影响费用分配的合理性，例如机械化程度低的产品，所用工资费用多分配的制造费用也多；反之，机械化程度高的产品，所用工资费用少分配制造费用也少，出现不合理情况。该种分配方法与生产工时比例法原理基本相同。

（3）机器工时比例法。

机器工时比例法是按照各种产品所用机器设备运转时间的比例分配制造费用的一种方法。这种方法适用于在机械化程度较高的车间，因为在这种车间中，折旧费用修理费用的大小与机器运转的时间有密切的联系。采用这种方法，必须正确组织各种产品所耗用机器工时的记录工作，以保证工时的准确性。该方法的计算程序、原理与生产工时比例法基本相同。

（4）按年度计划分配率分配法。

按年度计划分配率分配法是按照年度开始前确定的全年适用的计划分配率分配费用的方法。采用这种分配方法，不论各月实际发生的制造费用多少，每月各种产品成本中的制造费用都按年度计划确定的计划分配率分配。年度内如果发现全年制造费用的实际数和产品的实际产量与计划数发生较大的差额时，应及时调整计划分配率。计算公式如下：

年度计划分配率 = 年度制造费用计划总额 / 年度各产品计划产量的定额工时总额

某月某产品制造费用 = 该月该种产品实际产量的定额工时数 × 年度计划分配率

这种方法不管各月实际发生的制造费用多少，每月各种产品中的制造费用都按计划分配率分配。如果年度内发现全年的制造费用实际数与计划数差异较大时，应及时调整计划分配率。

例：车间全年制造费用计划 64000 元。全年各种产品的计划产量为：甲产品 2500 件，乙产品 1500 件；单件产品的工时定额为甲产品 4 小时，乙产品 4 小时。6 月份实际产量甲产品 250 件，乙产品 150 件；本月实际发生制造费用 4900 元。

甲产品年度计划产量的定额工时 =2500×4=10000 小时

乙产品年度计划产量的定额工时 =1500×4=6000 小时

制造费用年度计划分配率 =64000/（10000+6000）=4 元 / 小时

甲产品本月实际产量的定额工时 =250×4=1000 小时

乙产品本月实际产量的定额工时 =150×4=600 小时

甲产品应分配制造费用 =1000×4=4000 元

乙产品应分配制造费用 =600×4=2400 元

采用年度计划分配率分配法时，"制造费用"总账科目及明细账一般有月末余额。余额一般在年末调整计入 12 月份的产品成本。

这种方法核算简便，适用于季节性生产的企业或车间，因为它不受淡月和旺月产量相差悬殊的影响，不会使各月单位产品成本中制造费用忽高忽低，便于进行成本分析。

2. 作业成本法

现代企业科技含量很高，生产高度自动化，产品的复杂性和多样性不断提高，产品中的直接计入成本比例相对较小，而间接计入成本不仅包括与产品产量直接相关的传统的那部分制造费用，也包括与产品产量相当独立的制造费用，如材料的定购、移动、存储等费用；与产品质量的提高有关的培训、技术设计等费用。所以，现代企业制造费用大多是由生产业务量相对独立的一系列特殊作业产生的。当这些与业务量相对独立的制造费用在整个制造费用中所占比例很小时，用传统的与生产数量有关的分配标准分配制造费用，不会对产品成本的计算产生很大的扭曲。但上述与作业相关的制造费用比例很大时，就不能用传统方法分配制造费用，而应采用作业成本法来分配制造费用。

第三节 停工损失与在产品的成本核算

一、废品损失费用与停工损失的核算

（一）废品损失费用的汇集与分配

在企业生产过程中。可能因工艺技术操作失误或者材料质量不符要求而产生废品。废品的产生有可能减少合格品数量，或者需追加废品修复费用，从而对产品成本水平产生影响，因此，必须正确组织核算。此外，企业由于调整生产经营方向，改变产品结构，缺电待料或者因责任事故等种种原因，可能停产一段时间，从而产生停工损失，对这部分损失费用，也应组织核算。

（二）废品的概念和分类

工业企业的废品是指在生产中发生的不符合规定的质量标准，不能按原定用途使用或需加工修复后才能使用的半成品和供出售的产成品。不论是在生产过程中产生的废品，还是入库检验发现的废品，均包括在内。废品按其废损程度和在经济上是否有修复价值，分为可修复废品和不可修复废品两类。可修复废品是指经过修理加工符合规定的技术标准，而且所支付的修理费用在经济上

是合算的废品；不可修复废品是指在技术上不可修复，或者所支付的修理费用在经济上不合算的废品。产品（半成品）通过质量检验认定为废品时，应按规定填写"废品通知单"，列示废品种类、数量、废品产生原因消耗材料数量、消耗工时数量、责任部门或个人。废品产生的原因分为"工废"和"料废"两种。"工废"指由于工人操作失误，或生产设备故障等造成的废品，"料废"是指由于原材料、半成品不符合技术要求而造成的废品。对于生产车间而言，一般"工废"是可以通过加强管理而得到控制的。

（三）废品损失的归集和分配

废品损失，包括在生产过程中发现的、入库后发现的各种废品的报废损失和修复费用。废品的报废损失，是指不可修复废品的生产成本扣除回收的材料和废料价值后的损失。废品的修复费用，是指可修复废品在返修过程中所发生的修复费用。

其中应由废品的过失单位或个人负担的赔款，应从废品损失中扣除，扣除赔款后的损失，即废品净损失。对于降价销售不合格品的降价损失，产品入库后因管理不善而损坏变质的损失，以及实行包退、包修、包换"三包"的企业，产品出售以后发现的废品所发生的一切损失等，都不包括在废品损失内。废品损失核算的根据，是经过质量检验部门填制并审核后的废品通知单。

废品损失的归集和分配，应根据废品损失计算表和分配表等有关凭证，通过"废品损失"科目进行。"废品损失"按车间设置明细账，账内按产品品种和成本项目登记废品损失的详细资料。该科目的借方归集不可修复废品的生产成本和可修复废品的修复费用；贷方登记废品残料回收的价值和应收的赔款，以及应由本月生产的同种产品成本负担的废品净损失，即从"废品损失"科目贷方转入"基本生产成本"科目的借方（记入本月同种产品成本明细账废品损失成本项目），该科目月末没有余额。

1. 不可修复废品损失的归集与分配

为了归集和分配不可修复的废品损失，必须先计算废品的成本。废品成本是指生产过程中截至报废时为止所耗费的一切费用，扣除废品的残值和应收赔款，算出废品净损失，计入该种产品成本。由于不可修复废品的成本与合格产品的成本是归集在一起同时发生的，因此需要采取一定的方法予以确定。一般有两种方法：一是按废品所耗实际费用计算，二是按废品所耗定额费用计算。

（1）按废品所耗实际费用计算的方法。采用这种方法，是在废品报废时根据废品和合格品发生的全部实际费用，采用一定的分配方法，在合格品和废品之间进行分配，计算废品的实际成本，从"基本生产成本"贷方转入"废品损失"借方。

（2）废品所耗定额的方法。这种方法是按废品的数量和各项费用定额计算废品的定额成本，再将废品的定额成本扣除废品残料回收价值，就是废品损失。

2. 可修复废品损失的核算

可修复废品经过修复后符合产品质量要求，不减少合格品产量，其在翻修前发生的费用不是废品损失费用，应保留在"基本生产成本"账户及有关的成本计算单内而不必转出。在"废品损失"账户内，只需汇集修复费用，最后转入"基本生产成本"账户。

（四）停工损失费用的核算

停工损失是指企业基本生产车间因停工而发生的费用，包括停工期内所支付的生产工人工资和提取的职工福利费、所耗用的机器设备维护费，以及应负担的房屋建筑折旧费和管理费用等。计算停工损失的时间界限，即停工多长时间才计算停工损失，由企业主管部门或由主管部门授权企业自行规定，为了简化核算，一般来说，停工不满一个工作日的，可以不计算停工损失。

对停工损失可以单独设"停工损失"账户或在基本生产账户下设明细项目进行核算，停工期间发生的各项费用登记在"停工损失"账户的借方，然后从其贷方转入"基本生产"账户借方，并按一定比例（一般比照制造费用的分配方法）摊入产品成本中，应由过失责任单位或个人赔偿的款项，由"停工损失"账户贷方转入"其他应收款"账户借方。

以下情况发生的停工费用，不作为"停工损失"处理，由于非常灾害引起的停工损失费用，按规定转营业外支出的非常损失项目处理；由于国家计划安排减产造成企业主要车间连续停产1个月以上，或全厂连续停产10天以上的停工损失，按规定转作营业外支出；季节性生产企业在停工期内的费用，不作为停工损失。

二、在产品成本计算

（一）在产品成本计算的意义

在产品是指处于生产过程之中，尚未完工不能出售的产品。就某一生产阶段而言，其在产品仅指正在该阶段加工中的产品；但就整个企业而言，在产品不仅包括各生产阶段正在加工中的产品，也包括已完成一个或几个生产阶段，有待继续加工的自制半成品；已完成全部加工过程，有待验收入必库的产成品以及经检验不合格，有待退回车间返修的废品。

有的企业由生产特点所决定，在月终不存在在产品，当月投产当月全部完工（或按批别组织生产）；或者虽有在产品，但月初与月末在产品的数量及成本保持相对稳定，可忽略不计在产品成本。在这种情况下，各项生产费用经过在各种成本计算对象之间的分配与汇集之后，应计入各成本计算对象的生产费用，都已集中反映在"基本生产成本"账户及成本计算单中，这也就是该种产品的实际总成本。但是，对于大多数大批量连续生产的企业，通常在月终都存在一定数量的在产品，这些在产品同样经历了某些加工阶段，已经消耗了与其加工程度相应的各种生产费用，因而本期发生的生产费用加上期初在产品成本之和，还必须在本期完工产品与期末在产品之间进行分配，才能计算出完工产品的实际成本。

本期发生生产费用，本期完工产品成本，期初在产品成本与期末在产品成本之间存在下述基本关系：

期初在产品成本 + 本期发生生产费用 = 本期完工产品成本 + 期末在产品成本

上式中，"期初在产品成本"由上期"基本生产成本"账户期末余额结转；"本期发生生产费用"是本月生产过程中经过汇集和分配所确定的，应由各成本计算对象负担的费用，从这两部分费用之和中扣减期末在产品成本，才能确定本期完工产品成本。由此可见，计算本期完工产品成本的一个重要步骤，就是合理确定期末在产品成本，它直接关系到完工产品成本计算的正确性。

组织期末在产品成本核算，必须取得本期完工产品和期末在产品的数量资料。完工产品数量由本期"产成品入库单"统计资料提供，期末在产品数量，在建立在产品核算管理制度的情况下，可根据各车间（半成品库）的在产品台账记录确定，如果车间没有建立在产品台账，每月末应对各车间（半成品库）的在产品（半成品）进行实地盘点清查，根据盘存资料确定期末在产品数量。

取得期末在产品数量资料之后，应根据企业的生产特点和成本核算要求，适当确定在产品成本计算方法。

（二）在产品成本计算方法

完工产品和月末在产品之间分配费用，是成本计算工作中一个重要而复杂的问题。在产品结构复杂、零部件种类和加工工序较多的情况下更是这样。企业应该根据在产品数量的多少、各月在产品数量变化的大小、各项费用比重的大小，以及定额管理基础的好坏等具体条件，选择既合理又较简便的分配方法。常用的分配方法有下列几种。

1. 不计算在产品成本法

这种方法适用于月末在产品数量很小，算不算在产品成本对于完工产品成本的影响很小，管理上不要求计算在产品成本的情况，为了简化核算工作，可以不计算在产品成本。即某种产品本月归集的全部生产费用就是该种完工产品成本。

2. 按年初数固定计算在产品成本法

这种方法适用于在产品数量较小，或者在产品数量虽大但各月之间在产品数量变动不大，月初、月末在产品成本的差额不大，算不算各月在产品成本的差额，对完工产品成本的影响不大的情况，为了简化核算工作，同时又反映在产品占用的资金，各月在产品成本可以按年初数固定计算。例如，炼铁厂、化工厂或其他有固定容器装置的在产品，数量都比较稳定，可以采用这种方法。采用该种方法，某种产品本月发生的生产费用就是本月完工产品的成本。年终时，根据实际盘点的在产品数量，重新调整计算确定在产品成本，以免在产品成本与实际出入过大，影响成本计算的正确性。

3. 在产品按所耗原材料费用计价法

这种方法适用于各月末在产品数量较大，各月末在产品数量变化也较大，同时原材料费用在成本中所占比重较大的产品。例如，造纸、酿酒等行业的产品，原材料费用占产品成本比重较大。采用这种方法时，月末在产品只计算耗用的原材料费用，不计算所耗用的工资及福利费等加工费用，产品的加工费用全部记入完工产品成本。某种产品的全部生产费用，减月末在产品原材料费用，就是完工产品的成本。

例：某企业生产甲产品，该产品原材料费用在产品成本中所占比重较大，在产品只计算原材料费用。甲产品月初在产品原材料（即月初在产品费用）为3680元，本月发生原材料费用17400元，工资及福利费等加工费用共计3000元；完工产品1000件，月末在产品240件。该种产品的原材料费用是在生产开始时一次投入的，原材料费用按完工产品和在产品的数量比例分配。分配计算如下：

材料费用分配率 =（3680+17400）/（1000+240）=17元/件

完工产品直接材料费用 =1000×17=17000元

完工产品加工费用 =3000元

完工产品总成本 =17000+3000=20000元

完工产品单位成本 =20000/1000=20元/件

期末在产品成本 =240×17=4080元

4. 约当产量比例法

约当产量是指根据期末在产品的投料和加工程度，将在产品按一定标准折合为相当于完工产品的数量。在产品生产过程中，随着工艺加工过程的进行和产品的逐渐形成，耗费于产品生产的各项费用也随之逐步累积。在产品耗用各项生产费用的程度，分别与各种不同的因素成比例关系。例如：耗用材料费用的多少与投料程度成比例关系，耗用工资费用和制造费用的多少与产品的完工程度成比例关系。采用这种分配方法，在产品既要计算原材料费用，又要计算工资等其他费用。将月末在产品数量按照完工程度折算为约当产量，然后按照完工产品产量与在产品的约当产量的比例分配计算完工产品费用和月末在产品费用，这种分配费用的方法叫作约当产量比例法。这种方法适用于月末在产品数量较大，各月末在产品数量变化也较大，产品成本中原材料费用和工资及福利费等加工费用比重相差不多的产品。

由于单件完工产品与不同完工程度的在产品所发生的加工费用不相等，因而完工产品与月末在产品的各项加工费用，应按约当产量比例分配。

计算公式如下：

在产品约当产量 = 在产品数量 × 完工百分比（完工率）
某项费用分配率 = 该项费用总额 /（完工产品产量 + 在产品约当产量）
完工产品该项费用 = 完工产品数量 × 费用分配率
在产品该项费用 = 在产品约当产量 × 费用分配率

采用约当产量比例法，必须正确计算在产品的约当产量，而在产品约当产量正确与否，主要取决于在产品完工程度的测定是否正确，这对于费用分配的正确性影响很大。测定在产品完工程度的方法一般有两种。

一种是简便的平均计算，即一律按 50% 作为各工序在产品的完工程度。这是在各工序在产品数量和单位产品在各工序的加工量都相差不多的情况下。

另一种是各工序分别测定完工率。为了提高成本计算的正确性，加速成本的计算工作，可以按照各工序的累计工时定额占完工产品工时定额的比率计算，事前确定各工序在产品的完工率。计算公式如下：

某工序在产品完工率 = (前面各工序工时定额之和 + 本工序工时定额 50%) / 产品工时定额

采用这种分配方法，原材料按投料程度计算在产品约当产量，如果是在生产开始时一次投入的，月末在产品投料率视为 100%，在计算在产品材料成本时，期末在产品约当产量就是期末结存量。

如果原材料不是在生产开始时一次投料，而是随着生产进度陆续投料，原材料费用也应该采用约当产量比例法分配。在产品的完工率（或投料率），应按每一工序的原材料消耗定额分别计算。具体计算又分为下列两种情况。

第一种情况，原材料随加工进度陆续投入，其投料程度与工时投入进度不一致，按各工序的原材料消耗定额及单位产品原材料消耗定额计算其投料率，每道工序的在产品投料率在本工序为 50%，以此计算原材料费用分配的在产品约当产量。

第二种情况，原材料随加工进度分工序投入，但在每一道工序则是在开始时一次投入，其每道工序在产品投料率也按各工序的原材料消耗定额及单位产品原材料消耗定额计算，不过每道工序的在产品原材料投料率在本工序为100%。

例：某企业甲产品本月完工1800件，期末在产品200件，单位工时定额20小时，经过三道工序制成。第一道工序工时定额为4小时，在产品100件；第二道工序工时定额为8小时，在产品40件；第三道工序工时定额为8小时，在产品60件。各道工序内各件在产品加工程度均按50%计算。甲产品期初在产品成本加本月生产费用共98740元，其中材料费用80000元，加工费用18740元。材料在生产开始时一次投入。按约当产量法计算完工产品成本和期末在产品成本。

（1）按完工率计算各工序在产品约当产量：

第一工序在产品约当产量 = 100×4×50%/20=10件

第二工序在产品约当产量 =40（4+8×50%）/20=16件

第三工序在产品约当产量 =60（4+8+8×50%）/20=48件

（2）分配材料费用：

材料费用分配率 =80000/（1800+200）=40元/件

完工产品材料费用 =40×1800=72000元

在产品材料费用 =40×200=8000元

（3）分配加工费用：

加工费用分配率 =18740/（1800+16+48+10）=10元/件

完工产品加工费用 =1800×10=18000元

在产品加工费用 =74×10=740元

例：某产品经两道工序制成，原材料消耗定额为100公斤，其中第一工序原材料消耗定额为40公斤，第二工序原材料消耗定额为60公斤。月末在产品数量：第一工序100件，第二工序50件。完工产品240件，月初在产品和本月耗用的原材料费用共59000元。

原材料随加工进度陆续投入：

第一工序在产品约当产量 =（40×50%）/100×100=20 件

第二工序在产品约当产量 =（40+60×50%）/100×50=35 件

原材料费用分配率 =59000/（240×55）=200 元/件

完工产品原材料费用 =200×240=48000 元

在产品原材料费用 =200×55=11000 元

5. 在产品按完工产品成本计算法

这种方法是将在产品视同完工产品分配费用。这种分配方法适用于月末在产品已经接近完工，或者产品已经加工完毕，但尚未验收或包装入库的产品。为了简化核算工作，将月末在产品视同完工产品分配费用。

例：某产品月初在产品费用和本月发生费用合计数为：原材料费用25600元，工资及福利费5600元，制造费用6400元。完工产品600件，月末在产品200件，该产品已接近完工，采用月末在产品成本按完工产品成本计算。其计算分配结果如下：

材料费用分配率 =25600/800=32 元/件

工资费用分配率 =5600/800=7 元/件

制造费用分配率 =6400/800=8 元/件

在产品原材料费用 =32×200=6400 元

在产品工资费用 =7×200=1400 元

在产品制造费用 =8×200=1600 元

6. 在产品按定额成本计价法

这种分配方法是按照预先制定的定额成本计算月末在产品成本，即月末在产品成本按其数量和单位定额成本计算。全部生产费用（月初在产品费用加本月生产费用），减月末在产品的定额成本，其余额作为完工产品成本，也就是说，每月生产费用脱离定额的差异，全部计入当月完工产品成本。这种方法适用于定额管理基础比较好，各项消耗定额或费用定额比较准确、稳定，而且各月在产品数量变动不大的产品。

采用这种方法，应根据各种在产品有关定额资料，以及在产品月末结存数量，计算各种月末在产品的定额成本。月末在产品定额成本与实际成本之间的差异（脱离定额差异），全部由完工产品成本负担不尽合理。因此，只有在符合上述适用条件下采用这种方法，才能既正确又简便地解决完工产品与在产品之间分配费用的问题，否则会影响产品成本计算结果的真实性。

7. 定额比例法

定额比例法是产品的生产费用按照完工产品和月末在产品的定额消耗量或定额费用的比例，分配计算完工产品成本和月末在产品成本的方法。其中，原材料费用按照原材料定额消耗量或原材料定额费用比例分配；工资和福利费、制造费用等各项加工费，可以按定额工时的比例分配，也可以按定额费用比例分配。

这种分配方法适用于定额管理基础较好，各项消耗定额或费用定额比较准确、稳定，各月末在产品数量变动较大的产品。因为月初和月末在产品费用之间脱离定额的差异，要在完工产品与月末在产品之间接比例分配，从而提高了产品成本计算的正确性。

定额比例法计算公式如下。

（1）计算完工产品和期末在产品原材料（工时）定额消耗量。

完工产品原材料定额消耗量＝完工产品数量×单位产品原材料定额消耗量

完工产品工时定额消耗量＝完工产品数量×单位产品工时定额消耗量

期末在产品原材料定额消耗量＝期末在产品数量×在产品投料率×单位产品原材料定额消耗量（在一次投料下，在产品投料率为100%）

期末在产品工时定额消耗量＝期末在产品数量×在产品完工率×单位产品工时定额消耗量

（2）计算完工产品和期末在产品的定额比例。

完工产品成本定额比例＝完工产品原材料（工时）定额消耗量/完工产品原材料（工时）定额消耗量＋期末在产品原材料（工时）定额消耗量

期末在产品成本定额比例＝1－完工产品成本定额比例

（3）计算完工产品和期末在产品成本。

完工产品材料成本＝（期初在产品材料成本＋本期发生材料费用）×完工产品成本定额比例（按材料定额消耗量计算）

完工产品动力、工资、制造费用成本 =（期初在产品动力、工资、制造费用成本 + 本期发生动力、工资、制造费用）× 完工产品成本定额比例（按工时定额消耗费计算）

期末在产品成本 =（期初在产品成本 + 本期发生生产费用）－完工产品成本

采用定额比例法，不仅解决了完工产品和期末在产品成本的计算问题，而且在采用实际消耗量与定额消耗量比例作为分配标准的方法下，还能从中进一步揭露原材料和生产工时消耗的超支或节约情况，这就更有利于企业生产成本的控制、分析与考核。

第六章
成本预测与成本控制

成本预测是成本管理的重要环节，科学的成本预测有按照确定初选目标成本、初步预测成本、提出各种成本降低方案、正确确定目标成本四个步骤实施。成本控制是企业整个经营活动不可或缺的一个重要方面。成本控制应遵循全面性原则、专权利相结合原则、分级归口管理原则和经济原则。

第一节 成本预测的步骤与实施

一、成本预测的步骤

成本预测可以分为远期预测和近期预测。远期预测通常用于分析宏观经济变动对企业成本的影响（如生产力布局变动、经济结构变动、价格变动等），为企业确定中长期预算和年度预算提供资料。近期预测着重分析影响成本的各个因素的变动，测算各种方案的成本指标，从中选择最优方案据以确定计划成本指标。在近期预测中，成本预测的侧重点是年度成本预测。

一般来说，成本预测的步骤包括：

（1）收集和分析有关成本资料。收集一定时期的本企业和其他企业同类产品成本资料，并对这些资料进行分析挑选，然后按时间数列的组成要素进行必要的裁定和适当的调整。

（2）提出目标成本草案。目标成本是指在一定时期内产品成本应达到的标准。它规定企业降低成本的努力方向，目标成本的提出要经过反复的测算。

（3）初步预测在当前生产经营条件下成本可能达到的水平，并找出与初选目标成本的差距。

（4）提出各种降低成本方案，对比、分析各种成本方案的经济效果。

（5）选择成本最优方案并确定正式目标成本。

二、成本预测的实施

（一）确定初选目标成本

目标成本是指企业在生产经营活动中某一时期要求实现的成本目标。

确定目标成本，是为了控制生产经营过程中的活劳动消耗和物质消耗，降低产品成本，实现企业的目标利润。如果目标成本不能实现，则企业的目标利润也就没有实现的基础。初选目标成本的确定，通常有两种方法：

（1）选择某一先进成本水平作为目标成本。它可以是本企业历史上的最高水平，或国内外同样产品的先进成本水平；也可以是计划成本、定额成本或标准成本。

（2）先确定目标利润，然后从产品的销售收入中减去销售税金和目标利润，余额就是目标成本。可根据下列公式测算：

$$目标成本 = 预计的产品销售收入 - 应交税金 - 目标利润$$

上式中预计的产品销售收入，是指预测期内计划销售的全部产品的销售收入总额。

目标成本的确定既要注意先进性，又要注意可行性。目标成本可作为衡量生产费用实际支出的标准，考虑费用节约和超支的情况，以便及时监督和分析脱离目标成本的偏差。这样，才有利于调动企业多方面完成目标的积极性和保证目标的实现。按上述测算的目标成本，仅仅是个初步要求。

因此，还要进一步进行成本初步测算并选择最优方案，根据成本可能降低的程度最后确定预测期的目标成本。

（二）成本初步预测

成本初步预测是指在企业现有的生产技术条件下不采取任何新的成本降低

措施，成本可能达到的水平，并算出预测成本与目标成本的差距。初步预测是根据历史资料来推算的，如前所说，产品成本按其特性可划分为变动成本和固定成本两大类。所谓变动成本是指其总额会随着产量的变动而变动的成本，如原材料、计件工资等，都是和单位产品的生产成本直接相联系的，其总额会随着产量的增减成比例增减；所谓固定成本，是指其发生额不直接受产量变动的影响，产量在一定范围内变动，其总额仍能保持不变。如固定资产的折旧费、维护修理费等。产品成本与产量的这种依存关系，如用直线方程表示，就是：

$y=a+bx$

上式中：y 代表产品成本；

a 代表固定成本总额；

b 代表单位变动成本；

x 代表产品产量。

这个方程表示了产品成本的发展趋势，只要求出 a、b 的数值，就可以利用这个直线方程式预测出产品在任何产量下的总成本。确定 a 与 b 值的方法一般有：①账户分类法；②高低点法；③目测法；④回归分析法；⑤技术测量法。这几种方法是按从最不精确到最精确的顺序列举的。但是各种方法所需的成本及运用中的难度正好与上述顺序相反。账户分类法是最简单、成本最低的，而技术测量法是精确性最高但也是成本最高，需要更多的时间、更多的数据和多次的测算。在选择最佳的预测方法时，管理会计人员必需既要考虑到所需的精确度，也要考虑成本、时间、人力的限制。

1. 账户分类法

账户分类法要求将财务资料中的成本账户按照固定成本或变动成本来进行分类。通过这种分类，会计人员可以根据预计单位变动成本和固定成本总额得到总成本。其基本做法是根据各有关成本账户的具体内容，判断其特征是更接近于固定成本，还是更接近于变动成本，进而直接将其确定为固定成本或变动成本。例如"管理费用"账户大部分项目发生额的大小在正常产量范围内与产量变动没有关系，至少没有明显关系，那么就将管理费用全部视为固定成本；"制造费用"账中的车间管理部门办公费、按折旧年限计算的设备折旧费等虽与产量的关系较"管理费用"密切一些，但基本特征仍属"固定"，所以也应被视为固定成本；而"制造费用"账中的燃料动力费、维修费等，虽然不似直接材料费那样与产量成正比例变动，但其发生额的大小与产量变动的关系很明显，因而可以将其视为变动成本。

量的变动呈正比例变动关系，但有明显的变动关系，所以确定为变动成本；设备折旧费和管理人员工资与产量变动没有明显关系，因而确定为固定成本。

账户分类法的好处在于它简单、易使用。另一方面，它的不足主要是预测的结果可能不很准确，因为对账户进行分类存在着一定的主观性，而且还有一些兼有变动和固定性质的混合成本。

2. 高低点法

所谓高低点法就是根据某一时期历史成本资料中业务量最高和最低的成本数据，建立一条直线方程，以得到预测结果的一种数学方法。具体做法：以某一时期内最高业务量的成本与最低业务量的成本的差数，除以最高与最低业务量的差数，以确定单位变动成本，进而确定出变动成本和固定成本。

设：高点成本性态为 $y_1=a+bx_1$ （1）

低点成本性态为 $y_2=a+bx_2$ （2）

（1）-（2）得：$y_1-y_2=b(x_1-x_2)$

$$b = \frac{y_1 - y_2}{x_1 - x_2}$$

将 b 代入（1）式或（2）式，可求出 $a=y_1-bx_1=y_2-bx_2$

高低点法的优点在于与主观性较强的账户分类法相对比，它提供了一个精确的数学计算公式。但是，高低点法也存在局限性，它仅通过两点之连线来代表各种可能的情况，而且高低两点的选择同样需要主观判断。

3. 散布图法

也称目测法，其基本做法就是在坐标图中，以横轴代表业务量（x），以纵轴代表成本总额（y），将各种业务量水平下的成本逐一标明在坐标图上，然后通过目测，在各成本点之间画出一条反映成本变动平均趋势的直线，理论上，这条直线距各成本点之间的离差平方和最小。这条直线与纵轴的交点就是固定成本，斜率则是单位变动成本。

散布图法与高低点法原理相同，两者除基本做法相异之外还有两点差别：一是高低点法先有 b 值而后有 a 值，散布图法则正好相反；二是虽然散布图法下通过目测而得到的结果仍不免带有一定程度的主观臆断性，但由于该法是将全部成本数据均作为描述成本性态的依据，因而比高低点法还是要准确一些。但散布图的大小会影响观察者正确预测成本的能力。相对较小的图容易导致对成本趋势较差的理解，而相对较大的图则容易导致对成本趋势较好的理解。任何一种情况都会歪曲成本预测。

4. 回归直线法

散布图法中我们可看到，根据目测，可画出任意多条不同的直线，但无法确定哪一条最合理。而要找出最合理的直线，就必须运用数学中的最小二乘法，即使得所确定的直线与各成本点之间的误差平方和达到最小。由于这条直线在数学上叫作"回归直线"，故用这种方法预测成本称为"回归直线法"。根据最小二乘法原理，计算公式如下：

$$a = \frac{\sum x^2 \cdot \sum y - \sum x \cdot \sum xy}{n \cdot \sum x^2 - (\sum x)^2}$$

$$a = \frac{n \sum xy - \sum x \sum y}{n \sum x^2 - (\sum x)^2}$$

采用回归直线法预测成本，成本总额与产量之间必须具有线性联系，如果没有这种线性联系，分解出来的结果也就失去意义。因此应先进行相关程度分析，并根据相关程度的分析结果来确定这种方法的适用性。相关程度分析以相关系数 r 来表示，r 的计算公式如下：

$$r = \frac{n \sum xy - \sum x \sum y}{\sqrt{(n \sum x^2 - (\sum x)^2)(n \sum y^2 - (\sum y)^2)}}$$

r 在 0 与 1 之间，r=1 时，完全正（负）相关，r=0 时，x 与 y 不存在任何联系。r 接近 1，基本相关，但由于会计中一般不用负相关，故 r 的取值范围就在 0 与 1 之间。在经济生活中，一般当 r ≥ 0.8，就表明成本总额与产量之间有密切联系，这样就可运用回归直线法进行预测。

回归分析给管理会计人员提供了一个客观的、具有统计精确性的方法来估计成本费用。这一方法的主要优点在于它的精确性，具有最小的预测误差。但另一方面，由于误差是被平方后来寻找最合适的回归线，回归分析可能会受到一些极端值的影响，结果可能使预测直线并不代表大多数数据。

为防止这种干扰，管理会计人员经常在使用回归分析之前先将数据绘制成图，然后判断是否存在着极端值。再根据每一个极端值决定它的存在是由于数据记录的错误还是正常经营条件下产生的，抑或是偶然的、不会再发生的事件引起的。然后管理会计人员根据使用回归分析的目标，即代表大多数的数据，提供最精确的预测来决定是更改数据还是删除它。

5. 工程分析法

又称技术测量法，是指通过对产品或服务活动进行详细研究，来衡量每一单位产出所需的时间或投入量的一种成本预测方法。例如，工程分析法被运用于制造活动中，测定生产零部件所需的劳动力和原材料的成本。在非制造活动中，该方法被用来测量完成一定的业务量，如处理收据或签发支票等所需的时间。

工程分析法是运用工业工程的研究方法来研究影响各有关成本项目数额大小的每个因素，并在此基础上直接估算出固定成本和单位变动成本。

其基本步骤是：①确定研究的成本项目；②对导致成本形成的生产过程进行观察和分析；③确定生产（服务）过程的最佳操作方法；④以最佳操作方法为标准方法，测定标准方法下成本项目的每一构成内容，并按成本性态分别确定为固定成本和变动成本。

工程分析法适用于任何可以从客观立场上进行观察、分析和测定投入产出过程，如对直接材料、直接人工等制造成本的测定，也可用于运输等非制造成本的测定。用该方法进行测定，可以排除无效或非正常的支出，使测定结果更科学、更客观。但工程分析法的分析成本较高，因为对投入产出过程进行观察、分析和测定，往往要耗费较多的人力、物力和财力。

（三）提出各种成本降低方案

成本降低方案的提出主要可以从改进产品设计、改善生产经营管理、控制管理费用三个方面来进行，这些方案应该既能降低成本，又能保证生产和产品质量的需要。

1. 改进产品设计，努力节约原材料、燃料、动力和人力等消耗

产品的样式、体积和重量基本上决定了产品投产后的原材料、燃料、动力和人工的消耗程度，因此产品结构设计不合理，不仅会影响产品的性能，而且会连锁反映到成本上，造成较大的浪费。因此产品结构设计是否先进合理，是决定产品设计成本水平的先决条件。对产品结构设计分析，可采用功能成本分析法。功能成本分析也叫价值分析，其目的是以最低的总成本可靠地实现产品的必要功能，提高产品效益。产品功能与成本预测分析的基本原理，可以用下列公式说明：

$$功能与成本的比值 = \frac{产品功能}{产品成本}$$

产品功能与成本的比值，表明每 1 元成本开支所获得产品功能的大小，它与产品功能成正比，与产品成本成反比，产品功能与成本的比值主要取决于成本和功能的结合情况。所以，提高产品功能与成本的比值可通过以下途径：①在成本不变的情况下，提高产品功能。②在功能不变的情况下，降低产品成本。③提高产品功能，同时降低产品成本。④功能略有下降，但成本有较大的降低。⑤成本略有上升，但功能有较大的提高。

以上五种情况都可以提高功能与成本的比值，可见，产品功能与成本预测分析的目的就是以最低的成本实现产品的必要功能。它不是单纯强调功能，也不盲目追求降低成本，而是辩证地处理两者的关系，力图实现它们之间的合理结合，以提高产品功能与成本的比值。

2. 改善生产经营管理，合理组织生产

企业应积极从合理组织生产中挖掘降低产品成本的潜力，这是因为生产经

营管理的好坏，与产品成本的高低有着密切的关系，如车间的合理设置、劳动力的合理组织、工艺方案的选择、零部件的外购或自制决策都会影响产品成本。因此，企业应针对生产经营管理中存在的问题，提出不同的改进方案，并对比分析不同方案的经济效果，从中选择最优的成本降低方案。

3. 严格控制费用开支，努力降低生产车间管理费用

车间经费在产品成本中占有相当的比重，因此，控制和节约车间经费，也是降低产品成本不可忽视的重要方面。为了节约车间管理费用，企业各部门、车间应实行严格的费用控制制度，其实际费用支出应与其费用预算进行比较，以便确定责任、进行奖赏，达到降低成本的目的。

（四）正式确定目标成本

企业的成本降低措施和方案确定后，应进一步测算各项措施对产品成本的影响程度，据以修订初选目标成本，正确确定企业预测期的目标成本。

在测算各项措施对产品成本的影响程度时，应从影响成本的重要因素方面入手，一般可以从节约原材料消耗提高劳动生产率、合理利用设备、节约车间管理费用、减少废品损失等方面进行测算。

1. 测算直接材料费用对成本的影响

直接材料是构成产品成本的主要内容之一，在产品成本中一般占较大的比重。产品成本中所消耗的直接材料是以单位产品耗用量乘以单价来计算的。影响直接材料费用的因素有材料消耗定额和材料价格。材料消耗定额降低，会使产品单位成本中的材料费用相应降低，两者的降低幅度是一致的。例如材料消耗定额降低1%，材料费用也会降低1%。但是由于材料费用只是产品成本的一个组成部分，因此，材料费用的降低率并不等于产品成本的降低率。

（1）料消耗定额对成本的影响。

材料消耗定额降低形成的节约，应按下列公式来计算：

材料消耗定额降低影响的成本降低率 = 材料费用占成本的 % × 材料消耗定额降低的 %

（2）材料价格对成本的影响。

如果在材料消耗定额发生变动的同时，价格也发生变化，则直接材料的价格发生变动对产品成本的影响可以用下列公式来计算：

材料价格变动影响的成本降低率＝材料费用占成本的％×（1－材料消耗定额降低的％）×材料价格降低的％

以上两个公式可合并计算如下：

材料消耗定额和价格同时降低影响的成本降低率＝材料费用占成本的％×[1－（1－材料消耗定额降低的％）×（1－材料价格降低的％）]

2. 测算工资费用对成本的影响

单位产品中的工资费用数额，取决于生产工人的平均工资和生产工人的劳动生产率的高低。如果工资增长幅度大于劳动生产率增长幅度，产品成本就会上升；相反，如果工资增长幅度小于劳动生产率增长幅度，产品成本就会降低；如果工资增长幅度等于劳动生产率增长幅度，对产品成本就没有影响。因此，可以利用它们之间的关系来具体测算劳动生产率与平均工资的变动对成本的影响程度。

（1）测算在生产工人人数和工资不变的情况下，由于劳动生产率提高而形成的节约。劳动生产率提高，说明单位时间内的产量增加，在其他因素不变的条件下，单位产品所分担的工资费用也就减少了。因此，在只有劳动生产率一个因素变动时，其对成本的影响，可按下列公式计算：

劳动生产率提高影响的成本降低率＝生产工人工资占成本的％×（1）

（2）测算由于劳动生产率提高超过平均工资增长率而形成的节约。劳动生产率的变动，同单位产品中工资费用的变动成反比例的关系；而平均工资的增长，同单位产品中工资费用的增长成正比的关系。所以，当劳动生产率的增长速度超过平均工资的增长速度时，就能节约产品成本中的工资费用。计算公式为：

劳动生产率和平均工资相互作用影响的成本降低率＝生产工人工资占成本的％×（1）

3. 测算生产增长超过固定管理费用增加而形成的节约

在企业的制造费用中有一部分费用属于固定费用，如车间管理人员工资、折旧费等，这些费用一般不随产量增加而变动；另一部分费用属于变动费用，如消耗性材料、运输费等，这些费用则随产量增长而有所增加，但只要采取适当的节约措施，其增长速度一般也小于生产增长速度。所以，企业生产的增长，会使单位产品中应分摊的固定费用减少，从而使产品单位成本降低。其计算公式如下：

生产增长超过固定管理费用增加影响成本降低率 = 固定管理费用占成本的 %×（1）

4. 测算废品率降低而形成的节约

生产中发生废品，意味着人力、物力和财力的浪费，合格产品的成本也会随之提高。而降低废品率可以减少废品损失，从而降低产品成本。其计算公式如下：

废品损失减少影响的成本降低率 = 废品损失占成本的 %× 废品损失减少的 %

上述各因素影响成本降低率乘以按上年预计或实际平均单位成本计算的预测期产品成本，即可求出各因素变动影响成本的降低额，汇总以后即为预测期产品成本总降低额，从而确定出最终的目标成本。

第二节　成本控制与标准成本法

一、成本控制的含义

企业的经营目标确定后，就要围绕经营目标组织实施，对企业的各项经营活动予以控制。成本涉及企业经营的各个方面，因此成本控制是企业整个经营活动不可缺少的一个重要方面。成本控制就是在企业的生产经营活动中，以不断降低成本和提高经济效益为目的，对影响成本的各种因素加强管理，及时发现与预定的目标成本之间的差异，采取一定的措施，保证完成预定的目标成本，尽可能以最少的耗费，取得最大成果。

以成本的发生为基点，成本控制分为事前控制、事中控制和事后控制。事前控制是成本的前馈控制和预防控制，是指在产品投产前对影响成本的各项经济活动进行事前规划、审核、确定目标成本。成本的事前控制包括成本预测、成本决策和编制成本计划。事中控制是成本的过程控制，是指在成本形成过程中，随时与目标成本对比，发现问题采取措施，予以纠正，以保证目标成本的实现。事后控制是成本的反馈控制，是指成本形成之后，把日常发生的差异及产生差异的原因汇总起来进行分析研究，探索成本升降的原因，明确经济责任，为下一个成本循环的目标成本确定提出改进意见，以不断降低成本，提高企业经济效益。

成本控制有广义和狭义之分。广义的成本控制包括事前控制、事中控制和事后控制。狭义的成本控制仅指成本的事中控制，即过程控制。狭义的成本控制的内容包括两个方面，一是成本控制的一般方法，二是如何将成本落实到各有关责任中心。本节着重阐述狭义成本控制的一般方法。至于成本的事前控制，在前面几章已经说明，这里不再赘述。而事中成本控制中的责任成本落实及事后成本控制将在以后结合责任会计予以说明。

二、成本控制的基本原则

1. 全面性原则

由于成本牵涉到企业的方方面面，因此成本控制要进行全过程控制、全员控制、全方位控制。

（1）全过程控制。成本控制应贯穿于成本形成的全过程。不仅要对产品制造过程中发生的全部费用进行控制，还要对整个产品生命周期中，在产品设计、销售、使用过程中发生的设计研发成本、工艺成本、销售成本、管理成本和维修保养成本进行控制。只有这样，成本才能最大限度地降低。

（2）全员控制。企业的任何活动，都会发生成本，都应在成本控制的范围之内。任何成本都是人进行某种经济活动的结果，只能由参与或者有权干预这些活动的人来控制，不能指望另外的人来控制成本。所以，每个职工都应负有控制成本责任。成本控制是全体职工的共同任务，只有通过全体职工的协调一致的努力才能完成。成本控制对员工的要求是：具有控制成本的愿望和成本意识，养成节约成本的习惯，关心成本控制的结果；具有合作精神，理解成本控制是一项集体的努力过程，不是个人活动，必须在共同目标下同心协力；能够正确理解和使用成本控制信息，据以改进工作，降低成本。因此，成本控制涉及企业的全体员工和部门。要降低成本，就要充分调动企业各部门和全体员工关心成本和参加成本控制的积极性。

（3）全方位控制。成本控制不是单纯的限制和监督。它一方面要精打细算，节约开支，消除浪费，另一方面，又要按照成本效益的原则实现相对的成本节约，以较少的消耗，取得更多的成果。

2. 责权利相结合原则

要保证落实到责任中心的成本预算能够恰当地执行，必须赋予他们与其责任大小、控制范围一致的权利，如决定某项成本项目能否开支的权利。此外，成本控制必须在定期考核评价成本实绩的基础之上，与对责任中心的奖惩挂钩。

3. 分级归口管理原则

成本控制必须以目标成本为依据。但是，目标成本作为企业的整体目标，不便进行日常控制。按照目标管理理论，应该把企业的目标成本层层分解，落实到各成本责任中心，分级归口管理。这样一来可以使责任单位明确责任范围，及时发现成本差异，分析成本差异的原因，并采取措施予以纠正。

4. 经济原则

这条原则，是指因推行成本控制而发生的成本，不应超过因缺少控制而丧失的收益。

任何管理工作，和销售、生产、财务活动一样，都要讲求经济效果。为建立某项控制，要花费一定的人力或物力，付出一定的代价。这种代价不能太大，不应超过建立这项控制所能节约的成本。通常，增加控制环节发生的成本比较容易计量，而控制的收益确定比较困难，但不能因此否定这条原则。在一般情况下，控制的收益会明显大于其成本，人们可以作出定性的判断。

不符合经济原则的控制办法，是没有生命力的，是不可能持久的。经济原则要求成本控制要能起到降低成本、纠正偏差的作用，具有实用性。成本控制系统应能揭示何处发生了失误，谁应对失误负责，并能确保采取纠正措施。只有通过适当的计划工作、组织工作和领导工作来纠正脱离目标的偏差，才能证明成本控制系统是有用的。经济原则要求在成本控制中贯彻"例外管理"原则。对正常成本费用支出可以从简控制，而格外关注各种例外情况。例如，对脱离标准的重大差异展开调查，对超出预算的支出建立审批手续等。

三、成本控制的基础工作

为使成本控制有效地进行，必须做好以下几项基础工作：

（1）明确各级管理组织和各级人员的责任和权限，把成本费用根据发生的部门、地点分解开来，分给有关部门的车间、工段班组，并赋予他们一定的权利，由它们对成本进行控制，并根据成绩好坏予以一定的奖励或惩罚。成本的分级归口管理是对成本进行有效控制的必备基础之一。

（2）根据不同情况，制定切实可行的成本控制标准。控制标准是控制的参照依据。标准不能定得太高或太低，太高则可望而不可即，容易挫伤控制者的积极性，太低则失去控制的意义。标准必须订得切合实际，并随着企业经营目标的变化、客观条件的变化而随时予以修改。

（3）搞好成本费用的日常核算工作。搞好成本的日常核算工作就是为成本控制提供经济的真实而相关的信息。为此企业必须根据成本效益原则，建立健全一套完善的成本核算系统。对企业的生产经营耗费和产品成本进行价值核算，提供费用开支和成本资料。

四、成本控制的方法

成本控制要分别按不同的成本性态来进行，对于变动成本主要是通过制定标准成本和编制弹性预算进行控制。直接材料和直接人工在制造企业产品成本中一般占有较大的比重，数额易于分割，用标准成本控制比较简便易行，而变动性制造费用通常由变动性的成本项目组成，金额分散，通过编制弹性预算控制较为适宜。对于固定成本，首先要根据其开支项目的性质和轻重缓急区分为约束性固定成本和酌量性固定成本，然后分别控制。对于约束性的固定成本，控制关键在于作出长期投资决策之前的事前控制。因此，应根据相关的资本支出预算中的数据，分项目制定固定预算，作为事前控制的依据；而企业其他非约束性固定成本，则可以通过编制零基预算的方法来加强成本控制。

需要说明的是，标准成本控制与预算成本控制是兼容的，实质上等于预算控制，只是标准成本控制以标准成本为基础，按照成本项目反映单位产品的目标成本。而预算是企业总体规划的数量说明，无论对弹性预算或其他预算类型，以标准成本乘以业务量就可以得出预算总成本。采用标准成本可以使成本控制更加科学有效。

五、标准成本法

标准成本法是指通过制定标准成本，将标准成本进行比较获得成本差异，并对成本差异进行因素分析，据以加强成本控制的一种会计信息系统和成本控制系统。标准成本法是在泰勒的生产过程标准化思想影响下，于20世纪20年代产生于美国。刚开始时，它只是被用来进行成本控制，以后才逐步发展和完善，并与成本核算结合起来，成为一种成本控制方法。

（一）标准成本的作用

标准成本的作用主要体现以下几点：

（1）便于企业编制预算控制。事实上，标准成本就是单位成本预算。例如，在编制直接人工成本预算时，首先我们要确定每生产一个产品所需耗费的工时数以及每小时的工资率，然后用它乘以预算的产品量，就可以确定总人工成本预算数。

（2）可以有效地控制成本支出。在领料、用料、安排工时和人力时，均以标准成本作为事前和事中控制的依据。

（3）可以为企业的例外管理提供数据。以标准成本为基础与实际成本进行比较产生的差异，是企业进行例外管理的必要信息。

（二）标准成本的种类

标准成本是在正常生产经营条件应该实现的，可以作为控制成本开支，评价实际成本衡量工作效率的依据和尺度的一种目标成本。标准成本是根据对实际情况的调查，用科学方法制定的，它是企业在现有的生产技术和管理水平上，经过努力可以达到的成本。在控制标准成本时，根据所要求达到的效率的不同，采取的标准有理想标准成本、正常标准成本和现行标准成本等。

1. 理想标准成本

理想标准成本是指在最优工作状态下即效率最高、废品损失极少、机器不发生损坏等情况下可以达到的最低成本水平，它排除了一切失误、浪费、机器的闲置等因素，根据理论上耗用量、价格以及最高的生产能力制定的标准成本。

这种标准成本要求太高，很难成为现实，即使暂时出现也很难持久。因此通常会因达不到而影响工人的积极性，同时让管理层感到在任何时候都没有改进的余地。

2. 正常标准成本

正常标准成本是在正常经营条件下应该达到的成本水平，它是根据正常的耗用水平、正常的价格和正常的生产经营能力利用程度制定的标准成本。这种标准成本通常反映了过去一段时期实际成本水平的平均值，反映该行业价格的平均水平、平均的生产能力和技术能力，在生产技术和经营管理条件变动不大的情况下，它是一种可以较长时间采用的标准成本。但由于正常标准成本是一种长期平均数，没有考虑到未来时期的变化因素，因此在成本控制中很难衡量成本控制的业绩。

3. 基本标准成本

基本标准成本是指材料成本一旦确定，只要生产经营条件无重大变化，就不予变动的一种标准成本。但实际上企业的经营条件随着时间的推移在不断地变化着，因此基本标准成本赖以存在的基础也是很脆弱的。

4. 现行标准成本

现行标准成本是在现有的生产条件下应该达到的成本水平，它是根据现在所采用的价格水平、生产耗用量以及生产经营能力利用程度而制定的标准成本。这种标准成本接近实际成本，比较切实可行，通常认为能激励工人努力达到所制定的标准并为管理层提供衡量的标准。在经济形式变化无常的情况下，这种标准成本较为合适。

5. 预期标准成本

它是根据企业现有生产技术条件，结合总的目标成本，考虑到未来时期可能的变化因素制定的一种标准成本，它是对现行标准成本的改进。企业在进行成本控制，选择标准成本形式时，以预期标准成本为宜。这样方能恰当地表现出企业各部门、各车间、各工段、各小组的工作效率的高低，成本的节约或浪费。

第三节　标准成本的制定与账务处理

一、标准成本的制定

产品的制造成本包括直接材料、直接人工和制造费用。与此相适应，产品的标准成本应包括直接材料、直接人工和制造费用三部分。在制定标准成本时，尽管料、工、费三大项目的具体性质各有不同，但它们都是由价格、用量两个基本因素构成的，是价格标准和用量标准的乘积。

（一）直接材料标准成本的制定

直接材料标准成本包括直接材料数量标准和直接材料价格标准。其中直接材料价格标准是指取得某种材料应支付的单位材料价格，它包括该种材料的买价（市场价格）和预计的运输费等必要的附加费。直接材料数量标准是指有关产品在其设计方案、工艺要求和生产设备等因素的影响下，按照正常的生产技术条件生产单位产品所需要的各种材料的数量，包括构成产品有形实体的材料、在正常范围内允许发生的材料损耗和生产中不可避免的废品所耗费的直接材料等。上述两项标准可按照不同材料种类分别计算。直接材料标准成本与直接材料标准数量和直接材料标准价格的关系为：

$$某种产品直接材料标准成本 = \Sigma（直接材料标准数量 \times 直接材料标准价格）$$

（二）直接人工标准成本的制定

直接人工标准成本也分为直接人工数量标准和直接人工价格标准。其中直接人工数量标准即工时定额，是指企业在正常的生产技术条件下，生产某种产品所需用的标准工作时间。它是生产技术部门根据历史资料或通过技术鉴定确定下来的，其中包括了产品制造加工过程所用的时间、现有生产技术水平下必要的间歇和停工以及废品损失耗费的时间。制定直接人工数量标准可先按产品经过的车间工序分别计算，然后按产品加以汇总。直接人工价格标准即直接人工的工资率或工资单价，在计件工资形式下，就是单位产品的直接人工工资；

在计时工资形式下，就是每个工作时间标准应分配的工资，包括基本工资、各种津贴及保险福利费等。

直接人工标准成本可以根据单位产品所需要的各项作业的标准工作时间和与之相应的标准工资率求得，即：

$$某产品直接人工标准成本 = \Sigma（直接人工标准数量 \times 直接人工标准价格）$$

（三）制造费用标准成本的制定

制造费用标准同样包括用量标准和价格标准（费用分配率标准）。制造费用用量标准是指在现有生产条件下生产某种产品所需要的人工工时，其具体内容与直接人工数量标准类似。制造费用分配率标准是指每标准工时所应负担的制造费用（包括固定性制造费用和变动性制造费用），其大小取决于生产量标准和制造费用预算额。其中，生产量标准是指企业充分利用现有的正常生产能力所能达到的最高产量，制造费用的预算额则是指由现有生产能力所决定的固定性制造费用与变动性制造费用之和。如果把制造费用的各明细项目按其成本习性划分为变动性制造费用和固定性制造费用两类，制造费用标准分配率可确定如下：

$$固定性制造费用标准分配率 = 固定性制造费用预算额 / 标准总工时$$
$$变动性制造费用的标准分配率 = 变动性制造费用预算额 / 标准总工时$$

某产品制造费用的标准成本可以通过单位产品所用的标准工时和与之对应的标准分配率计算求得：

$$固定性制造费用标准成本 = 固定性制造费用标准分配率 \times 标准工时$$
$$变动性制造费用标准成本 = 变动性制造费用标准分配率 \times 标准工时$$

二、标准成本差异的计算、分析与控制

标准成本制度下成本差异的内容应包括直接材料成本差异、直接人工成本差异、变动性制造费用差异和固定性制造费用差异四部分。每一部分均可以进一步细分为若干个具体差异，以便于分析成本差异的原因和采取相应的缩小差异的措施。

（一）直接材料成本差异

1. 差异的计算

直接材料成本差异是指定产量产品的直接材料实际成本和标准成本之间的差额。

$$直接材料成本差异 = 直接材料实际成本 - 直接材料标准成本$$
$$直接材料实际成本 = 实际价格 \times 实际用量$$
$$直接材料标准成本 = 标准价格 \times 标准用量$$
$$实际用量 = 直接材料单位实际耗用量 \times 实际产量$$
$$标准用量 = 直接材料单位标准耗用量 \times 实际产量$$

直接材料成本差异包含直接材料价格差异和直接材料用量差异两部分。直接材料的价格差异是由于直接材料的实际价格脱离标准价格而引起的材料成本差异，其计算公式为：

$$直接材料价格差异 = （实际用量实际价格）-（实际用量标准价格）=（实际价格-标准价格）\times 实际用量$$

直接材料的用量差异是由于直接材料实际用量脱离标准用量而导致的材料成本差异，其计算公式为：

$$直接材料用量差异 = （实际用量-标准用量）\times 标准价格$$

2. 分析与控制

成本差异对企业经营活动的影响可以概括为有利和不利两方面，实际成本低于标准成本的差额称为顺差，即有利差异（F）。实际成本高于标准成本所形成的差额为逆差，即不利差异（U）。有利差异和不利差异本身不能作为经营决策和业绩评价的最终依据，必须结合企业复杂的经济活动和其他信息来源对成本偏差进行深入的计算分析和研究，查明成本差异的性质及其产生的原因，确定成本差异的类型，有针对性地采取调整和消除偏差的措施来加强成本管理并降低成本。

直接材料成本差异包括材料价格差异和材料数量差异，材料价格差异是在采购过程中形成的，不应由耗用材料的生产部门负责，而应由采购部门对其作出说明。采购部门未能按标准价格进货的原因有许多，如供应厂家价格变动、未按经济采购批量进货、未能及时订货造成的紧急订货、采购时舍近求远使运费和途耗增加、不必要的快速运输方式、违反合同被罚款、承接紧急订货造成额外采购等等，需要进行具体分析和调查，才能明确最终原因和责任归属。

材料数量差异是在材料耗用过程中形成的，反映生产部门的成本控制业绩。材料数量差异形成的具体原因有许多，如操作疏忽造成废品和废料增加、工人用料不精心、新工人上岗造成多用料、机器或工具不适用造成用料增加等。有时多用料并非生产部门的责任，如购入材料质量低劣、规格不符也会使用料超过标准；又如工艺变更、检验过严也会使数量差异加大。因此，要进行具体的调查研究才能明确责任归属。

（二）直接人工成本差异

1. 差异的计算

直接人工成本差异是指一定产量产品的直接人工实际成本与标准成本之间的差额。

直接人工成本差异＝直接人工实际成本－直接人工标准成本

其中：

直接人工标准成本＝标准工资率×标准工时

直接人工成本差异又分为工资率差异和人工效率差异两部分。工资率差异就是直接人工的价格差异，是因为实际工资率脱离标准工资率产生的人工成本差额。人工效率差异是直接人工成本的用量差异或工时差异，它是指生产中耗用的实际工时与标准工时之间出现差额而引起的人工成本差异。其公式为：

人工工资率差异＝（实际工资率实际工时）－（标准工资率实际工时）＝（实际工资率－标准工资率）×实际工时

人工效率差异＝（标准工资率实际工时）－（标准工资率标准工时）＝（实际工时－标准工时）×标准工资率

2. 分析与控制

直接人工的成本差异包括直接人工工资率差异和直接人工效率差异。

对于工资率差异，由于工资大多情况下是根据雇佣合同规定的工资率支付，一般不会出现成本差异，但在实际工作中，直接生产工人升级或降级、奖励制度未产生实效、工资率调整、加班或使用临时工、出勤率变化等都会影响工资率。工资率差异产生的原因复杂且难以控制，一般来说，应归属于人事部门管理，差异的具体原因会涉及生产部门或其他部门。

对于人工效率差异影响的因素也很多，包括生产工人的技术熟练程度、生产工艺过程的变化、原材料的规格和质量等，属于生产人员技术水平低造成的人工效率差异，是生产部门安排不当，应由生产部门负责；属于采购的材料不合格，或机器维修、工艺调整和停水停电等原因，应由各经营单位负责。

所以，找出差异的同时要分析产生差异的具体原因，分清不同的责任部门，才能采取有效的控制措施。

（三）变动性制造费用差异

1. 差异的计算

变动性制造费用成本差异是指一定产量产品的实际变动制造费用与标准变动制造费用之间的差额。其中：

$$变动制造费用成本差异 = 实际变动制造费用 - 标准变动制造费用$$
$$实际变动制造费用 = 实际分配率 \times 实际工时$$

变动性制造费用差异包括变动性制造费用耗费差异和变动性制造费用效率差异。变动性制造费用耗费差异是指在实际工时基础上按实际费用分配率计算的变动性制造费用数额与按标准费用分配率计算的变动性制造费用数额之间的差额。变动性制造费用的效率差异是指在标准费用分配率的基础上，按实际工时计算的变动性制造费用与按标准工时计算的变动性制造费用之间的差额。其计算公式如下：

$$变动性制造费用的分配率差异 = 实际工时 \times （实际分配率 - 标准分配率）$$
$$变动制造费用效率差异 = 标准分配率 \times （实际工时 - 标准工时）$$

2. 分析与控制

变动性制造费用差异包括变动性制造费用的分配率差异、效率差异。

对于变动性制造费用的分配率差异，不仅有费用支付价格方面的差异，也有费用项目在用量上的差异，而一般价格因素的影响不会太大，因此在这方面应注意对费用明细项目的用量做必要的控制；变动性制造费用的效率差异的实质是工时的利用效率差异，因此该项差异应由安排工时的管理人员负责。

（四）固定性制造费用成本差异

固定性制造费用成本差异是指一定期间的实际固定制造费用与标准固定制造费用之间的差额。其中：

固定制造费用成本差异＝实际固定制造费用－标准固定制造费用

标准固定制造费用＝固定制造费用标准分配率 × 标准工时

$$固定制造费用标准分配率 = \frac{预算固定制造费用}{预算工时}$$

1. 差异计算

固定性制造费用差异分析有"两因素法"和"三因素法"两种分析方法。

（1）两因素法。

在两因素法下将固定性制造费用分为固定性制造费用的耗费差异和固定性制造费用的产量差异。耗费差异是指固定性制造费用的实际耗费数与预算数之间的差额。固定费用与变动费用不同，不因业务量而变动，故差异分析有别于变动费用。在考核时不考虑业务量的变动，以原来的预算数作为标准，实际数超过预算数即视为耗费过多。其计算公式为：

固定制造费用预算差异＝固定制造费用实际数－固定制造费用预算数

产量差异是指固定制造费用预算与固定制造费用标准成本的差额，或者说是实际业务量的标准工时与预算产量下的标准工时的差额用标准分配率来计算的金额，它反映未能充分使用现有生产能力而造成的损失。其计算公式为：

固定性制造费用产量差异＝（预算产量下的标准工时－实际产量下标准工时）× 标准分配率
　　　　　　　　　　　＝固定制造费用预算数－固定制造费用标准成本

（2）三因素法。

在三因素法下，固定性制造费用差异分为开支差异效率差异和生产能力利用差异，它们的计算公式如下：

①开支差异，即预算差异。

固定性制造费用开支差异＝固定制造费用实际总额－固定制造费用预算总额

②生产能力差异。是指因生产能力的实际利用程度偏离预定的标准生产能

力所形成的固定制造费用差异。

固定性制造费生产能力差异＝固定制造费用标准分配率×（预算产量标准工时－实际产量实际工时）

③效率差异。是指因生产单位产品实际耗用工时偏离其标准工时所形成的固定制造费用差异。

固定制造费用效率差异＝固定制造费用标准分配率×（实际产量实际工时－实际产量标准工时）

2. 分析与控制

在一定的业务范围内，固定制造费用是不随业务量的变动而变动的。对固定制造费用的分析和控制通常是通过编制固定制造费用预算与实际发生数对比来进行的。由于固定制造费用是由各个部门的许多明细项目构成的，固定制造费用预算应就每个部门及明细项目分别进行编制，实际固定制造费用也应该就每个部门及明细项目进行分别记录，因此，固定制造费用成本差异的分析和控制也应该就每个部门及明细项目分别进行。就预算差异来说，其产生的原因可能是：资源价格的变动（如材料价格的增减、工资率的增减等）；某些固定成本（如职工培训费、折旧费、办公费等）因管理上的新决定而有所增减；资源的数量比预算有所增减（如职工人数的增减），为了完成预算而推迟某些固定成本的开支等等。就能力差异来说，它只反映计划生产能力的利用程度，可能是由于产销量达不到一定规模造成的，一般不能说明固定制造费用的超支或节约。所有这些，都应分别不同情况进行分析和控制。

三、标准成本的账务处理

有的企业将标准成本作为统计资料处理，并不记入账簿，只提供成本控制的有关信息。但是，把标准成本纳入账簿体系不仅能够提高成本计算的质量和效率，使标准成本发挥更大功效，而且可以简化记账手续。为了同时提供标准成本、成本差异和实际成本三项成本资料，标准成本系统的账务处理过程如下：

（一）"原材料""生产成本"和"产成品"账户登记标准成本

通常的实际成本系统，从原材料到产成品的流转过程，使用实际成本记账。

在标准成本系统中，这些账户改用标准成本，无论是借方和贷方均登记实际数量的标准成本，其余额亦反映这些资产的标准成本。

（二）设置成本差异账户分别记录各种成本差异

在标准成本系统中，要按成本差异的类别设置一系列成本差异账户，如"材料价格差异""材料数量差异""直接人工效率差异""直接人工工资率差异""变动制造费用分配率差异""变动制造费用效率差异""固定制造费用开支差异""固定制造费用效率差异""固定制造费用生产能力差异"等。差异账户的设置，要同采用成本差异分析方法相适应，每一种成本差异设置一个账户。

在需要登记"原材料""生产成本"和"产成品"账户时，应将实际成本分离为标准成本和有关的成本差异，标准成本数据记入"原材料""生产成本"和"产成品"账户，而有关的差异分别记入各成本差异账户。

为了便于考核，各成本差异账户还可以按责任部门设置明细账，分别记录各部门的各项成本差异。

（三）各会计期末对成本差异进行处理

各成本差异账户的累计发生额，反映了本期成本控制的业绩。在月末（或年末）对成本差异的处理方法有两种：

1. 结转本期损益法

按照这种方法，在会计期末将所有差异转入"本年利润"账户，或者先将差异转入"主营业务成本"账户，再随同已销产品的标准成本一起转至"本年利润"账户。

采用这种方法的依据是确信标准成本是真正的正常成本，成本差异是不正常的低效率和浪费造成的，应当直接体现在本期损益之中，使利润能体现本期工作成绩的好坏。此外，这种方法的账务处理比较简便。但是，如果差异数额较大或者制定的标准成本不符合实际的正常水平，则不仅使存货成本严重脱离实际成本，而且会歪曲本期经营成果，因此，在成本差异数额不大时采用此种方法为宜。

2. 调整销货成本与存货法

按照这种方法，在会计期末将成本差异按比例分配至已销产品成本和存货成本。

采用这种方法的依据是税法和会计制度均要求以实际成本反映存货成本和销货成本。本期发生的成本差异，应由存货和销货成本共同负担。当然，这种做法会增加一些计算分配的工作量。此外，有些费用计入存货成本不一定合理，例如闲置生产能力差异是一种损失，并不能在未来换取收益，作为资产计入存货成本明显不合理，不如作为期间费用在当期参加损益汇总。

成本差异的处理方法选择要考虑许多因素，包括差异的类型（材料、人工或制造费用）、差异的大小、差异的原因、差异的时间（如季节性变动引起的非常性差异）等。因此，可以对各种成本差异采用不同的处理方法，如材料价格差异多采用调整销货成本与存货法，闲置生产能力差异多采用结转本期损益法，其他差异则可因企业具体情况而定。值得强调的是，差异处理的方法要保持一贯性，以便使成本数据保持可比性，并防止信息使用人发生误解。

第七章
责任会计与战略管理会计

责任会计是基于分权管理思想的产生而产生的，责任会计制度是建立责任会计的基础，它在保证经济责任制的贯彻执行和加强企业内部管理等方面都具有重要作用。战略管理会计弥补了传统管理会计在成本计算、存货控制、投资决策、业绩评价等方面的局限性。

第一节 责任会计与战略管理会计概述

一、责任会计概述

（一）分权管理与责任会计

分权管理，其基本特征是将决策权在不同层次和不同地区的管理人员之间进行适当划分，例如在董事会与总经理、总经理与部门经理或地区经理之间进行划分等，并通过适当的授权，使不同层次的管理人员或经理都能对日常的经营活动及时地作出有效的决策，以迅速适应市场变化的需求。分权管理的优点主要有：通过决策权的划分，使最高层管理人员能将其有限的时间和精力集中于企业最重要的战略决策，以保证企业始终有一明确的、正确的发展目标。同时，使各层次、各地区的管理人员都能在授权范围内，根据不断变化的市场环境迅速作出应变决策，从而避免了由于层层汇报、延误决策时间而可能造成的损失。

通过决策授权，能有效地调动各管理人员的积极性和创造力，使全体管理人员既能为提高企业经济效益做出贡献，又能体现其自身价值。由于分权管理在当今的国际经济环境中具有明显的优越性，因而正为各国大中型企业所采用，并正成为企业管理中的一种国际发展趋势。

分权管理思想，使企业日常的经营决策权不断地向下属部门或各地区经营管理机构下放，从而使决策达到最大程度的有效性；但与此同时，企业经营管理的责任也随着经营决策权的下放一起层层落实到各级管理部门，使各级管理部门在充分享有经营决策权的同时，也对其经营管理的有效性承担经济责任。这种承担与其经营决策权相适应的经济责任的部门，被称为"责任中心"，所以责任中心是为履行某种责任而设立的特定部门。责任中心的基本特征是权、责、利的结合，但具体地说，责任中心具有如下特征：

第一，拥有与企业总体管理目标相协调、且与其管理职能相适应的经营决策权。分权管理的主要目的是提高管理的效率。即从企业角度来说，能在最恰当的时刻对企业遇到的问题作出最恰当的决策。为保证做到这一点，就应在系统思想的指导下，对一些日常的经营决策权直接授予负责该经营活动的部门，使其能针对具体情况及时地作出处理，以避免因层层汇报、延误决策时机而造成的损失。

第二，承担与其经营决策权相适应的经济责任。责任与权力可以说是同时存在并相互平等，有什么样的决策权力，就有什么样的经济责任，所以当上个部门被授予其经营决策权时，就必须对其决策的"恰当性"承担经济责任，这也是对有效地使用其权力的一种制约。所以每一责任中心，必须根据授予其经营决策权的范围承担相应的经济责任。

第三，建立与责任相配套的利益机制。为了保证企业各部门管理人员都能有效地行使其权力并勇于承担责任，就必须建立与其责任相配套的利益机制，以使每个管理人员的个人利益与其管理业绩相联系起来，这是激励管理人员和所有职工的工作热情和积极负责态度的最一般的有效手段。如果忽视这两点，管理人员与一般职工的工作热情和认真负责的工作态度就无法长期维持下去。

第四，各责任中心的目标与企业整体目标是协调一致的。无论是集中管理还是分权管理，其最终目的都是为实现企业的整体目标。因此当在系统思想的指导下，将经营决策权授予各级管理人员时，实际上就是将企业的整体目标分解成各责任中心的具体目标。由于这种分解是在系统思想指导下进行的，因而各责任中心的目标与企业总目标是一致的。

（二）责任会计制度

1. 责任会计制度的建立

企业越是下放经营管理权，越要加强内部控制。于是很多大型企业将所属各级、各部门按其权力和责任的大小划分为各种成本中心、利润中心和投资中心等责任中心，实行分权管理，其结果是各分权单位之间既有自身利益，又不允许各分权单位在所有方面像一个独立的组织那样进行经营。因为分权单位的行为不仅会影响其自身的经营业绩，而且会影响其他分权单位的经营业绩甚至是企业整体的利益。因此，在实行分权管理的情况下，如何协调各分权单位之间的关系，使各分权单位之间以及企业与分权单位之间在工作和目标上达成一致；如何对分权单位的经营业绩进行计量、评价和考核，就显得尤为重要。责任会计制度就是为了适应这种要求而在企业内部建立若干责任单位，并对他们分工负责的经济活动进行规划、控制、考核和评价。

责任会计制度是建立责任会计的基础，它主要包括三个方面的内容。

（1）将企业内部单位划分为一定的责任中心，赋予一定的经济责任和权力。这是建立责任会计制度的首要条件。这里说的责任中心是指企业内部负有特定的管理责任的部门和单位，每个责任中心都必须有十分明确的由其控制的经济活动范围。按其所负责和控制范围的大小和类型，责任中心可分为成本中心、利润中心和投资中心。责任会计中，事前的计划、事中的核算和事后的分析都是以责任中心为基础进行的。

（2）确定业绩评价的方法。确定业绩评价的方法主要包括以下五个方面：①确定衡量责任中心目标的一般尺度，可以是可控成本和利润额等；②确定目标尺度的解释方法；③规定目标尺度的计量方法，如成本分摊、内部结算价格等；④选择预算或标准的形式，如固定预算或弹性预算；⑤确定报告的时间、内容和形式。

（3）根据经济责任完成情况制定相应的奖惩制度。

2. 实施责任会计

实施责任会计同样需要经过三个环节：

（1）编制责任预算。通常预算可以按销售、生产、采购、人工、管理等职能以及资本支出等专门决策来编制，责任预算（按责任中心编制预算）和计划预算（按生产经营过程编制预算）可以并行，后者强调达到目标的具体途径，前者强调企业实现总目标中每部门应负的责任，各自从不同的角度计划企业的经营活动，以实现企业的最终目的。

（2）核算预算的执行情况。核算预算的执行情况要求对实际发生的成本、取得的收入和利润以及占用的资产按责任中心来归集和分类，并与预算口径一致。同时为防止责任转嫁，应尽量减少收益和费用在各责任中心之间的盲目分配，对必须分配的共同收入和费用，要根据归属合理分配，防止不可控因素进入各责任中心。内部提供服务应议定适当的结算价格，以利于单独考核各责任中心的业绩。

（3）分析、评价和报告业绩。在预算期末要编制责任报告，比较预算和实际的差异并分析差异的原因和责任的归属，据此评价考核各中心的业绩，提出改进工作的措施和实行奖惩的建议。此外，对预算中未规定的经济事项和超过预算限额的经济事项实行例外报告制度，及时向上报告，由适当管理级别作出决策。

责任报告是责任会计提供信息的媒介，也是责任会计的工作成果。在实施责任制的企业中，根据企业所建立的制度要求，对各责任中心的责任目标完成情况予以报告是责任会计的最高职责。责任报告由于主要是为企业内部提供信息，因此与财务报告相比，无论在报告对象、报告内容、报告时间等方面都有其特点。总括地说，责任报告具有如下特征：

①报告对象。在一个企业中，对责任目标完成情况关心的主要是各责任中心和企业最高管理部门。因此需为每一责任中心编制一份与其业绩相关的责任报告，同时为企业最高管理部门编制一份总括的责任报告。但由于责任中心的划分往往具有几个层次，所以对某些处在中、上层次的责任中心，其责任报告

的编制常常是对下属责任中心的责任报告的汇总。同时，由于不同的责任中心所包含的责任内容、范围也不一样，因此应根据具体的对象确定报告的内容。

②报告形式。责任报告的形式主要有报表、数据分析和文字说明等。将责任目标、实际履行情况及其产生的差异用报表予以列示是责任报告的基本方式。但由于责任报告是对各责任中心的责任履行情况所作出的专门报告，因此在揭示差异的同时，必须对重大差异予以分析，查找其产生原因，即是内部原因还是外部原因，是主观原因还是客观原因，并作出说明或提出改进建议，以便各责任中心和企业最高管理部门进一步予以控制。所以报告的形式除报表外，必须动用数据分析和文字说明等方式。

③报告时间。责任报告的编制时间一般都是定期的，但由于各责任中心的特点不一样，所以为各责任中心所定的报告期可能不尽一致。例如，最基层的责任中心，需要随时掌握和控制其责任目标的完成情况，就希望经常予以报告，例如一个或半个月；中上层的责任中心可能需要掌握和控制每个责任中心的责任目标完成情况，以便掌握各责任中心与其责任目标完成情况相关的利益分配情况。所以尽管都是定期的，但为各责任中心所定的报告期可以有所变化。

④报告内容。由于成本中心、利润中心和投资中心性质不一样，所以各类责任中心的报告内容也不尽一致。但基本的要求是必须报告其责任目标或预算、其实际执行情况和产生的差异，以便各责任中心进行自我控制，及上层责任中心对下层责任中心予以控制。除此之外，应根据重要性原则对重大差异做进一步的定量分析和定性分析。定量分析主要确定差异的发生程度，定性分析主要是分析其产生的原因，确定其正常与否，并确定责任，以评价其工作业绩。由于各责任中心情况不一样，产生差异的情况也不一样，所以差异分析的工作量相对也较大。在责任报告的内容中，最具建设性的是有关缩小差异的建议，这些建议包括两方面，一方面是对责任中心在履行职责中如何控制差异的建议；另一方面是根据客观环境的变化，如何及时地、适当地调整责任衡量标准的建议，例如原材料的耗用标准、价格标准等。应注意，所提建议必须在各责任中心的可控范围内。

（三）责任会计的作用

责任会计是以企业内部各责任单位为主体，以责、权、利相统一的机制为基础，以责任为中心，以分权为前提，以利益为动力，通过信息的积累、加工和反馈，对经营活动过程和效果进行控制和评价而形成的企业内部严密的控制体系。它在保证经济责任制的贯彻执行和加强企业内部管理等方面都具有重要作用。

1. 保证经济责任制的正确贯彻

经济责任制是一个以经济权力、经济责任和经济利益三者相结合为内容的，国家、企业、个人的责、权、利相关联的生产经营管理制度。完善经济责任制，能把全厂每一个职工的责任、权力和经济利益紧密地结合起来，能把每一项生产任务和工作任务，以及每一项奋斗目标，都逐级落实到部门、岗位和个人，从上到下形成一个完整、纵横连锁、协调配合的目标管理体系和考核体系，通过经济责任制的贯彻，增加职工的责任感，达到不断发展生产力和提高经济效益的目的。

责任会计工作，就是适应分权管理的需要，利用会计特有的方法和技巧，帮助管理当局控制整个企业内部的经济活动，以提高企业的经济效益的一种活动过程。不论是责任会计制度的建立，还是责任会计制度的实施，前者如划分责任中心、确定内部转移价格和记账方法、建立业绩报告制度等，后者如为各责任中心确定责任预算，对他们的经济活动予以系统的记录、计量、汇总、报告，进行差异分析和利用信息进行反馈与控制等，无一不同企业经济责任制的顺利实施存在着密切不可分割的关系。它们相互制约，互相配合，促进企业生产经营管理工作健康发展。经济责任制必须依靠责任会计。责任会计工作也要适应经济责任制的需要，为责任制服务，发挥其职能作用，保证经济责任制的贯彻与实施。

2. 实现经营活动的全面协调

现代企业都是按照社会化大生产的要求组织生产经营，虽然生产经营的内容和管理系统的形式有所不同，但在企业内部都必然存在着若干既相独立又相联系的层次。因此，需要按层次实行逐级领导和管理，按部门开展全面分工与协作。企业内部必须遵循统一领导、分级管理的原则来处理集权与分权、上级与下级、全局与局部之间的关系。为适应生产经营正常进行的客观要求，每个企业通常要建立计划、生产、供销、财务等业务职能部门，各部门都本着合理分工、密切协作的精神开展业务活动，从事生产经营。要实现企业的总目标，则必须把企业组织成为一个有机整体，使各部门、各层次的活动保持协调一致。建立责任会计以后，就可借助于一定的会计资料，对各层次、各部门所从事的业务活动及其实际成果进行计量和考核，使之制度化、数量化。这样，各有关部门就能从企业的全局需要出发，通过分析和比较有关会计数值，来调节、控制自身的生产经营活动，为实现企业总目标而共同努力。

3. 有利于管理人员进行控制

计划与控制是管理的主要职能，计划制订以后，经理人员要控制执行计划的进程，使实际行动能符合计划目标，争取完满地完成计划。责任会计以责任中心为对象，将它的计划与实际执行的结果进行对比，找出差异，提出业绩报告。负责控制的经理人员可以根据"例外管理"的原则，分析业绩报告中所反映的差异，找出原因，采取措施，促使实际与目标一致，从而更好地对企业的生产经营活动进行控制。

4. 有利于调动全体人员的积极性

责任会计是一种为经济责任制服务的会计制度，它能使经济责任制严格地建立在有关数据的基础上，正确反映各责任单位的劳动效果及其差异。在对各责任单位进行评价和考核时，能够做到责任清楚，奖罚分明，克服分配上的平均主义，促进企业贯彻执行按劳分配原则，从而可以激发各部门、各层次的主管人员和全体职工的积极性。

5. 促进企业完善各项会计基础工作

实施责任会计，要求有与之相适应的一系列配套的会计基础工作，如原始记录和计量工作定额工作、厂内计划价格的制定工作、各项规章制度等，否则责任会计就无法推向前进。责任会计的实施促进着有关会计基础工作的建立和健全。

（四）责任会计的基本原则

责任会计作为企业内部控制会计，不可能有统一的诸如《企业会计准则》那样的规范。企业可以也应该结合自身的特点自行设计责任会计制度。当然，这并不等于说实施责任会计是无章可循的。为了更好地发挥责任会计的作用，一般应遵循以下一些基本原则。

1. 责、权、利相结合原则

责、权、利相结合原则，就是要明确各个责任中心应承担的责任，同时赋予它们相应的管理权力，还要根据其责任的履行情况给予适当的奖惩。责、权、利三者的关系是：各责任中心承担的责任是实现企业总体目标、提高企业经济效益的重要保证，是衡量各责任中心工作成果的标准；赋予各责任中心相应的管理权力，是其能够顺利履行责任的前提条件；而根据各责任中心的责任履行情况给予适当的奖惩，又是调动其积极性、提高企业经济效益的动力。根据这一原则，各责任中心只对其可以控制的生产经营活动负责，而不对其不可控的生产经营活动负责。

2. 目标一致性原则

目标一致性原则，就是要求各责任中心目标的实现要有助于企业总体目标的实现，使两者的目标保持一致。建立责任会计的目的是有效地促进各责任中心的工作，为实现企业总体目标而努力。而由于责任中心是一个企业的各个局部，有不同的职责，甚至存在利益上的冲突，所以在制定预算和考核标准时应防止局部利益损害企业总体利益的情况。

3. 公平性原则

公平性原则，就是各责任中心之间相互经济关系的处理应该公平合理，应有利于调动各责任中心的积极性。根据这一原则，在编制责任中心责任预算时，应注意预算水平的协调性，避免出现诸如由于内部结算价格制定不当而导致不能"等价交换"这样一些情况。贯彻公平性原则，可以使各责任中心在公平、合理的条件下进行各自的生产经营活动，开展劳动竞赛，从而更好地实现企业总体目标。

4. 可控性原则

可控性原则是指各责任中心只能对其可控制和管理的经济活动负责。由于和责任中心的利益与其业绩挂钩，因而对其工作业绩的考核评价必须遵循可控性原则，也就是说，各责任中心只对其权力可以控制的经济活动负责，对于其权力不及的、控制不了的经济活动，不承担经济责任。在考核中，也应尽可能排除责任中心不能控制的因素。只有这样，才能责任分明，奖惩合理。

5. 反馈性原则

反馈性原则，就是要求各责任中心对其生产经营活动提供及时、准确的信息，提供信息的主要形式是编制责任报告。通过各责任中心的责任报告，应能使有关的负责人对发生的脱离责任预算的差异作出及时、恰当的调整，加强对各责任中心生产经营活动的控制，使企业的浪费、损失减少到最低程度。为了使有关的负责人能够对各责任中心的生产经营活动进行有效的控制，责任报告的编制应该及时，数据应该准确。贯彻反馈性原则，能够更好地发挥责任会计的控制职能，进一步提高企业经营管理水平。

6. 重要性原则

重要性原则，也称例外管理原则，就是要求各责任中心对其生产经营过程中发生的重点差异进行分析、控制。重点差异有两层含义：

一是指对实现企业总体预算、责任中心责任预算或对社会效益有实质性影响的差异。这类差异不论其数额大小，都应列为重点进行分析、控制，如国家下达的指令性计划或供销合同完成情况等。

二是指数额较大的差异。通过对这类差异的分析、控制，能够花费较少的精力解决较大的问题，达到事半功倍的效果。重点差异包括不利差异和有利差异。不论是不利差异还是有利差异，只要是重点差异，均应深入分析其产生的原因。

二、战略管理会计概述

（一）传统管理会计的局限

近年来，企业间的竞争日趋激烈。企业要在激烈的竞争中生存，不仅要保持住现有顾客，还要不断发展新的顾客群体。企业面临的市场已从过去的已知顾客群转向包括潜在顾客在内的多样化的顾客群体。为满足多样化顾客的不同需求，企业的生产组织必须从传统的、以追求规模经济为目标的大批量生产方式转变为能对顾客不同需求迅速作出反应的"顾客化生产"。所谓"顾客化生产"就是以顾客为中心，以顾客的满意程度作为产品质量的判别依据，在对顾客需要进行动态掌握的基础上，尽可能按照顾客的要求，在较短的时间内完成从产品设计、制造到投放市场的全过程。而要使企业能对顾客的特定需求经常保持快速反应的能力，其生产组织必须具有高度的灵活性，能灵活地变化生产线，在不追加或追加有限成本的条件下，生产出更多样化的产品，这就要求企业的内部组织从产品设计、制造，到销售各环节高度灵活，共同协作。只有这样，企业才能发挥整体优势，在激烈的全球市场竞争中立于不败之地。

同时，电子数控机床和机器人、电脑辅助设计、电脑辅助工程、电脑辅助制造的广泛应用，以及电脑一体化制造系统的形成和应用，从产品订货，到设计、制造、销售等阶段，把所使用的各种自动化系统综合成一个整体，由电脑中心统一进行调控。这种高度的电脑化、自动化，可以协助设计人员取得新产品的功能、形状、成本构成的最佳组合。在实际投产以前，利用计算机模拟生产，从而实现新产品技术先进性和经济可行性的统一，这不仅为企业进行灵活多样的"顾客化生产"提供了技术上的可能，而且提高了劳动生产率和产品的市场竞争力。

传统管理会计的某些方法、观点已不适应时代发展的需要，其具体表现在以下几个方面。

1. 成本计算方面

传统管理会计以成本性态作为研究的起点，按照成本与产量的关系把成本划分为固定成本和变动成本，并推崇变动成本法。认为产品成本只包括变动成本，即直接材料、直接人工和变动性制造费用，而固定成本（包括固定性制造费用）作为期间费用不计入产品成本。在使用传统的生产技术进行生产，以追求"规模经济"为目标的大批量生产方式下，由于直接材料和直接人工成本在产品成本中所占比重较大，且直接材料和直接人工的消耗一般与产量有较为密切的关系，这种成本计算方法可使利润的实现建立在产品销售实现的基础上，具有较大的现实性。

然而，现代企业生产是建立在高度自动化基础上的技术密集型生产：技术含量越高，制造费用所占比重越大，而制造费用的发生，在"顾客化生产"方式下是由多因素驱动，与产品产量关系不大；自动化程度越高，必然由多技能的工人操作，直接人工与间接人工的界限逐渐模糊，人工成本大部分转化为固定成本；而直接材料只是实际产品成本中很小的一部分。因此，在现代企业生产中，变动成本法已无法反映产品成本的基本概貌。此外，变动成本法关于成本性态的划分建立在相关范围（相关产量、相关期间）基础上，这种限定显然不能满足企业长期决策分析的需要。

2. 存货控制方面

传统管理会计主要采用"经济订货量"对存货进行控制。管理人员通过平衡订货成本、储存成本和缺货成本等来追求最优存货，竭力寻求一个理想的经济存货量的数学模型，结果导致存货控制理论越来越复杂。实际上，企业追求的目标应是企业的整体效益，而非存货的局部效益。不断追求经济批量，会使管理人员错误地认为：只要按经济批量采购、生产，企业就可以取得效益。这一模型本身只考虑了成本因素，没有考虑时间因素，忽略了企业可以通过控制存货购入、发出的时间减少存货。在完善的市场经济下，资源可以自由流动，此时存货对企业来说就形成一种资源的闲置和浪费，是对决策错误及无效率的默许。

在自动化、"顾客化生产"、市场需求日新月异的今天，"经济订货量"模型极易导致存货积压。因此，企业应了解导致存货占用的原因，并通过消除这些因素，以减少生产过程中的存货数量，在企业全局基础上，建立适时生产系统：在生产管理上，实行全面质量管理，保证原材料、零部件、产成品的质量；协调企业供、产、销各个环节，减少生产准备时间和在产品存货；及时与供应商沟通，让供应商直接按企业生产所需时间供应零部件，以降低存货水平，使储存成本大大下降等。总之，最终尽量实现"零存货"，每日订货的到达量与每日生产需要量基本相等，从企业整个生产流程和资金运动的全过程考虑降低整体成本。

3. 投资决策方面

投资决策是传统管理会计的一项重要内容。对投资项目的经济评价主要通过对项目在整个建设和生产经营期内的全部现金流入量、流出量，按"资本成本"统一换算为现值或年平均成本，然后进行比较研究。这种方法主要考虑的是财务效益，把重点放在直接材料和直接人工的节省上，这是与传统的劳动密集和低技术密集的生产条件相适应的。但是，面对全球性的国际大市场，企业为提高其竞争和发展的能力，对投资项目的评价与取舍，不能仅仅考虑财务效益，还要考虑多样化的非财务效益。如投资项目的结果对生产的灵活性、质量的适当性、对顾客需求反映的及时性和企业生产经营管理整体协调性的影响等。由此可见，投资项目的评价与取舍不能采用僵化的模式，而必须充分注意数量因素与质量因素并重，货币计量与非货币计量并重，数量计算与综合判断相结合。

4. 业绩评价

传统管理会计的业绩评价，主要使用财务指标，信息来源也主要取自会计信息系统。由于管理会计和财务会计有各自的侧重点——财务会计人员的主要任务是依据企业财务会计准则，定期编制对外公布的财务报告，向投资者、债权人及有关方面报告企业的财务状况和经营业绩；管理会计人员的主要任务是为企业内部管理层提供及时、有用的管理决策信息，因此，使用财务指标作为业绩评价的依据，不仅时效性较差，而且与决策的相关性也较低。

此外，随着企业的生产组织方式向"顾客化生产"转变，管理者的目光开始从企业内部转向企业外部，扩大市场份额、提高企业竞争优势已成为企业关注的重点。在这种情况下，以衡量企业内部经营管理的财务指标作为管理会计业绩评价的依据，显然已经不能满足管理者的要求。引入与战略决策相关性高的其他非财务指标作为业绩评价指标，已成为一种必然趋势。

（二）战略管理会计的产生和发展

战略管理会计是随着战略管理理论的发展和完善而产生的。起初，战略一般是指企业为实现其宗旨和长期目标，使用的一种比较宽泛和基本的计划方法。

企业的战略管理行为被称为战略计划，着眼于企业内部，强调企业现状，只是把预算中的数字往前多推几年，缺乏战略调整空间。1973年的石油危机，一夜之间把企业带到了动荡的环境中，人们意识到外部环境完全准确的预测几乎是不可能的，企业的计划必须以外部环境的变化为基础，必须更加留心市场变化的动态，更加密切注意竞争对手。在这时期，企业管理的战略特色已渗透到管理的各个环节，战略管理一词正式提出，战略管理是管理者确立企业长期目标，在综合分析所有内外部相关因素的制定达到目标的战略，并执行和控制整个战略的实施过程。20世纪80年代以后，行为科学、竞争对手分析、购并战略、信息技术和生产技术的发展，拓展了战略管理的范围，完善了战略管理的理论，丰富了战略管理的内容。

随着战略管理理论的发展和完善，著名管理学家西蒙于1981年首次提出了"战略管理会计"一词。他认为战略管理会计应该侧重于本企业与竞争对手的对比，收集竞争对手关于市场份额、定价、成本、产量等方面的信息。战略管理会计研究的主要内容应包括：市场份额的评估，战略预算的编制，竞争地位的变化研究，等等。

到了20世纪80年代末，西方会计界人士提出，既然战略管理会计源于企业战略管理，那么，不同的企业战略所要求的战略管理会计的侧重点也不同。比如，1978年，迈尔斯和斯诺按照企业对外部环境变化所持的不同战略，把企业分为四类：（1）防卫者。一般选择需求量不大且稳定的产品市场作为企业的目标市场，由于市场相对稳定，企业专注于降低成本和提高质量。持防卫者战略的企业中，战略管理会计并不十分注重对预算的编制和控制，而是侧重于研究影响战略的不确定因素，如产品或技术的变化对企业现行成本的影响。（2）开拓者。时刻寻找市场机会以求发展，对他们来说，灵活性比效率、利润率更重要。在持开拓者战略的企业中，战略管理会计极为重视预测数据、设立严格的预算目标以及控制产品产量，对成本的控制则比较疏松。（3）分析者。是前两者的结合，在主要生产传统产品的同时，不断开发新产品和新顾客。（4）被动者。不能有效地对外部环境的变化作出反应，往往在竞争中以失败告终。

战略管理会计是与企业战略管理密切联系的，它运用灵活多样的方法收集、加工、整理与战略管理相关的各种信息，并据此来协助企业管理层确立战略目标、进行战略规划、评价管理业绩。

（三）战略管理会计研究的主要问题

1. 成本管理

战略管理会计中成本管理关注的核心问题是面向市场而灵活地进行"顾客化生产"。以日本的战略成本管理为例，由于竞争十分激烈，顾客面对众多供应厂家也变得越来越挑剔，品牌的忠实程度明显下降，从而使企业面对着越来越复杂的顾客群体。日本的这套成本管理体系包括以下三部分。

（1）确定现在产品与未来产品的产品组合。确定这一组合时，要考虑以下几个方面的因素：

①企业应该明确成本管理在竞争中的关键程度。随着日本经济的滑坡和东南亚金融危机的爆发，许多企业把成功的关键因素从产品性能、质量转向了成本控制。

②产品技术的成熟性。它决定了新产品进入市场的速度及新产品与现在产品的差异程度。当产品的性能和质量已达到顾客要求，而成熟的生产技术已经很难降低现在产品的成本时，就是新产品面市的时机。

③产品生命周期。一般产品都要经历试制、成长、成熟和衰退四个时期。对于生命周期很短的产品，企业往往没有充分的时间降低成本，产品的市场机会就已经消失了。因此，企业应该及早确定现在产品与未来产品的产品组合，以防产品断代、成本失控。

（2）对未来产品进行成本管理。企业对未来产品的成本管理主要采用以下方法：

①目标成本法。目标成本 = 目标价格 − 目标利润。其中目标价格指市场上顾客可以接受的价格，目标利润指企业根据历史数据和竞争优势分析，通过计算机模拟出来的预期利润。这与传统管理会计中所提到的目标成本法类似，但是更强调目标成本是硬性指标，在未来产品设计开发阶段绝不能突破，从而保证投产以后的盈利。

②价值工程。未来产品在目标成本范围之内，为达到一定的质量可靠性，

对产品成本的影响因素进行系列检测，参与检测的包括设计部门、供应部门、生产部门等，以保证未来产品质量、性能和成本的配比。

为降低未来产品成本，不仅要求本企业成本管理的有效，还要求产品原材料的整个供应链成本管理的有效。为达到这一目的，企业之间的界限模糊了，两个或多个企业之间建立起紧密联系，部分资源（特别是信息资源）共享，从而为未来产品成本的降低创造更大的空间。

（3）对现在产品进行成本管理。企业对现在产品的成本管理主要采用三种方法：

①作业成本法。日本战略管理会计中的作业成本法与前面提到的作业成本法有一点不同，即制造费用归于每一作业后，再由每个作业直接分配到生产线中去，不再向生产线上的单个产品分配。这样做的主要原因是：企业根据顾客对产品性能的不同需求设计出一系列产品，形成一个完整的生产线，可以使顾客没有理由到竞争对手那里去购买产品，从而最大限度地吸引顾客。所以，企业并不因为一种产品的亏损而停止该产品的生产，而是以整个生产线所有产品的盈亏之和作为决策的依据。

②生产过程控制。在生产过程中建立责任中心，进行差异分析，以控制成本预算的完成情况，也就是常说的责任会计。

③完善成本计划。是使企业现在产品成本持续降低的计划。它不同于目标成本法，后者用于产品的设计开发阶段，其降低成本的手段是通过合理化设计实现的。而成本完善计划是在产品生产阶段，通过不断提高生产过程的效率，增加工人劳动的熟练程度实现的。

2. 投资决策

战略管理会计对投资方案的评价除了使用传统管理会计中的定量分析模型以外，还应用了大量的定性分析方法，如价值链分析、成本动因分析、竞争优势分析等。这主要是由于在复杂多变的经济环境中，投资方案的一些影响因素无法用货币精确计量，而这些因素却对投资方案的成败起着至关重要的作用。比如质量不好，应顾客要求派人去修理、补救的追加支出，可以用货币计量，但由此而导致对企业信誉的不良影响，是无法用货币计量的；对顾客需求的反应不够及时，因拖延交货而支付罚金，可以用货币计量，但由此而引起的顾客的不满却无法用货币计量等。这些无法用货币计量的非财务效益，在战略管理会计中可以用定性分析的方法加以考虑。

3. 业绩评价

战略管理会计中的业绩评价被称为整体业绩评价，它是指获取成本和其他信息，并在战略管理的每一步应用的过程中，强调业绩评价必须满足管理者的信息需求，以利于企业寻找战略优势。比如在战略形成过程中，管理者需要获取多方面的信息，整体业绩评价通过对相关顾客需求状况的评价来帮助管理者决策。战略管理会计认为，有效的评价并不在于使用财务指标还是非财务指标，而是在于它能够发现企业存在的问题。而从战略层来讲，非财务指标往往比财务指标更能说明问题。

传统管理会计在谈到计划和控制时，存在一个假设，认为企业可以预知自身的目的地及目标财务状况，因此，控制意味着比较"目的地"和"现在所处的位置"。而战略管理会计认为，企业并不能确定未来的目标，只能知道现在要走的大体方向，下一步如何走下去，要看企业最新取得的外部、内部信息和经验，因此，企业的计划和方向将随着信息、经验的增加而不断改变。

所以，整体业绩评价是一个不断增加和减少评价指标的持续进步的动态系统，它把企业战略、具体行动和业绩评价不断地重新组合：战略通过具体行动来实施，而业绩评价则指导战略的实施，并通过实施结果调整战略和计划。

除了以上几个问题以外，战略管理会计的研究范围还包括：战略管理会计与企业组织形式的关系；战略管理会计与企业战略的关系；管理会计人员在战略管理中的地位和任务等。

第二节 责任中心与内部结算

一、责任中心

责任中心是指具有一定的管理权限、承担一定的经济责任,并能反映其经济责任履行情况的企业内部单位。为了有效地进行企业内部控制,有必要将整个企业逐级划分为许多个责任领域,即责任中心。建立多少责任中心,完全取决于企业内部控制、考核的要求。通常,按照责任对象的特点和责任范围的大小,责任中心可以分为成本(费用)中心、利润中心和投资中心。

(一)成本(费用)中心

1. 成本中心的含义

所谓成本中心,是指只发生成本(费用)而不取得收入的责任中心。任何只发生成本的责任领域都可以确定为成本中心。在企业中,成本中心最广泛,任何对成本负责的"单位"都可以成为成本中心。企业内部各个分厂、车间、部门、工段、班组乃至个人都可成为成本中心,可以说,只要有费用支出的地方,就可以建立成本中心。

2. 成本中心的特点

(1)成本中心只衡量成本费用,不衡量收益。一般来说,成本中心没有经营权和销售权,其工作成果不会形成可以用货币计量的收入。如一个生产车间,其所生产的产品仅为下一生产过程的加工对象,不能单独出售,因而也就不会有货币收入。企业中大多数单个生产部门和职能部门属于成本(费用)中心,它们仅提供成本(费用)信息,而不提供收入信息。

(2)成本中心只对可控成本负责。可控成本是相对不可控成本而言的。凡是责任中心能控制的各种耗费,称为可控成本;反之,凡责任中心不能控制的各种耗费称为不可控成本。可控成本应具备如下三个条件:①责任中心能够通过一定的方式了解将要发生的成本;②责任中心能够对成本进行计量;③责任中心能够通过自己的行为对成本加以调节和控制。凡是不能同时符合上述三个条件的成本通常为不可控成本，一般不在成本中心的责任范围之内。

　　成本的可控与不可控是相对而言的，这与责任中心所处管理层次的高低、管理权限的大小以及控制范围的大小有直接关系。对企业来说，几乎所有成本都可以被视为可控成本，一般不存在不可控成本；而对于企业内部的各个部门、车间、工段、班组乃至职工个人来说，则既有其各自专属的可控成本，又有其各自的不可控成本。一项对于较高层次的责任中心来说属于可控的成本，对于其下属的较低层次的责任中心来说，可能就是不可控成本；反过来，较低层次责任中心的可控成本，则一定是其所属的较高层次责任中心的可控成本。举例来说，生产车间发生的折旧费用对于生产车间这个成本中心而言属于可控成本，但对于其下属的班组这一层次的成本中心来说则属于不可控成本。

　　（3）成本中心控制和考核的内容是责任成本。责任中心当期发生的各项可控成本之和就是它的责任成本。通过将责任中心实际发生的责任成本与其责任成本预算进行比较，对成本中心的业绩进行控制和考核。

　　责任成本与产品成本是既相联系又有区别的两个概念。

　　责任成本是以责任中心为对象归集生产费用，归集原则是谁负责，谁承担，计算各个责任中心应负责控制的成本，用以反映和考核责任预算的执行情况，控制各责任中心的生产耗费，是贯彻经济责任制的需要。而产品成本是以各种产品为对象归集生产费用，归集原则是谁受益，谁负担，计算各种产品所发生的成本，用以计算利润，并反映和监督产品成本计划的完成情况，是实行经济核算制的主要手段。但两者都是生产进程中所发生的耗费，所以全厂产品的总成本与全厂各责任中心的责任成本之和是相等的。

　　3. 成本中心的分类

　　成本中心是应用最为广泛的责任中心，通常有两种类型：标准成本中心和费用中心。

　　标准成本中心，必须是所生产的产品稳定而明确，并且已经知道单位产品所需要的投入量的责任中心。通常，标准成本中心的典型代表是制造业工厂、车间、工段、班组等。在生产制造活动中，每个产品都可以有明确的原材料、人工和间接制造费用的数量标准和价格标准。实际上，任何一种重复性的活动都可以建立标准成本中心；只要这种活动能够计量产出的实际数量，并且能够说明投入与产出之间可望达到的函数关系。因此，各种行业都可能建立标准成本中心。银行业根据经手支票的多少，医院根据接受检查或放射治疗的人数，快餐业根据售出的盒饭多少，都可建立标准成本中心。费用中心，适用于那些产出物不能用财务指标来衡量，或者投入和产出之间没有密切关系的单位。这些单位包括一般行政管理部门，如会计、人事、劳资、计划等研究开发部门，如设备改造、新产品研制等；以及某些销售部门，如广告、宣传、仓储等。一般行政管理部门的产出难以度量，研究开发和销售活动的投入量与产出量之间没有密切的联系。对于费用中心，唯一可以准确计量的是实际费用，无法通过投入和产出的比较来评价其效果和效率，从而限制无效费用的支出。

4. 成本中心的控制要求

成本中心所能控制的主要是在生产或经营管理过程中所发生的耗费，为了提高这种控制的有效性，必须明确如下要求：

（1）成本中心的责任成本必须是可控成本。

由上可知，"可控成本"是相对于"不可控成本"而言的。凡是责任中心能控制的各种耗费称为"可控成本"，凡责任中心不能控制的耗费则为"不可控成本"。一项费用，是否为可控成本，不是由费用本身确定的，而是对成本中心而言的。对一个部门来说是可控成本，对另一部门就可能是不可控成本。

（2）成本中心的责任划分必须明确。

成本中心在企业中一般是按生产组织的方式来划分的，它可贯穿于从上到下不同的生产组织层次。在生产组织中有些部门之间的职责划分较明确，但有些不够明确，也即层次越高，职责越明确，层次越低，责任越模糊。例如在一个企业中，车间与车间之间的职责划分一般都较明确，但班组或个人之间的职责划分就显得比较模糊，这是因为越到下层，授权越模糊，工作之间的联系或职责之间的联系也越密切，导致责任难以划分。所以为保证责任制的有效性，成本中心的划分应按适当的层次，并非越细越好，以保证各成本中心的责任划分有一明确的界限。

（3）为各成本中心编制成本预算。

责任成本预算是成本中心业绩控制的重要依据。责任成本预算的编制应按各成本中心应发生的业务量进行编制。当各成本中心发生的成本包括变动成本与固定成本时，应首先区分变动成本和固定成本，分别计算出变动成本总额与固定成本总额，再加总求出成本总额。应注意的是单位变动成本包括材料的消耗标准和单价，都必须符合考核期的实际情况。而固定成本的编制应按零基预算的方式予以编制，以保证责任成本预算的正确性和合理性。

（4）建立责任成本核算体系。

由于责任成本的核算与产品成本的核算是两个体系，因此进行责任成本核算时，必须建立适合责任成本核算的原始凭证体系，并根据各成本中心发生的实际成本消耗情况分设账簿进行记录、核算和汇总，以准确反映各成本中心的成本发生情况。

5. 成本中心的考核指标

一般说来，标准成本中心的考核指标，是既定产品质量和数量条件下的目标成本。标准成本中心不需要作出价格决策、产量决策或产品结构决策，这些决策由上级管理部门作出，或授权给销货单位作出。标准成本中心的设备和技术决策，通常由职能管理部门作出，而不是由成本中心的管理人员自己决定。因此，标准成本中心不对生产能力的利用程度负责，而只对既定产量的投入量承担责任。如果采用全额成本法，成本中心不对闲置生产能力的差异负责，他们对于固定成本的其他差异要承担责任。值得强调的是，如果标准成本中心的产品没有达到规定的质量，或没有按计划生产，就会对其他单位产生不利的影响。因此标准成本中心必须按规定的质量、时间标准和计划产量来进行生产。这个要求是"硬性"的，很少有伸缩余地。完不成上述要求，成本中心要受到批评甚至惩罚。过高的产量或提前产出造成积压，超产以后销售不出去同样会给企业带来损失，也应视为未按计划进行生产。

确定费用中心的考核指标是一件困难的工作。由于缺少度量其产出的标准，以及投入和产出之间的关系不密切，运用传统的财务技术来评估这些中心的业绩非常困难。费用中心的业绩涉及预算、工作质量和服务水平。工作质量和服务水平的量化非常困难,并且与费用支出关系密切。这正是费用中心与标准成本中心的主要差别。标准成本中心的产品质量和数量有良好的量化方法,如果能以低于预算水平的实际成本生产出相同的产品,则说明该中心业绩良好。而对于费用中心则不然,一个费用中心的支出没有超过预算,可能该中心的工作质量和服务水平低于计划的要求。

通常,使用费用预算来评价费用中心的成本控制业绩。由于很难依据一个费用中心的工作质量和服务水平来确定预算数额,一个解决办法是考察同行业类似职能的支出水平。例如,有的公司根据销售收入的一定百分比来制定研究开发费用预算。尽管很难解释为什么研究开发费用与销售额具有某种因果关系,但是百分比法还是使人们能够在同行业之间进行比较。另外一个解决办法是零基预算法,即详尽分析支出的必要性及其取得的效果,确定预算标准。还有许多企业依据历史经验来编制费用预算。这种方法虽然简单,但缺点也十分明显,管理人员为在将来获得较多的预算,倾向于把能花的钱全部花掉。越是勤俭度日的管理人员,将越容易面临严峻的预算压力。预算的有利差异只能说明比过去少花了钱。既不表明达到了应有的节约程度,也不说明成本控制取得了应有的效果。因此,依据历史实际费用数额来编制预算并不是个好办法。从根本上说,决定费用中心预算水平有赖于了解情况的专业人员的判断。上级主管人员应信任费用中心的经理,并与他们密切配合,通过协商确定适当的预算水平。在考核预算完成情况时,要利用有经验的专业人员对该费用中心的工作质量和服务水平作出有根据的判断,才能对费用中心的控制业绩作出客观评价。

以上分析可具体用指标来反映,包括目标成本节约额和目标成本节约率,计算公式如下:

$$目标成本节约额 = 目标(或预算)成本 - 实际成本$$
$$目标成本节约率 = 目标成本节约额 / 目标成本 \times 100\%$$

(二)利润中心

1. 利润中心的含义

所谓利润中心,是指既要发生成本,又能取得收入,还能根据收入与成本计算利润这样一种责任中心。

2. 利润中心的特点

利润中心能同时控制生产和销售，既要对成本负责又要对收入负责。

利润中心的成本和收入，对利润中心来说都必须是可控的。以可控收入减去可控成本就是利润中心的可控利润，也就是责任利润。因此利润中心考核的内容是责任利润。一般来说，企业内部的各个单位都有自己的可控成本（费用），所以成为利润中心的关键在于是否存在可控收入。责任会计中的可控收入通常包括以下三种（在制造业）：

（1）对外销售产品而取得的实际收入。如果责任中心有产品销售权，能够对外销售产品，就会取得实际收入。由于获取实际收入就可以计算真正实现的利润，因而这类责任中心可以称为自然利润中心。

（2）按照包含利润的内部结算价格转出本中心的完工产品而取得的内部销售收入。如果责任中心的产品不能直接对外销售，而只是提供给企业内部的其他单位，那么取得的收入就不是对外销售的实际收入，只是企业内部销售收入。这种内部销售收入与该利润中心完工产品成本的差额，是所谓的内部利润（或称生产利润）。由于这种内部利润并非现实的利润，因而创造内部利润的这类利润中心可以称作人为利润中心。

（3）按照成本型内部结算价格转出成本中心的完工产品而取得的收入。这类利润中心的产品也只是提供给企业内部的其他单位，因而也属于人为利润中心。但是，这类利润中心转出的产品是按照计划成本计价的，所谓收入实际上就是按照计划成本转出的完工产品的总成本。将按照计划成本转出的完工产品总成本与完工产品实际成本的差额，视为内部利润。不难看出，这种内部利润实际上就是产品成本差异，只是在此使用了内部利润的概念。从这个意义上讲，大多数成本中心都可以转作人为利润中心。对利润中心工作业绩进行考核的重要指标是其可控利润，即责任利润。如果利润中心获得的利润中有该利润中心不可控因素的影响，则必须进行调整。将利润中心的实际责任利润与责任利润预算进行比较，可以反映出利润中心责任利润预算的完成情况。将完成情况与对利润中心的奖惩结合起来，可以进一步调动利润中心增加利润的积极性。

3. 利润中心的分类

利润中心可以分为两类：以对外销售产品而取得实际收入为特征的自然利润中心；以产品在企业内部流转而取得内部销售收入为特征的人为利润中心。

（1）自然利润中心。企业的内部单位只要具有产品销售权，能够直接对外销售产品，能够根据市场需求决定销售什么产品，销售多少产品，在哪个地区销售以及以什么方式进行销售等等，通常即可定为自然利润中心。但只有兼有产品定价权、材料采购权和生产决策权的自然利润中心才是完全的自然利润中心，否则就是不完全的自然利润中心。一般来说，只有独立核算的企业才能具备作为完全的自然利润中心的条件，企业内部的自然利润中心应属于不完全的自然利润中心。

如企业的销售部门具有产品销售权，可以直接对外销售产品，通常定为自然利润中心。但是，由于销售部门所销售的产品是由生产部门提供的，其收入的取得要受生产部门所提供产品的品种、数量、质量及生产进度安排等因素的制约，因此它只能属于不完全的自然利润中心。销售部门必须有计划地组织销售工作，促使生产部门按期交货，以保证按销售合同发出产品。产品销售后，应在财务部门的配合下，按合同规定及时收回货款。对拒付或拖欠的款项，应及时查明原因并加以解决。应该说，确定销售部门的经济责任是一个非常复杂的问题，因为影响产品销售的外界因素很多，诸如经济形势的变化、消费倾向的改变、新产品的出现等等。这些都会对销售收入和销售利润产生影响，而它们又大多是销售部门本身难以估计和控制的。所以，在确定销售部门这一自然利润中心的经济责任时，必须对外界因素进行全面而细致的分析。

（2）人为利润中心。人为利润中心的特点是其产品只在企业内部流转因而只能取得企业内部收入。人为利润中心有两种，它们在收入的计算上采用了不同的计价基础：一种是包含利润在内的内部结算价格，另一种是成本型内部结算价格。这两类人为利润中心的差别是明显的：前者的利润是在生产过程中已创造，但尚未实现的利润；后者的利润其实只是产品成本差异。为使责任中心能够更明确地体现其特点，我们只把前者称为人为利润中心，而把后者仍称为成本中心。

工业企业内部的各个生产车间（包括基本生产车间和某些辅助生产车间）是否成为人为利润中心，应根据车间是否拥有独立进行经营管理的权力来确定，也就是说人为利润中心的负责人应拥有诸如决定本利润中心的产品品种、产品产量、作业方法、人员调配、资金使用、与其他责任中心签订"供销合同"以及向上级部门提出建议或正当要求等权力。这样才可以保证利润中心自身内部利润计划的完成，同时也是为企业利润计划的完成提供保证。如果车间完全是根据企业安排的生产计划进行生产，并无决策权，核算内部利润也就没有实际意义，这样的车间就应定为成本中心。

车间人为利润中心的责任利润是根据可控内部销售收入和可控内部销售成本计算的可控内部利润。这里所说的可控内部销售收入是按企业内部结算价格计算的。内部结算价格是企业制定的与企业内部其他单位进行"商品买卖"时的产品价格，是企业内部进行管理时采用的价格，与真正的产品结算价格有很大区别。产品的结算价格并不完全取决于企业，还与该种产品的市场供求状况有关，其高低对企业的销售收入有直接的影响。车间产品的内部结算价格的制定权则完全在企业内部，内部结算价格合理与否，将直接影响到对人为利润中心工作业绩的评价。制定得过高，将会夸大转出产品的人为利润中心的功绩，可能会掩盖其工作中的不足；反之，将会贬低转出产品的人为利润中心的工作业绩，从而影响其生产经营的积极性。同时，合理地制定内部结算价格，对于保持各人为利润中心的自身目标与企业总体目标的一致性，也有着重要的意义。

4. 利润中心的控制要求

（1）各利润中心经营决策权的授权。必须明确利润中心所涉及的经营业务包括供、产、销各个方面，由于利润中心所实现的利润是企业利润的组成部分，因此企业在确定各利润中心的业务范围、经营权力和职责时，必须以系统思想为指导，合理划分，并明确授权，使各利润中心了解其职责范围及所享有的权力，以充分行使其权力和履行其职责，并减少各利润中心之间不必要的矛盾。

（2）利润指标的确定要合理。利润中心的实施，最关键的是利润指标的确定要合理。由于各利润中心的具体情况不一，各利润中心的利润指标的确定不能简单划一，而要根据各利润中心的具体情况来确定。例如生产产品的利润中心与提供辅助生产或劳务的利润中心的利润指标确定就不能简单地根据各利润中心所占用的资金的多少及统一的资金利润率来确定，否则就会造成各利润中心之间经济利益不合理的矛盾。因此，利润指标的确定即根据具体情况采用不同的方法予以确定，并根据企业的总体要求的变化或有关利润中心所处环境的变化予以调整。

（3）制订企业内部产品和劳务的内部转让价格。在大部分企业中，各利润中心之间都有一些相互的产品或劳务的提供和利用，在这种情况下，为了正确核算和确定各利润中心的经营成本，对各利润中心之间相互提供的产品和劳务必须实行有偿转让，因此必须制定各种产品或劳务的内部转让价格。为了保证各利润中心利益的公平合理，内部转让价格的确定必须为转出和转入双方都乐意接受，且对企业整体利益也有利。

（4）建立利润中心核算体系。利润中心所实现的利润是衡量其经营成本和经济责任履行情况的主要依据，为了确保各利润中心利润核算的准确性，必须完善核算体系。利润中心的核算较为复杂，既涉及收入又涉及成本费用，所以核算的要求应与反映企业经营成果的企业利润的核算一样的严格。但由于利润中心所实现的利润与企业实现的利润之间具有内在的联系，因此，当采用电算化系统时，可将利润中心的责任核算与企业的财务成果核算结合起来，纳入统一的核算体系，以减轻责任核算的工作量。

5. 利润中心的考核指标

利润中心的考核指标，毫无疑问是利润，因此用"目标利润完成百分比"和"超额完成利润数"两指标来考核是确切的。但对各利润中心来说，利润指标应为多少才算合理，这是利润中心考核中的关键问题。利润指标太高，利润中心无力完成，就会挫伤其积极性；利润指标太低，不能保证企业利润目标的完成，就会影响整个企业的发展。同时，如果各利润中心之间所定的利润指标不平衡，就会造成不均匀现象而引起利润中心之间的矛盾。因此对利润中心指标的确定必须合理。

利润指标的确定，较常用的方法是按平均资金利润率来确定利润指标，用这种方法确定利润，首先应根据企业的目标利润和企业的资金总额确定整个企业的平均资金利润率，其计算公式如下：

$$平均资金利润率 = \frac{企业目标利润}{企业的资金总额} \times 100\%$$

但应注意的是，首先，企业的平均利润率并不就是各利润中心的资金利润率。因为从利润中心角度看，其所承担的成本和费用都只是在本部门发生的成本费用；但从企业角度看，除了各利润中心的成本、费用外，还有企业管理部门所发生的管理费用和财务费用等，而这些费用都需由各利润中心所实现的利润来补偿，所以在计算各利润中心的平均资金利润率时，应将企业管理部门所发生的各项管理费用与财务费用加到企业的目标利润中去，作为各利润中心所应实现的利润总额。其次，企业的资金总额并不就是各利润中心所占用的资金之和，后者往往小于前者。同时，对于利润中心来说，其中有短期的经营权，而无长期的投资权，所以长期资金的取得是企业总部的责任，而短期借款的取得及流动负债的偿还则属利润中心的责任。所以平均资金利润率中企业的资金总额应调整为各利润中心的净流动资产（即流动资产减流动负债后的余额）加上固定资产原值之和。在这一数据中，流动资产用其净资产是因为流动负债的偿付是各利润中心的职责，短期借款的多少属利润中心的经营权范围，也反映了各利润中心的经营方式，如果用全部的流动资产来计算，则短期借款越多，所需承担的利润任务就越重，而还款的责任却仍由利润中心承担。这样就显然有失公允。固定资产用其原值，是因为固定资产的原值反映了一定的生产规模的能力，如果用其净值，当固定资产使用了一定年限后，净值就较少，而规模却仍在，这样使用新、旧固定资产的利润中心之间就会在固定资产的占用额上发生不合理现象，因此用原值来计量固定资产的占用额比较合理。当然，这样仍然有些矛盾，即新旧固定资产的资金占用量相同，但生产效率毕竟有差异，对此，可通过对使用旧固定资产的利润中心给以一定折扣的办法来平衡。

根据上述说明，用以确定各利润中心利润指标的平均资金利润率可调整为如下计算公式：

$$平均资金利润率 = \frac{企业目标利润 + 管理费用 + 财务费用}{\sum(各利润中心净流动资产 + 固定资产原值)}$$

产品生产部门利润中心的利润可根据各利润中心的资金占用额求得。

上述方法只是一般的方法,如果各利润中心所处的行业、经营环境之间有较大差别时,还需根据具体情况对利润指标作出适当调整。

当各利润中心的利润指标确定后,就可根据各利润中心实际实现的利润情况来考核其经营业绩。利润中心的考核指标及其计算如下:

$$目标利润完成百分比 = \frac{实际实现的利润额}{目标利润额} \times 100\%$$

$$超额完成利润额 = 实际实现的利润数 - 目标利润$$

以上利润中心的考核只适用于正常的生产经营利润中心。对于从事辅助生产或劳务供应的利润中心,以及新开业的利润中心,也统一使用这种方法来考核,就会显得不尽合理,因为这些部门的获利能力往往较差,但从企业整体来看,却是不可缺少的,所以应采用"剩余利润"指标予以考核。所谓"剩余利润"是指利润中心所实现的利润超过所占用的资金所需承担的利息或所需承担的企业确定的最低资金利润率后的余额。用"剩余利润"指标来考核一些特殊的利润中心的经营业绩,一般适用于一些生产低利产品的部门,如能源供应部门维修服务部门等。其目的是鼓励这些部门从事企业所必需的低利服务。所以对他们的要求是不考核其资金利润率,而是以"剩余利润"作为考核指标。

(三)投资中心

1. 投资中心的含义和特点

投资中心是对投资负责的责任中心,其特点是既要对成本和利润负责,又要对投资效果负责。由于投资的目的是为获得利润,因而投资中心同时也是利润中心。它与利润中心的区别主要在于:利润中心没有投资决策权,因而它是在企业确定投资方向后进行的具体的经营;而投资中心则拥有投资决策权,即当企业总部将一定数额的资本交给投资中心后,应投资什么行业、生产什么产品等都是投资中心的职责,企业总部一般不予干预,但投资中心必须对其投资的收益负责。

投资中心在责任中心中处于最高层次,它具有最大的决策权,也承担最大的责任。投资中心是分权管理模式的最突出表现，在当今世界各国，大型集团公司下面的分公司、子公司往往都是投资中心。在组织形式上，成本中心基本上不是独立的法人，利润中心也可以不是独立法人，但投资中心一般都是独立的法人。

投资中心的主要目标是确保投资的安全回收和投资的收益率，以保证企业的规模和经营不断有所发展。

2. 投资中心的控制要求

投资中心的设置，是企业分权管理的重要表现，它既可减轻企业总部的投资和经营决策压力，又可提高资金的使用效益。但由于投资中心具有较大的自主权和责任，所以投资中心的实施应注意如下控制要求：

（1）投资中心的投资决策权必须得到切实落实。

投资中心的基本特征是对投资负责，因此各投资中心必须拥有投资决策权，这种投资决策权的拥有不能是名义上的，而必须是实质上的。因为投资中心如果没有真正的投资决策权，就失去了设置投资中心的意义，投资中心也无法对投资负责，这是一条最基本的控制要求。

（2）利润中心的所有控制要求都适合投资中心。

投资中心对投资负责的实质是对投资报酬率负责，也即对投资额所应获得的利润负责，这样有关利润中心的控制要求，例如利润指标的确定，内部转让价格的制定、核算体系的建立等都适用于投资中心，即投资中心也必须具备这些条件和要求。

（3）投资决策应讲究科学化。

投资中心的投资，由于数额一般都较大，因而在作出投资决策时，必须运用科学的决策程序和方法，包括进行市场调查和预测、方案的提出和选择、经济分析等，即在进行投资决策前必须进行可行性研究分析，以确保投资决策的正确性和有效性。

3. 投资中心的考核指标

对投资中心的考核包括投资项目本身的效果的评价和投资中心的经营业绩评价两方面。对于一些新投资项目或新投资中心，常常需要首先对投资项目本身的投资效果进行评价分析，以反映投资决策的正确程度。对投资效果的评价指标一般有按现值法计算的投资回收期、投资回收额、内含报酬率和净现值指数等指标。

对于投资中心的经营业绩评价主要有投资利润率和剩余利润两个指标。投资利润率是投资中心所获得的利润（责任利润）与投资额之间的比率，它的计算公式如下：

$$投资利润率 = \frac{利润}{投资额} \times 100\%$$

需要指出的是：在这一公式中，投资额这一概念可有三种含义，第一种是投资总额，即企业的投资规模；第二种是注册资本即企业实际需投入的资本；第三种是投资者权益，即投入资本加上经营过程中形成的留存收益。投资总额包括投资者投入的资本和借入的资本，它反映了企业的生产规模，因而往往由资产总额来反映。注册资本是投资者应投入的资本，当应投入的资本数投足后，"实收资本"账户的余额与注册资本相一致，所以可用"实收资本"来反映。投资者权益，反映了投资者在企业中拥有的权益，除投入资本外，当企业在经营过程中产生留存收益时，实际上是增加了投入资本的量，所以在实际考核中，常常用所有者权益（或股东权益）来代替注册资本作为考核依据。

当用所有者权益作为投资额考核投资利润率时，由于投资中举债经营的职责和收益都属投资中心，所以考核的利润是扣除贷款利息的税后净利润，以考核投资中心的实际投资收益情况。

当用投资总额作为投资额考核投资利润率时，主要是考核资产的利用效率，所以在利润计算中，不能扣除贷款的利息，也就是说，应是税后净利润加上利息费用。

当用注册资本作为投资额考核投资利润率时，考核的利润也是税后利润。但由于注册资本既不能反映企业的投资规模，也不能反映企业实际运用的资本额，所以其意义不大。

当按资产总额作为投资额考核投资利润率时，举债越多，资产总额越大，当增加资产的投资利润率低于正常的投资利润率时，总的投资利润率就有下降的趋势。但如果按所有者权益作为投资额考核投资利润率指标时，举债及资产的变化对所有者权益没有影响，当投资利润率大于借款利率时，总的投资利润率就有上升的趋势。可见用不同的方式进行考核，对投资中心的业绩评价就会得出不同的结论。因而在考核时将两者结合起来运用。用前一种方式考核投资中心所投资行业的获利能力，从而进一步判断该投资中心的发展前景；用后一种方式考核投资中心经营管理者的经营能力及效果。

除了以投资利润率指标考核投资中心外，对于一些为整个企业集团的利益，例如为占领某一地区的市场或为扩大公司在某一地区的影响而设立的投资中心，由于投资环境较差或竞争较激烈，投资利润率可能较低，如果还与其他投资中心一样用统一的投资利润率指标来考核，就不恰当。对于这样的投资中心，可用另一指标"剩余收益"来考核，即只要投资中心所取得的净收益大于其资本成本或企业规定的最低投资报酬即可。

剩余收益＝经营净收益－投资额 × 规定的最低投资报酬率

用"剩余收益"作为评价与考核投资中心的指标，可以鼓励投资中心乐于接受对公司有利的投资机会，使投资中心的目标和整个企业的目标趋于一致。并可以消除投资报酬率带来的错误信号，因为使用投资报酬率可能会掩盖某某投资中心的实际业绩，并使人们忽视对业绩绝对额的评价。

二、内部结算价格

在责任会计体系中，企业内部的每一个责任中心在生产经营活动中既相互联系，又相对独立地开展各自的活动。各责任中心之间经常相互提供产品或劳务，为了正确评价企业内部各责任中心的业绩，明确区分各自的经济责任，则要按照一定的价格，采用一定的结算方式，进行计价结算。这种计价结算并不真正动用企业货币资金，而是一种观念上的货币结算，是一种资金限额指标的结算。计价结算过程中使用的价格，称为内部结算价格。

（一）内部结算价格的作用

制定内部结算价格的作用主要表现在以下四个方面：

（1）有利于分清各责任中心的经济责任。划分企业内部各责任中心之间的经济责任，是实行责任会计制度的重要环节，而制定合理的内部结算价格又是划分经济责任的不可缺少的手段之一。内部结算价格作为一种计量手段，可以确定转移产品的价值量。这些价值量既标志着提供产品的责任中心经济责任的完成，同时也标志着接受产品的责任中心应负经济责任的开始。因此，正确制定内部结算价格，可以合理地确定各责任中心应承担的经济责任，从而尽量避免提供产品的责任中心将其本身应承担的经济责任不恰当地转嫁给接受产品的责任中心。

（2）为测定各责任中心的资金流量提供重要依据。各责任中心在生产经营过程中需要占用一定数量的资金，企业可以根据内部结算价格确定一定时期内各责任中心的资金流入量和资金转出量，并可在此基础上根据企业资金周转的需求，合理确定各责任中心的资金占用量。

（3）有助于客观地考核各责任中心生产经营成果。提供产品的责任中心可以根据提供产品的数量及内部结算价格计算本身的"收入"，并可根据各种生产耗费的数量及内部结算价格计算本身的"支出"。将提供产品责任中心的"收入"和"支出"进行比较，可以反映其生产经营成果的好坏，据以进行考核。而接受产品的责任单位按内部结算价格对转入产品进行计价结算，也可以剔除其他责任中心工作好坏对本中心经济效益的影响，有助于调动企业内部各部门的生产积极性。因此，内部结算价格是考核各责任中心生产经营成果的重要依据。

（4）有助于制定正确经营决策。通过制定和运用内部结算价格，可以把有关责任中心的经济责任、工作绩效加以数量化，使企业最高管理者和内部各业务部门的主管人员能根据企业未来一定期间的经营目标和有关的成本、收入、利润以及资金情况，在分析比较的基础上，制定正确的经营决策，选取履行经济责任、完成责任预算、实现预定目标的最佳方案。

（二）制定内部结算价格时应遵循的原则

（1）公平性原则。企业制定的内部结算价格，应当使提供产品的责任中心和接受产品的责任中心都认为公平合理。在建立和实施责任会计制度时，企业应避免出现由于内部结算价格制定不当而导致责任中心之间不是"等价交换"

这种状况。贯彻公平性原则，对于具有前后"传递性"关系的责任中心来说十分重要，可以使它们在公平、合理、对等的条件下努力工作。甚至可以说，内部结算价格制定得是否公平直接关系到责任会计制度是否能够真正建立起来。

（2）全局性原则。即目标一致性原则。在制定内部结算价格时，既要考虑有关责任中心的利益，更要考虑企业的总体利益，并应强调企业的全局利益高于各责任单位的局部利益。如果内部结算价格制定不当，就可能导致责任中心根据内部结算价格作出有利于本责任中心的决策，而这种决策却损害了企业的总体利益。或者与此相反，责任中心也可能由于内部结算价格不符合本责任中心的利益而拒绝执行有利于企业总体利益的经营决策。

（3）激励性原则。建立责任会计制度的目的，既不是分析考核、更不是核算记录，而是要激励企业的各个部门和员工，使其更加努力地工作，以实现企业的经营目标。制定内部结算价格作为实施责任会计制度的一个重要手段，当然要贯彻执行这一激励性原则。

（三）内部结算价格的类型

在同一企业中，内部结算价格的政策会因不同种类的产品和劳务而多样化，责任会计中的内部结算价格大体上有以下六种类型可供选择。

1. "成本"为基础的内部结算价格

以成本作为内部结算价格，是制定内部结算价格最简单的方法。由于成本管理中经常使用不同的成本概念，制造成本、变动成本、固定成本等，它们对结算价格的制定、业绩的评价将造成不同的影响。

（1）计划制造成本型内部结算价格。

这类内部结算价格，是以产品的计划制造成本为依据制定的，即以制造成本法下的计划单位成本作为内部结算单价，它适用于采用制造成本法计算产品成本的成本中心之间的往来结算。这类内部结算价格的优点是：便于将责任会计的责任成本核算与财务会计的产品成本核算有机地联系起来，没有虚增成本的现象；由于没有虚增成本，因而各责任中心占用的资金也没有虚增数额，便于资金预算的分解落实；将责任中心完工产品实际成本与按这类内部结算价格计价的"收入"进行比较，可以明确反映责任中心的成本节约或超支。这类内部结算价格的不足之处是没有与各责任中心真正创造的利润联系起来。因为责任中心在增加产量时,只能相对降低其单位产品成本中的固定费用,不能增加其利润,因而不能有效地调动责任中心增加产量的积极性。

(2) 计划变动成本型内部结算价格。

这类内部结算价格,是以产品的计划变动成本为依据制定的,即以单位产品的计划变动成本作为内部结算单价,它适用于采用变动成本法计算产品成本的成本中心之间的往来结算。当各责任中心相互提供产品时,只按产品的数量和单位产品计划变动成本计价结算,提供产品的责任中心的固定成本不转给接受产品的责任中心,而是直接转给上一层次的责任中心。这类内部结算价格的优点为:符合成本性态,能够明确揭示成本与产量之间的关系;能够正确反映责任中心的成本节约或超支,便于合理考核各责任中心的工作业绩;有利于企业及各责任中心进行生产经营决策,可以根据产品变动成本和售价,决定是否接受订货进行生产。但这类内部结算价格也有不足之处:由于产品成本中不包括固定成本,不能反映劳动生产率的变化对产品单位成本中固定成本的影响,从而割裂了固定成本与产量之间的内在联系,也不利于调动各责任中心增加产量的积极性。

(3) 计划变动成本加计划固定总成本型内部结算价格。

这类内部结算价格由两部分构成:一部分是产品的计划变动成本,另一部分是计划固定总成本,它适用于采用各种方法计算产品成本的成本中心相互之间的往来结算。采用这类内部结算价格进行结算时,相互提供的产品按照数量和单位产品计划变动成本计价结算;而计划固定总成本则按月进行结算。这类内部结算价格包含有前述计划变动成本型内部结算价格的全部优点,并能够弥补其一部分不足。由于固定成本与责任中心的生产能力相关,因而与产量有着内在的归属关系。将计划固定总成本由提供产品的责任中心转移给接受产品的责任中心,能够合理体现转移产品的劳动耗费,便于各责任中心正确计算产品成本。这类内部结算价格也有不足之处,即较难合理确定计划固定总成本。如果计划数过高,将会加重接受产品责任中心的成本负担;如果计划数过低,亦不能使提供产品责任中心的劳动耗费得到合理补偿。尤其是在一个责任中心同时为几个责任中心提供产品的情况下，还需确定计划分配比例，而这种分配比例则很难准确核定，从而影响各责任中心成本的合理负担。此外，这类内部结算价格也不利于调动各责任中心增加产量的积极性。

（4）计划制造成本加利润型内部结算价格。

这类内部结算价格，是以产品的计划制造成本为基础加上一定的利润制定的，即以单位产品的计划制造成本加上一定比例的计划单位利润作为内部结算单价，它适用于人为利润中心之间的往来结算。其优点是包含一定数量的利润额，责任中心在增加产量时，即使没有降低成本，也可以增加利润，有利于调动各责任中心增加产量的积极性，克服各种成本型内部结算价格的缺点。这类内部结算价格的不足之处是：计算的利润不是企业真正实现的利润，在企业计算产成品成本时，这种利润表现为扩大了的产品成本差异，要作为产品成本差异进行调整，就会增大产品成本差异率，使产品成本核算不够真实；由于产品成本差异的调整，相应地加大了成本核算工作量，还会虚增各责任中心的资金流入量，因而也会使各责任中心的资金占用额虚增，不便于进行资金计划的纵向分解。

2. 市场价格型内部结算价格

这类内部结算价格是以产品的市场销售价格为基础制定的，即以单位产品的市场销售价格作为内部结算单价，它适用于完全的自然利润中心之间的往来结算。在提供产品的责任中心的产品能够对外销售，而接受产品的责任中心所需的产品也可以外购的情况下，以市场价格作为内部结算价格，能够较好地体现公平性原则；各责任中心计算的利润就是企业实现的利润，有利于促使各责任中心参与市场竞争，加强生产经营管理，这无疑是市场价格型内部结算价格的优点。其不足之处则是在市场价格不能合理确定的情况下，可能导致各责任中心之间的分配不均。

在以市场价格为内部结算价格时，一般应遵守下列原则：

（1）卖方责任单位的产品，应首先满足内部其他责任中心的需要，但有权拒绝以低于市价的转移价格对内供应。

（2）买方责任单位可以同外界购入相比较，如果内部单位要价高于市价，则要舍内求外，而不必为此支付更多的代价。

（3）内部转让，应不影响责任中心履行其已签订的对外供货合同。

3. 双重内部结算价格

采用双重内部结算价格，就是对产品（半成品）的提供部门和耗用部门买卖双方分别按照不同的内部结算价格结算，其差额由会计部门进行调整。例如，成本中心与利润中心之间相互提供产品，成本中心可以采用某种成本型内部结算价格计价，利润中心则可以采用某种包括利润的内部结算价格计价；又如，采用完全成本法计算产品成本的责任中心与采用变动成本法计算产品成本的责任中心之间相互提供产品，前者可以采用计划制造成本型内部结算价格计价，后者则可以采用计划变动成本型内部结算价格计价。

由此可见，采用双重内部结算价格可以根据各责任中心的特点，在一项往来结算业务中，选用不同的内部结算价格，满足各自管理的要求。

三、内部结算方式

责任会计要求分别考核企业内部各责任部门的业绩。建立企业内部结算中心是实施责任会计，考核责任部门业绩的重要环节。各责任部门之间的业务往来都必须通过企业内部结算中心进行计价结算，以此明确各责任部门的业绩，为考核提供依据。

（一）内部结算方式的种类

企业内部结算中心根据不同的结算对象，通常采用以下几种结算方式：

1. 转账通知单方式

转账通知单结算方式是由收款单位提供物资或劳务后，根据有关原始凭证签发转账通知单，通知企业内部结算中心将其通知单转给付款单位的一种结算方式。提供产品或提供劳务的责任部门在业务发生时，转账通知单为三联式，第一联为收款部门的收款凭证；第二联为付款部门的付款凭证；第三联为企业内部结算中心的记账凭证。这种结算方式手续简便，结算及时。但由于转账通知单是单向传递，付款方若对结算业务的质量、数量、价格等发生异议时，交涉起来就比较麻烦。因此，这一方法适用于经常性的、质量与价格较为稳定的往来业务，如辅助生产车间向生产车间供气、供水、供电等业务。

2. 内部托收承付结算方式

往来业务发生时，收款部门向企业内部结算中心发出内部托收单，由企业内部结算中心转递给付款部门。付款部门在规定的期限内承付后，再将内部托收单经由内部结算中心转向收款部，以示认可。托收单为四联式，第一联由收款部门办完托收手续后留存；第二联为付款部门承付后的付款记账凭证；第三联为企业内部结算中心的记账凭证；第四联由付款部门承付转回后作为收款部门的收款记账凭证。

这一结算方式下，付款部门对往来业务发生异议时，能及时提出，有利于双方协商，妥善解决争议，以维护往来双方的权益。但这一结算方式下，结算凭证的传递往返花费的时间较长，手续较为复杂。因此，这一结算方式适用于金额较大的往来业务结算。

3. 内部银行支票方式

在设有内部结算中心的企业中，由财务部门对各责任单位核定资金及其费用定额后，由内部结算中心分别为各单位开立存款户，把核定的定额资金和费用存到各开户单位的存款户上，发给统一的内部银行支票。在发生一定数额以上的往来业务时，由付款部门向收款部门签发内部银行支票。收款部门将支票送存内部结算中心进行划拨转账。

内部银行支票有两种。一种为三联式支票，第一联为收款凭证，第二联为付款凭证，第三联为内部结算中心记账凭证。另一种为五联式支票，适用于经办人清款制，除前三联支票外，增设第四联为经办报销结算凭证，第五联为领款人存查。支票在规定的有效期内使用。不准签发空头支票，若有发生即处以罚款。

这一结算方式采用了银行的运行操作办法，使企业内部各责任部门有货币收支的真实感，有利于责任部门以价值尺度来衡量效益，控制资金，考核业绩。采用这一结算方式要有一个健全的内部银行运作机制及规范的操作程序。

4. 内部货币结算方式

内部货币是指在设有内部结算中心的结算体制中，企业根据内部结算的需要，在企业内部发行的限于企业内部流通的货币，如资金本票、流通券、资金券等。凡向企业内部独立核算的责任单位拨付资金和经费以及各责任单位之间的业务往来，都要用货币进行及时结算。

这一结算方式较之内部银行支票方式更为直观和形象，易为广大职工所接受，有利企业内部结算制度的广泛推广和深入持久地进行。由于内部货币携带、清点和保管多有不便，因此一般情况下，小额零星往来业务以内部货币结算，大宗业务以内部银行支票结算。

（二）厂内银行

厂内银行又称企业内部银行，是为深入和巩固企业内部结算体制，在企业内部结算中心的基础上建立和完善起来的。厂内银行是相对独立于企业会计部门的一个管理机构。它专门处理日常的往来业务结算和资金的调拨、运筹，以强化企业的资金管理和完善企业内部核算机制；定额考核制度及内部价格体系。

1. 厂内银行的基本特征

厂内银行是责任会计纵深发展的产物，它借鉴了社会银行机制，以企业内部货币作为流通手段，用统一的价值尺度衡量、考核企业经营中供应、生产、销售及管理各责任中心的工作业绩，以体现责任中心权、责、利相结合的管理方针。厂内银行是企业内部经济核算的重要工具。一个健全的厂内银行一般具有以下几个方面的基本特征。

（1）职能特征。

①结算职能。企业建立二级核算制。每一独立核算的责任部门均在厂内银行设立账户。企业生产经营活动中一切实物的转让，劳务协作均视作商品交易，由责任部门间的转让关系转为买卖关系。按企业规定的统一内部结算价格，运用内部流通手段，通过厂内银行结转，实现转让产品的价值。厂内银行的这一职能使得企业内部责任部门间的物资流向与资金流向同步，有利于及时合理地反映各责任部门的业绩。

②信贷职能。厂内银行运用信贷手段，对企业资金采取归口管理、分级核算、

有偿占用的办法。厂内银行根据各责任部门生产经营的需要，采用一定的方法，定期核算各责任部门的流动资金定额，并按核定的资金定额指标，将企业资金下拨给各归口管理部门。责任部门流动资金定额大于实际占用资金的余额则作为存款额，存入厂内银行的开户账户。责任部门定额资金少于实际需占用资金的不足部分，则可向厂内银行提出超定额借款申请。经厂内银行审核批准后，由厂内银行拨付超定额贷款。为实行有偿使用资金，节约使用资金，厂内银行分别对定额内贷款、超额贷款、逾期贷款、积压物资贷款规定了不同的利率。贷款利息列入责任部门的成本，由此减少其经营效益，促使其合理有效地使用资金。

③融资职能。厂内银行统一调度企业的经营资金，并由其负责开通融资渠道，运用各种融资手段，如申请银行贷款、上级拨款、发行内部债券、承办厂内职工储蓄业务等等，充分吸收闲置分散资金，根据经营状况统一运筹，合理调度，使企业的资金在经营中发挥更大的作用，降低资金的使用成本，取得资金更高的周转效益。

④控制职能。厂内银行在发挥结算中心职能的同时，对结算业务中的资金流向的合理合法性进行监督，及时发现不合理的资金流向，纠正资金使用中的盲目性和局限性，杜绝违法使用资金行为，监督控制责任部门各项费用的支出，使资金在经营中发挥更大的使用价值。厂内银行对全厂的各种物资定期进行资金核定，按照核定的资金定额严格考核。厂内银行负责统一印制内部结算用的各类凭证，如内部银行支票、内部货币等，并根据指数控制发放给各核算单位，作为各独立核算单位往来业务结算的支付手段。

⑤信息职能。厂内银行定期或不定期地将企业资金流通状况以报表的形式反馈给各责任部门及企业主管，以便对资金进行计划统筹，定额控制。厂内银行定期编制的报表主要有内部资产负债表、内部利润表及内部成本报表。

（2）组织特征。

厂内银行运行机制，需要企业划小核算单位，增加核算层次。通常，企业的每一个责任部门都需配备专职的核算人员，建立相对独立的核算制度，并在厂内银行开设账户，遵照一定的核算程序进行往来业务的结算和资金运用的核算及控制。

厂内银行由企业总会计师直接领导，根据企业规模，下设几个职能科室，如结算科、信贷科、储蓄科、管理科等。厂内银行的核算组织可以根据内部核算的规模与要求，设置"单轨制"或"双轨制"核算体制。

"双轨制"核算体制就是将内部核算与财务核算区分开来分别进行，各自根据核算的不同要求、不同方法进行会计资料的归集和数据计算。财务核算可以保持原有的账户设置、原有的记账程序以及生产费用的归集与分配、成本利润的结转等等，它的运作丝毫不受内部核算的影响，仍能及时编制各种会计报表，提供产品生产的实际成本、产品销售的实际获利及其他企业管理上所需的各类数据资料。而内部核算可完全根据企业管理的要求进行，向各责任部门提供各种有助于考核控制的数据资料，所设置的会计科目、核算方法完全不受国家账务制度的制约，具有较大的自主权和灵活性。

但是，正是由于"双轨制"核算存在着以上的种种特点，它所提供的两套核算资料数据间缺乏有机的联系。例如产品成本核算，财务会计是以产品为成本计算对象并核算产品的实际全部成本，而内部核算则以责任部门为主，核算产品的可控成本。这种各自为政的核算方法使两套产品成本资料无法直接沟通，而且各责任部门提供的核算数据之间缺少严格的钩稽关系，亦无法验证各个核算结果的正确性。

在"双轨制"下，必须设置两套账、两套凭证、两套账户和两套核算程序，但管理人员却不能将两套核算结果融合在一起分析考核，这造成了"双轨制"下核算工作量大、投入人员多、数据重复率高等诸多缺点。因此，随着内部核算体制的逐步完善，企业必然向"单轨制"的内部核算体制转变。"单轨制"核算体制就是将财务会计核算和内部核算融合在一起进行的核算体制。在"单轨制"下，企业只设置一套账。通过增设的内部核算科目，在按统一的财务会计制度反映财务状况的同时也根据管理要求反映内部资金运动的状况和结果。

（3）结算特征。

厂内银行的种种结算方式既来自社会银行，又区别于社会银行。

①结算手法相同，适用范围不同。正如前文所述，厂内银行可采用多种结

算方式开展企业内部责任部门间往来业务的结算。这些结算方式的操作程序与社会银行基本相同。如托收承付结算方式、支票结算方式以及内部货币结算方式等。但这些方式的适用范围却是严格地限定在企业内部。如发行的转账支票、内部货币等凭证，只能在企业内部有效使用，而不具备社会法律效力。

②自制并发行结算凭证。厂内银行通用的内部支票、本票、内部货币等均由企业根据内部资金流通需要核定并发行，与社会上发行流通的货币间并不存在兑换关系和兑换比率，也不受社会发行货币数量的影响。

③厂内银行的核算体制中，价格体系与实际价格体系并存。企业内部各责任部门间的往来业务结算通常以既定的计划转让价格进行。往来双方实际发生的成本费用与转让价格的差额，即为转让实现的内部利润。

2. 厂内银行的结算规则

厂内银行必须在一个具有统一核算内容、统一核算方法、统一考核标准的经济核算体系下运行。不论是"单轨制"还是"双轨制"的核算体制，都必须设置统一的内部核算专用会计科目。如，"内部银行存款""解交内部利润""厂拨流动资金""内部银行借款""内部销售收入""内部利润"等。这类内部核算专用会计科目都具有双重性。对企业而言为资产类账户的，在各核算单位中都为负债或权益类账户；反之，在各核算单位为资产类账户的，在企业则为负债或权益类账户。一般内部专用账户核算的结果，反映在企业汇总账上最终结果都为0。

厂内银行必须设置一套完整的内部结算账户体系。在厂内银行账上，企业拨入的资金列为权益，企业拨付给内部各独立核算单位的资金列为资产，各核算单位在厂内银行的存款列为负债。厂内银行本身也是个核算单位，它通过银行结算户和内部银行货币结算，把企业内外所有的资金有机地结合在同一个体系里核算，使得企业内部两级会计核算机制能规范地、有效地运行。

通常，各核算单位之间进行往来业务结算时，厂内银行的资产与负债及权益账户之间不发生增减变动，只是将各核算单位在厂内银行存款的明细账上数额相互拨转。各核算单位与企业的会计部门进行往来结算时，厂内银行的负债及权益账户之间将发生增减变动。如各核算单位向企业会计部门支付款项，则将负债类账户各核算单位在内部银行的存款转为企业拨给的流动资金，为厂内银行的权益类账户；各核算单位向会计部门收取款项，则为企业会计部门拨入的流动资金转为各核算单位在厂内银行的存款。厂内银行调整各核算单位流动资金定额以及超定额贷款的发放与收回时，厂内银行资产账户之间与负债及权益类账户之间均发生增减变动。向各核算单位增拨流动资金或发放超定额贷款时，其资产账户中由可拨借资金转为实际拨借的资金，其负债及权益账户中，由权益转为负债即企业会计部门拨入厂内银行的资金转为各核算单位的存款。反之则做相反账务处理。

第三节 竞争优势与价值链分析

一、竞争优势分析

明智的投资决策是企业战略得以顺利实施的有力保证。传统管理会计对投资项目的经济评价主要通过净现值法对项目在整个建设和生产经营期内的全部现金流入量、流出量，按"资本成本"统一换算为现值，然后进行比较研究。在战略管理会计中，除了用净现值法进行定量分析之外，还要在净现值为正的前提下进行竞争优势分析、价值链分析和成本动因分析等定性分析。

（一）决定企业竞争强度的因素

竞争优势分析是战略管理中的一个极为重要的内容。企业的生存和发展与周围的环境息息相关，企业管理者只有时刻保持危机感，关注竞争、关注市场动态，并以此调整企业战略，才能适应瞬息万变的环境，在竞争中取胜，从而谋求更广阔的生存空间和长远的发展。企业的竞争优势一般通过企业在所处行业中的竞争强度的高低来反映。而行业竞争强度的高低由五种基本的竞争力决定。

1. 新进入者的威胁

一个行业的新进入者将新的生产能力和资源带进来，其希望得到一定的市场份额，这对已处于该行业的企业是极大的威胁。如果新的进入者知道现有行业的各个企业对它的进入会产生强烈的反应，则要三思而后行。对新进入者来说，企业经济规模、产品的差异性和知名度、进入该行业的成本要求、其企业规模为基础的成本优势、取得销售渠道的方便程度等都会影响新进入者的威胁度。

2. 顾客讨价还价的能力

顾客可以通过讨价还价或要求企业提高产品质量和售后服务，降低企业的利润率。在下列情况下顾客有较大的优势：顾客的购买量占企业销售量的比重大，是企业的主要顾客；顾客可能通过前向联合来生产该产品，即顾客沿自身价值链向前扩大范围，变原来的外购材料为自产材料；顾客有很多可供选择的供应者；顾客改变供应渠道的成本很低等。

3. 供应商讨价还价的能力

供应商可以通过提价或降低产品质量来减少企业利润。在下列情况下供应商有较大的优势：供应的产品被少数企业垄断且供小于求；所供应的产品不可替代；供应商有可能通过后向联合与本行业的竞争，即供应商沿自身价值链向后扩大生产范围，从企业的供应商变为生产同类产品的竞争对手；企业购买量占供应商产量的一小部分，是个小买主。

4. 替代产品的威胁

替代产品可以以限制某种产品价格的方式来影响该行业的盈利能力。例如，即使铝门窗的供给严重不足，铝门窗的生产厂家也不能漫天要价，否则的话，消费者就会采用钢门窗、木质门窗代替。

5. 现存企业的竞争

在任何行业中，各个企业都是互相影响的。一个企业的竞争行为会立即对其竞争对手产生明显的影响，并导致它们采取反击措施。在下列情况下这种竞争将会更激烈：竞争者较多且大小差不多；行业增长较慢且运行成本较高；产品之间差别不大等。

（二）竞争战略

企业要想在激烈竞争中取胜，应该深入分析影响竞争力的基本因素，制定出适合本企业的竞争战略，一般有三种竞争战略可以参照，即低成本战略、高差异战略和集中型战略。

1. 低成本战略

采用这种战略要求企业积极建立起达到有效规模的生产设施，在经验基础上全力以赴降低成本，抓紧成本与费用的控制，以及最大限度地减少研究开发、服务、推销、广告等方面的成本费用。为了达到上述目标，有必要在管理方面对成本控制给予高度重视。尽管质量、服务以及其他方面也不容忽视，但贯穿于整个战略的主体是使成本低于竞争对手。虽然存在着激烈的竞争，但处于低成本地位的公司可以获得高于行业平均水平的收益。其成本优势有利于公司在强大的买方威胁中保护自己，因为买方最多只能将价格压到效率居于其次的竞争对手的水平；低成本也构成对强大供方的防卫，在涨价中具有较高灵活性。最后，低成本通常使本企业与生产替代品的企业竞争时所处的地位比同业中其他竞争者有利。赢得最低成本的地位通常要求具备较高的相对市场份额或其他优势，诸如良好的原材料供应等。或许也可能要求产品的设计便于制造生产，保持一个较宽的相关产品系列以分散成本。因此，实行低成本战略就可能要有很高的购买先进设备的前期投资、激进的定价并承受初始亏损以获取市场份额。一旦赢得了低成本地位，所获得的较高的利润又可对先进设备进行再投资以维护成本上的领先地位。这种再投资往往是保持低成本的先决条件。

2. 高差异战略

这种战略的采用要求企业在全行业范围内，在产品设计、产品品牌、生产技术、顾客服务、销售渠道等一个或几个方面创造独特性，即通过标新立异吸引顾客，形成相对优势。如果产品的高差异战略可以实现，它就成为在行业中赢得超常收益的可行战略，因为它能建立起对付五种竞争作用力的防御地位，虽然其形式与低成本有所不同。高差异战略利用顾客对品牌的忠诚，以及由此产生对价格的敏感性下降使企业得以避开竞争。产品差异带来的较高收益，可以用来对付供方压力，也可以缓解买方压力。当顾客缺乏选择余地时其价格的敏感性也就不高了。最后，采取高差异战略而赢得顾客忠诚的公司，在面对替代品威胁时，所处地位比其他竞争对手更为有利。

但是，高差异战略有时会与争取占领更大的市场份额相矛盾。它往往要求公司对于这一战略的排他性有思想准备，即这一战略与提高市场份额两者不可兼顾。较为普遍的情况是，如果总是以高成本投入建立高差异，如广泛的研究、产品设计、高质量的材料或周密的顾客服务等，那么实现产品高差异将意味着以牺牲成本地位为代价。然而，即便全产业范围内的顾客都了解企业的独特优点，也并不是所有顾客都愿意或有能力支付企业所要求的较高价格。

3. 集中型战略

集中型战略是主攻某个特定的顾客群、某产品系列的一个细分区段或某一个地区市场。正如高差异战略那样，集中型战略可以具有许多形式。前两种战略（低成本与高差异）都是要在全行业范围内实现其目标，集中型战略却是围绕着很好地为某一特定目标服务这一中心建立的，它所制定的每一项职能性方针都要考虑这一特定目标。这一战略的前提是：公司能够以更高的效率、更好的效果为某一狭窄的战略对象服务，从而超过为更广阔范围对象服务的竞争对手。结果是企业或者通过较好地满足特定对象的需要实现了标新立异，或者在为这一对象服务中实现了低成本，或者两者兼得。尽管从整个市场角度看，集中型战略未能取得低成本或高差异优势，但它却在其狭窄的市场目标中获得了一种或两种优势地位。

采用集中型战略的公司也具有赢得超过行业平均收益水平的潜力。它的目标集中意味着公司对于其战略实施对象或者处于低成本地位，或者处于高差异优势，或者两者兼有。正如已在低成本战略与高差异战略中讨论过的那样，这些优势可以保护企业不受各个竞争作用力的威胁。

二、价值链分析

将企业作为整体进行分析便无法认识企业竞争优势的来源。竞争优势来源于设计、生产、营销、售后服务等各项价值活动。每项价值活动都会对企业成本产生重要影响。企业只有对各项价值活动分别进行分析，才能发现竞争优势的来源。

（一）价值链的基本概念

价值链概念可以从企业内部价值链与产业价值链两方面来论述。

1. 企业内部价值链

企业创造的价值产生于一系列的活动之中，这些活动称为价值活动。价值链是指企业为客户创造有价值的产品或劳务的一连串相互联系的"价值活动"。这些活动可以划分为主体活动和辅助活动两大类。

（1）主体活动。主体活动是生产经营的实质性活动，大致可分为以下 5 项价值活动：

①原料供应：指与原料验收、储存、整理及存货控制等相关的活动，例如原材料的装卸、入库、盘存、运输及退货等活动。

②生产作业：有关将投入转化成最终产品的活动，如机器制造、包装、设备维修测试等。

③成品储运：与产品的库存分送给客户有关的活动，如产成品的储存、订单处理、产品运输等。

④市场营销：如何使消费者获知产品或劳务的特性并赋予其价值，进而购买该产品或劳务的活动，如广告、促销、销售、定价等。

⑤售后服务：有关提供服务以提高或维持产品价值的活动，如产品安装、调试、维修、培训及零配件供应等。

（2）辅助活动。辅助活动是指用以支持主体活动或企业内部相互支持的活动，大体可分为以下 4 项价值活动：

①采购管理：这里的采购是广义的，既包括生产原料的采购，也包括其他资源投入的管理。例如企业聘请咨询公司进行广告策划、市场预测、管理信息系统设计、法律咨询等都属于采购管理。

企业的采购部门是为企业整体服务的，它的采购政策也适用于整个企业，但某项具体的采购活动一般是与某项具体活动或辅助活动有关。分析企业的采购活动不能过于笼统，要具体问题具体分析。此外，采购活动的费用在总成本中可能只占很少的比重，但它对企业采取低成本战略起着重要作用。因此，改进采购管理活动可以在很大程度上改进被购买投入品的质量和费用以及使用该投入品的质量和费用。

②技术开发：是指可以改进企业产品和工序的一系列技术活动。此处技术的含义较为广泛，不仅包括生产技术也包括非生产技术。因此，企业中每项生产经营活动都包含着技术，只不过其技术的性质、开发的程度和使用的范围不同而已。有的属于生产方面的工程技术，有的属于通讯方面的技术，还有的属于领导的决策技术。这些技术开发活动不仅仅是与企业最终产品直接相关，而且支持着企业全部的活动，成为判断企业竞争实力的一个重要因素。

③人力资源管理：包括企业各级人员的招聘、录用、培训、开发及报酬等活动。人力资源管理活动支持着企业中每项主要活动和辅助活动，该类活动决定职工的技能水平，并在调动职工生产经营的积极性方面起着重要作用，同时也会直接影响到职工聘用及培训的成本水平。所以，人力资源管理活动会直接影响企业的竞争实力。

④企业基本职能。企业的基本职能活动是指企业的全面管理、计划工作、财务会计工作、法律事务等一系列活动。这些活动一般用来支持整个价值链的运行，不分别与每项主体活动发生直接的关系。

企业的价值链图不仅反映出企业的各项有关价值活动，而且还揭示了这样一条基本原理：企业最终所获得的利润不但与各项价值活动的成本有关，还与企业向客户提供产品或服务的价值高低密切相关。需要指出的是，对各项价值活动的主要活动与辅助活动之下的特定活动的区分，会依产业特点与公司战略的不同而有所不同。

2. 产业价值链

价值链不是相互独立的价值活动的集合体。企业价值链中的各项价值活动需要进行有效的协调。各价值活动间的相互联系也是获取竞争优势的重要来源。价值链中包括多方面的相互联系，例如：原材料供应过程中与供应商之间的关系；经营过程中内部各单位或部门之间的关系；产品销售过程中与顾客的关系等等。由于影响企业产品成本的因素不仅局限于企业内部，更重要的是企业与供应商、顾客，以及供应商的供应商、顾客的顾客之间的关系都会直接影响到企业的成本。也就是说，对孤立的一个企业来说，它的价值链是指从原材料到产成品的价值形成过程中一系列作业的集合体。

但是，从最终用户的角度来说，他们把从基础原材料到最终产品看作一个完整的价值链体系，而每一个参与生产的企业只是整个价值链体系中的一个环节。没有一个企业能够跨越整个价值链体系。企业价值链蕴涵在一个更为广泛的系统中，该系统既包括供应商的价值链，同时也包括客户的价值链。企业不仅应理解自身的价值链，而且还要理解自身价值活动对供应商及客户的价值链的适应程度，只有这样才能增强自身的获利能力。

（二）价值链分析法

价值链分析是战略成本分析的最有力方法。通过价值链分析可以找出获取竞争优势的具体方法，进而在激烈的产业竞争中处于有利地位。运用价值链方法进行战略成本分析的基本步骤如下。

1. 识别企业自身价值链并将其扩展为产业价值链

（1）识别企业自身价值链。识别企业自身价值链的主要内容是划分企业的主要价值活动。通常企业在全部经营过程中会涉及大大小小数量很多的经营活动，这些活动涉及企业经营管理的方方面面。例如，对于"市场营销"这类价值活动，可以进一步分解为营销管理、广告、推销员管理、销售业务、销售技术资料管理及促销等价值活动。我们既不可能，也没有必要将所有这些活动都直接作为价值链分析过程中的单独价值活动来展开分析。这就是说，在识别企业价值链的过程中，不能将企业的各项价值活动划分得过细。当然，也不能过于笼统地划分主要价值活动，否则就难以从中发现竞争优势的来源。

在对企业各项价值活动进行划分时，通常应遵循以下的原则：如果有关价值活动具有以下特征之一，则应将有关活动划为一项单独的价值活动：①在成本中所占比例较大；②该活动的成本动因与其他活动有显著差异；③对于创造产品高差异性具有较大潜力；④竞争对手在该项价值活动上具有不同表现。此外，还要结合企业的具体情况，如企业所选择的战略、行业的特点、对行业及主要竞争对手有关信息了解的详尽程度等，对企业价值活动作出合理的划分。

（2）将企业自身价值链扩展为产业价值链。在对企业自身价值链作出识别后，接下来应根据企业经营的具体情况，再将企业自身价值链进行适当的延伸，将其扩展成产业价值链。从产业的角度进行价值链分析具有极其重要意义，因为获取并维持竞争优势需要企业了解整个价值传递系统，而不能仅仅局限于企业内部。为了解企业成本及差别化地位，确定供应商及客户，以及"供应商的供应商""顾客的顾客"的利润情况是非常重要的，这是因为，整个价值链利润全部由最终用户所提供；而企业自身成本水平不仅直接受供应商影响，同时也会间接受供应商的影响。

对企业自身价值链向产业价值链扩展，可通过分析其主要供应商、顾客以及"供应商的供应商"和"顾客的顾客"的价值链识别入手。企业到底应将自身价值链延伸至何处，主要取决于产业中企业外部有关价值活动与本企业的相关程度。在某些情况下，企业只需将自身价值链延伸至供应商及顾客为止，而在其他情况下，企业可能必须将价值链延伸得更长。

2. 对各项价值活动分配相应成本、收入及资产

识别企业自身价值链和产业价值链后，接下来应对价值链中各项有关价值活动分配相应成本、收入及资产。每项价值活动会发生成本、产生收入，同时占用一定资产。为了分别计算各项价值活动所获取的资产报酬率，需要确定相应价值活动所发生的成本、所产生的收入及其所占用的资产。

为了适应战略成本分析的需要，企业应遵循以下三条原则：①每项价值活动所产生的收入应以市场价格为标准来衡量，而不能以企业内部转移价格为标准；②每项价值活动所消耗的成本应按照作业成本法来确定，而不应按照传统成本计算方法将各种间接费用进行分摊；③每项价值活动所占用资产价值的确定应以重置成本为基础，而不能以历史成本为基础。

3. 识别成本动因

价值链分析的下一步是确定影响各项价值活动的成本动因。成本动因能解释每项价值活动成本差异的原因。通过成本动因分析，企业可以挖掘出从根本上降低成本水平的途径。在传统管理会计中，成本动因只有一个，即业务量。尽管业务量在传统成本管理理论中占有统治地位，但是在战略成本管理中，业务量只能对成本行为给出较弱的解释。相反，多种成本动因发挥作用。并且，不同的价值活动具有不同的成本动因。

4. 分析主要竞争对手的价值链及成本动因

在进行了企业自身价值链的识别及成本动因分析之后，企业的经营过程便被"化整为零"。为了能分析成本优势和产品高差异性的潜在来源，并找到获取竞争优势的具体方法，企业还必须分析其主要竞争对手的价值链及其成本动因。不同企业因所拥有的资源、背景及所选择的战略的不同，其所从事的价值活动方式及价值活动间相互联系的方式均有所不同，因此影响有关价值活动的成本动因就不完全相同，从而在各阶段所创造的价值及相应所产生的成本也就有所不同，进而导致不同企业具有不同的竞争优势。因此，为了获取比竞争对手更有利的竞争地位，企业必须对其主要竞争对手的价值链及相应成本动因进行分析。

5. 获取竞争优势

为获得竞争优势，企业可以从以下两方面着手：

（1）有效控制价值链。将企业的价值链及成本动因与主要竞争对手进行对比之后，就可找出控制企业自身价值链中有关价值活动所应采取的行动。为了有效控制自身价值链，提高各项价值活动的资产报酬率，企业应该从以下三个方面入手：①在不降低价值（收入）的前提下降低价值活动成本；②在不提高成本的前提下提高价值（收入）；③在不降低价值和不提高成本的前提下减少各项价值活动所占用的资产。

（2）重构价值链。在不断控制企业自身价值链，使之优于竞争对手价值链的同时，企业还要努力重新定义价值链，以便获得更显著的竞争优势。能否取得并维持竞争优势主要取决于企业如何根据竞争对手价值链情况来不断塑造企业自己的价值链。

6. 保持竞争优势

竞争战略的根本目的不仅在于获取竞争优势，而且在于保持竞争优势。由于竞争优势纯粹是相对的，所以竞争优势的关键问题并不在于企业自己发展有多快，而是在于企业能否发展得比竞争对手快。竞争的动态性自然导致不断地改变比较标准。竞争对手通常会变得越来越聪明，因此考虑竞争对手成长性的成本分析对于获取并维持竞争优势至关重要。但构建价值链不是件容易的事，在构建中将面临不少棘手的问题。例如，划分企业的有关价值活动；确定中间产品收入；分析各项主要价值活动的关键成本动因；确认各项价值活动间的联系，计算供应商及顾户利润，以及确定竞争对手的成本结构等。尽管价值链分析过程有很多困难，但是每个企业应该对其价值链进行估计。这一过程本身对于管理者来说具有很好的指导意义。

第四节　成本动因分析

价值链分析是战略成本分析的核心工具。当企业对价值链各项主要价值活动作出识别之后，接下来需要做的就是分析各项价值活动的成本动因。成本动因概念是理解价值链中每项价值活动成本行为的工具。在实施成本战略过程中，价值链中的不同价值活动通常受不同的成本动因影响。因此，成本动因分析是寻求获取竞争优势的重要手段。

一、成本动因的两个层次

所谓成本动因，就是导致成本结构发生变化的重要因素。从战略的角度看，成本动因可以分为两大类，一是战术意义上的成本动因；二是战略意义上的成本动因。所谓战术意义上的成本动因是指主要涉及当前经营过程中影响企业生产成本的有关因素。例如变动成本的成本动因有材料成本、直接人工成本和间接变动成本。固定成本的成本动因有约束性固定成本和酌定性固定成本。再细究材料成本的成本动因有数量因素、结构因素、价格因素，直接人工成本有工时耗用和工资率。而战略成本动因是与价值链中的价值活动相联系，例如企业的规模、员工的责任感等。

对于经营战术意义上的成本动因分析，主要的作用有两个，一是借助作业成本法来为企业提供更为准确的成本信息；二是为改善作业、优化管理、降低成本发挥重要作用。但是将成本动因分析仅仅局限于"战术"层次，往往无法满足企业实施竞争战略的需要，无法为寻求获取竞争优势提供有利信息。

二、战略成本动因分类

每项价值活动具有相应的成本动因,这些成本动因能解释各竞争者之间该价值活动的成本差异。因此,每项价值活动具有相应的竞争优势来源。

根据瑞利(Riley)的观点,战略成本动因可以分为两大类,一是结构性成本动因,二是执行性成本动因。

(一)结构性成本动因

结构性成本动因是与企业的战略定位和经济结构密切相关的成本因素。不同的战略选择会导致企业不同的生产经营方式,进而导致截然不同的成本动因。结构性成本动因主要包括以下五个:

(1)规模。指一项投资将形成多大的生产、研究开发和市场营销等资源的组合。

(2)范围。企业进行纵向合并的程度,即企业跨越产业价值链的长度。企业的横向合并则更多地与规模相关。

(3)经验。对于企业目前正在重复做的,企业过去已做过多少次了。随着产量的增加,工人在制造单件产品时所需要的时间逐渐减少。

(4)技术。在企业价值链的每一步运用了哪些处理技术。

(5)复杂性。企业向顾客能够提供多大范围的系列产品或服务。

(二)执行性成本动因

执行性成本动因是在企业按照所选择的战略定位和经济结构进行生产经营的过程中,成功地控制成本所应考虑的因素,也是决定企业成本水平的重要因素。执行性成本动因主要包括:①员工责任感(参与感)。即员工对参与持续改善的责任感。②全面质量管理。即员工对产品及工艺质量的信念及其达成。③生产能力的利用。在既定工厂建设规模选择前提下,工人能力、机器能力以及管理能力是否得到充分发挥,各能力之间的组合是否最优。④工厂布局的效率。即按照目前的标准,该布局效率如何。⑤产品设计是否合理并容易制造。⑥通过价值链开发企业与供应商、顾客之间的联系。

对于执行性成本动因而言,总是"越多越好",例如,员工的责任感越强,企业的成本越低。这与结构性成本动因有本质的差别,例如,对规模而言,并非规模越大，产品成本越低。每种产业都有各自的适度规模。规模过大会产生规模不经济。

在进行成本动因分析过程中，并非所有成本动因始终具有相同的重要性，在每种特定情况下，某些动因很可能非常重要。例如，结构性成本动因与企业所选择的竞争战略密切相关，如果企业选择了低成本战略，则达到规模经济和具备先进的技术水平是企业能否顺利实现战略目标的关键成本动因。

三、如何利用战略成本动因来获取竞争优势

（一）对于各项结构性成本动因作出合理选择

对于各有关结构性成本动因，企业必须作出合理的选择才能为企业获取成本优势奠定良好基础。为此，企业应做到以下几点：

（1）通过适度投资规模来降低成本。企业投资规模的大小，直接影响企业成本的高低。投资规模过大会引起能力利用不足，加大企业的固定成本；投资规模过小，则不会规模经济，各种成本都会相应增长。为此，在投资前，必须进行产业调查，使之尽可能趋于最佳投资点。此外，当企业现有规模没有达到规模经济水平时，企业可以通过重组来调整企业规模。通过企业的横向兼并，实现企业的规模扩张，从而使企业规模得到优化。

（2）选择企业适宜的纵向经营范围。以造纸业为例，企业既可以建造一个纸浆厂，该厂只需购入木料加工成纸浆出售给造纸厂即可；也可以买下一个林木厂并自行建设造纸厂，从木材的生产、采伐开始，自行加工纸浆及造纸，进而建立一家印刷厂、销售分支机构等，即把从原材料到产品销售的环节全部纳入企业生产经营体系中。企业可以在产业价值链分析的基础上，选择适宜的纵向整合程度，可以通过兼并其原料供应商或兼并客户达到调整企业纵向经营范围的目的。

（3）通过积累经验不断降低成本。有关学者通过对数千种产品成本与产品关系的研究，发现许多产品的累计产量每翻一番时，由于职工经验的积累和工作熟练程度的提高，使得其实际单位成本都会下降20%—30%。这一关系称为经验曲线。根据经验曲线可知，累计产量的增加是降低成本的有效途径。如果企业能够在市场上维持较高占有率，则会取得较低的成本，于是能够进一步

扩大市场占有率，从而进一步降低成本，形成良性循环。

（4）重视提高企业技术水平。与世界发达国家企业相比，我国企业产品成本高、质量低、性能差等导致竞争不利的种种情况的产生，其原因在很大程度上是由于没有采用计算机集成制造、弹性制造系统、计算机辅助设计等各种先进生产及管理技术，以及各种先进制造工艺设备等。另外，在进行投资项目评价时主要运用的评价指标，如净现值、内部报酬率等，都难以反映技术因素。所以在对投资项目进行评价时，还应充分考虑技术水平对企业的长远影响。

（5）对企业产品多样化程度进行合理化。在同一个行业中，有的企业只提供单一规格、品种产品，而有的企业则同时生产多品种、多型号、多款式的同类产品。品种适当的多样化有利于提高企业产品的差别化程度，或占有更广泛的产品细分市场。但是产品过分多样化会增加单位产品成本，从而在成本方面处于较为不利地位。当企业所生产的产品具有多样化的特点时，采用传统成本计算法计算产品成本是不适宜的。因为不同种类产品的生产及销售的复杂程度有较大差异。传统成本计算法会严重扭曲产品成本。而采用作业成本法则是最为有利的工具。

（二）对各项执行性成本动因进行强化

执行性成本动因的强化是取得成本优势的重要途径，为此企业应从以下方面入手：

（1）工厂布局合理化。各种价值活动相互之间，以及他们与供应商、客户之间的地理位置，通常对企业经营效率有重要影响。工厂布局合理化能为企业获得竞争优势奠定良好基础。如果现有的工厂布局尚未达到合理化，企业可以通过实施作业分析来获得改善的方案。

（2）产品设计合理化。产品设计是否合理化是获取成本优势的重要措施。改善产品设计的途径有很多，例如：①减少每个产品中的零部件的数量；②增加不同品种间零部件的通用性；③降低零部件加工难度，等等。

（3）大力推进全面质量管理。全面质量管理是出自长期、持续地降低成本的考虑而在原材料采购、加工工序乃至产品售后服务等方面的强化。质量水平的高低一方面会影响到企业向客户提供产品的价值高低，同时也会直接影响到产品成本水平。产品生产过程中如果质量水平过低，就会发生许多不必要的成本，如原材料损失、人工成本的无谓消耗等。

（4）充分利用现有的生产能力。对于许多企业来讲，产品的市场需求具有一定的季节性。当产品销售处于淡季时，企业的生产能力往往难以得到高效利用。因此，实现均衡生产是实现提高现有生产能力的关键。为此，企业可以通过以下几种措施：①在销售淡季增加促销力度；②为产品寻求淡季使用途径；③将企业的产品线向销售受季节性影响较弱的产品拓展；④选择需求更为稳定的客户并建立持久的合作关系；⑤将市场需求波动较大的细分市场留给竞争对手。

（5）引导员工参与管理，增强员工责任感。通常情况下，企业在持续改善管理过程中经常受到阻碍，原因就是员工不十分清楚哪些事该做，哪些事不该做，因此造成很多误解和工作延误。让员工积极参与管理，不仅使员工更了解管理层的意图，而且还能调动职工工作的积极性，从而使工作完成得更出色。

（6）加强与供应商及顾客之间的纵向合作。通过这种纵向合作，能使企业的经营顺利进行。例如，某公司通过计算机网络向其供应商提供生产进度表而使供应商的元器件得以及时送达。而且通过这种合作还有利于降低合作双方的成本。

第八章
短期经营与长期投资决策

管理的重心在经营，经营的重心在决策。企业在生产经营的过程中需要进行各种各样的经营和投资决策，决策的成功与否直接关系到企业经济效益的高低，甚至关系到企业长期的生存和发展。决策失误将会导致企业经营偏离正确的轨道，此时，企业经营效率越高，偏离的程度越大，企业的损失也就越大。所以说，决策是否正确将决定着企业经营方向是否正确。在激烈的市场竞争中，企业掌握正确的经营方向是实现经营目标的最关键的因素，企业在提高生产效率的同时，尤其要注意进行正确的决策。

第一节 短期经营决策概述

一、决策的意义及其分类

决策是企业经营管理的核心之一，在企业的生产经营活动过程中，决策渗透到企业的各个领域、各个环节和各个管理层次，小到零部件是自制还是外购、亏损产品停产或转产，大到是否追加投资扩大企业规模，都需要管理者根据企业内部环境和外部情况作出合理的决策。因为在市场经济环境中，决策合理与否将很可能关系到企业的兴衰存亡。

在企业决策过程中，需要管理者综合考虑经济因素和非经济因素，在考虑经济因素时，要把可计量因素和不可计量因素、财务计量和非财务计量相结合，以作出能使企业获得最大经济效益的决策。企业决策一般可按以下标准分类。

（一）按决策的重要程度分

1. 战略决策

这类决策将决定企业未来的发展方向，是对经营活动中的事关全局重大问题所作的决策，因此，需要综合考虑企业的长远规划和外部环境对企业的影响，如新产品的研发、经营规模的扩大等。

2. 战术决策

这类决策一般不会对企业未来的发展方向产生影响，它是为了达到预期战略决策的目标，合理、充分地利用企业现有的人、财、物资源，对日常经营活动所采用的方法和手段进行局部性的决策，如零部件自制还是外购的决策，半产品、联产品是否进一步加工的决策等。

（二）按决策的时期长短分

1. 短期决策

通常是指对在一年以内或长于一年的一个营业周期以内所涉及的问题所作的决策，这类决策主要是使现有的资源得到最合理的配置，以获得最佳的经济效益和社会效益，通常只对当期的盈亏产生影响。

2. 长期决策

通常是指对一年以上或长于一年的一个营业周期以上的时期内所涉及的问题所作的决策，这类决策重点考虑如何在经济寿命期内使投资获得最佳投资报酬，通常对若干时期的盈亏产生影响。由于长期决策一般需要投入大量资金，且涉及的时间跨度长，因而必须考虑货币的时间价值和风险价值。

（三）按决策的层次分

1. 高层决策

这是指由企业最高层的管理者所作的决策，主要解决的是企业全局性的以及与外部环境有密切联系的战略性重大问题，如关系企业规模、增强企业竞争能力等方面的问题。这类决策属于战略性决策。

2. 中层决策

这是指由企业中层管理者所作的决策，主要是为保证高层决策的顺利实现，从较低层次、较短时间、较小范围内进行具体化，制定出现有资源的利用方案。这类决策属于战术决策。

3. 基层决策

这是指由企业基层的员工所作的决策，主要是解决日常作业任务中的业务问题，是对上一层决策付诸具体实施，以妥善解决所遇到的问题。这类决策属于执行性决策。

（四）按决策条件的可确定程度分

1. 确定型决策

与这类决策有关的客观条件和自然状态都是确定的，并且可用具体的数字表示，每个方案的结果也是明确的，只需对不同方案的结果进行比较，从中作出选择。

2. 风险型决策

与这类决策有关的客观条件和自然状态不能完全确定，每个方案预期会出现两种或两种以上的结果，但可根据有关数据大致估算出其概率。这类决策的结果有一定的不确定性，决策存在一定的风险。

3. 不确定型决策

这类决策的影响因素和自然状况不仅不能确定，预期结果的概率也无法可靠地估计。不确定型决策难度较大，需要决策者具有较高的理论水平和丰富的实践经验，决策存在较大的风险。

（五）决策的其他分类

决策除了按上述标准分类外，还有一些其他的分类方法，如按决策的重复程度可分为程序化决策和非程序化决策；按决策的内容可分为投资决策、筹资决策和经营决策；按决策方案之间的关系可分为独立方案决策、互斥选择方案决策和最优组合方案决策等。

成本管理会计中一般将决策分为短期经营决策和长期投资决策。本章介绍短期经营决策与长期投资决策。

二、决策分析的一般程序

决策分析不是一个简单的选择结果的行为，而是一个提出问题、分析问题、解决问题的过程。一般来说，决策分析包括以下五个步骤。

（一）确定决策的目标

任何决策都是为了实现预期的目标，决策目标是决策分析的出发点和归宿。

确定决策的目标首要要明确决策分析所要解决的问题，如生产什么产品、固定资产购置还是租赁、是否接受特殊订货等，针对具体问题确定决策的目标。目标应力求具体明确，避免含混不清，为使方案的选择有确切的依据，目标应尽可能用可计量的数量指标表达，最后目标应具有现实可行性。

（二）收集有关资料

确定了决策的目标，就要针对决策目标广泛地收集尽可能多的与之相关的信息，并进行必要的加工、整理，去粗取精、去伪存真，这是决策分析的重要步骤，并贯穿于决策分析的各步骤之间。由于经济活动的复杂性，所收集的信息除必须符合一定的质量要求外，还要注意定性信息与定量信息相结合、财务信息与非财务信息相结合。

（三）拟订备选方案

根据决策目标收集资料后，充分考虑现实可能性，设计出实现决策目标的经济上和技术上都可行的各种备选方案，以便从中选择最优的方案。拟订备选方案是决策分析的重要环节，是科学决策的基础和保证。

（四）评价和选择方案

采用一定的决策分析方法，对各备选方案进行分析、评价，从中选择最佳的方案，这是决策分析程序中最重要的环节。在这个步骤中，必须充分考虑定性和定量、财务和非财务因素，全面权衡利弊，对各可行方案进行充分论证。

（五）组织与监督方案的实施、反馈

决策方案选定后，就要纳入企业的经营计划，组织具体实施。在方案的实施过程中，可能会出现不曾预料的新情况、新问题，因此，需要对方案的实施情况进行监督和检查，以揭示出偏离决策目标的原因及程度，做好信息反馈工作。决策者根据反馈的信息，采取相应的措施纠正偏差，必要时，对决策方案的目标进行修改或调整，使之符合客观需要，保证决策目标的实现。

三、经营决策的基本方法

在经营决策中，需要采用不同的决策分析方法对各备选方案进行比较和判断，以选择最优方案。一般来讲基于成本的经营决策准则主要有两条：一是利润最大化，二是成本最小化。根据分析时所选指标的不同，经常采用的决策方法有贡献毛益分析法、差量分析法、成本无差别点分析法、相关损益法等。

（一）贡献毛益分析法

贡献毛益分析法是在成本性态分类的基础上，通过比较各备选方案贡献毛益的大小来确定最优方案的分析方法。

由变动成本法和本量利分析法可知只要收入大于变动成本，就会形成贡献。因为，固定成本总额在相关范围内并不随业务量（产销量）的增减变动而变动，因此，收入减变动成本后的差额（即贡献毛益）越大，则减去不变的固定成本后的余额（即利润）也就越大。也就是说，贡献毛益的大小，反映了备选方案对企业利润目标所做贡献的大小。

在运用贡献毛益法进行决策时，可能出现以下几种情况：

（1）在不存在专属成本的情况下，通过比较不同备选方案的贡献毛益总额，能够正确地进行择优决策。

（2）在存在专属成本的情况下，首先应计算备选方案的剩余贡献毛益，即贡献毛益总额减去专属成本后的余额，然后通过比较不同备选方案的剩余贡献毛益总额，能够正确地进行择优决策。

（3）在企业的某项资源，如原材料、人工工时、机器工时等受到限制的情况下，应通过计算、比较各备选方案的单位资源贡献毛益，来正确进行择优

决策。

$$单位资源贡献毛益 = \frac{单位贡献毛益}{单位产品资源消耗定额}（不存在专属成本时）$$

$$= \frac{剩余贡献毛益总额}{资源消耗总额}（存在专属成本时）$$

（4）由于贡献毛益总额，既取决于单位产品的贡献毛益额的大小，也取决于该产品的产销量，我们应该选择贡献毛益总额最大的。因为，单位贡献毛益额大的产品，未必提供的贡献毛益总额也大，也就是说，决策中，我们不能只根据单位贡献毛益额的大小来择优决策。

贡献毛益分析法适用于收入成本型（收益型）方案的择优决策，尤其适用于多个方案的择优决策。

（二）差量分析法

企业进行不同方案的比较、选择的过程，实质是选择最大收益方案的过程，最大收益是在各个备选方案收入、成本比较中产生的。当两个备选方案具有不同的预期收入和预期成本时，根据这两个备选方案间的差量收入、差量成本计算的差量损益进行最优方案选择的方法，就叫差量分析法。

在运用差量分析法时，应首先明确几个概念：

（1）差量，是指两个备选方案同类指标之间的数量差异。

（2）差量收入，是指两个备选方案预期收入之间的数量差异。

（3）差量成本，是指两个备选方案预期成本之间的数量差异。

（4）差量损益，是指差量收入与差量成本之间的数量差异。

当差量收入大于差量成本时，其数量差异为差量收益；当差量收入小于差量成本时，其数量差异为差量损失。差量损益实际是两个备选方案预期收益之间的数量差异。当差量损益确定后，我们就可以进行方案的选择：如果差量损益为正（即为差量收益），说明比较方案可取；如果差量损益为负（即为差量损失），说明被比较方案可取。

应注意的是，差量分析法仅适用于两个方案之间的比较，如果有多个方案可供选择，在采用差量分析法时，只能分别两个两个地进行比较、分析，逐步筛选，择出最优方案。差量分析方法，可以应用于企业的各项经营决策。例如，是出售半成品还是出售完工产品、亏损或不盈利的产品是否继续生产、不需用的机器设备是出售还是出租等。

（三）成本无差别点分析法

贡献毛益分析法和差量分析法都是适用于收入成本型（即收益型）方案的选择。在企业的生产经营中，面临许多只涉及成本而不涉及收入即成本型方案的选择，如零部件自制还是外购的决策、不同工艺进行加工的决策等。这时可以考虑采用成本无差别点分析法进行方案的择优选择。

在成本按性态分类基础上，任何方案的总成本都可以用来表述。所谓成本无差别点是指在该业务量水平上，两个不同方案的总成本相等，但当高于或低于该业务量水平时，不同方案就具有了不同的业务量优势区域。利用不同方案的不同业务量优势区域进行最优化方案的选择的方法，称为成本无差别点分析法。

设：X——a_1 成本无差别点业务量；

a_1，a_2——方案1、方案2的固定成本总额；

b_1，b_2——方案1、方案2的单位变动成本；

y_1，y_2——方案1、方案2的总成本。

于是：

$y_1 = a_1 + b_1 \cdot x$

$y_2 = a_2 + b_2 \cdot x$

根据成本无差别点时两个方案总成本相等的原理，令：$y_1 = y_2$

则有：$x = \dfrac{a_1 - a_2}{b_2 - b_1}$

这时，整个业务量被分割为两个区域：0–X 及 X–∞，其中 X 为成本无差别点。在成本无差别点上，方案1和方案2的总成本相等，也就是说两个方案都可取；而低于或高于该点，方案1和方案2就具有了不同的选择价值。至于在哪个区域哪个方案更可取，则应通过选取数据代入公式来确定。

（四）相关损益法

生产决策分析中，以各备选方案的相关损益作为决策的标准，在备选方案中选出相关损益最大者为决策方案的一种分析方法。在这里，所谓的相关损益是指该方案的相关收入与相关成本的差额。该方法首先分别确定各备选方案的相关收入和相关成本，然后再分别计算各备选方案的相关损益，相关损益最大的方案为最优方案。

四、短期经营决策的理论基础

短期经营决策是指企业在现有的生产能力条件下，对通常仅影响当年经营效果的专门业务所进行的决策。它的核心问题是如何使企业现有的资源得到最充分和最合理的利用，以便取得最佳经济效益。

与长期投资决策相比，短期经营决策具有如下三个方面的特点：其一，从性质上讲，短期经营决策一般不涉及大型固定资产投资，属于经营决策的范畴；其二，从时间上讲，短期经营决策只涉及一年以内的一次性专门业务，决策结果的影响较短；其三，从方法上讲，短期经营决策一般不考虑货币时间价值因素和风险因素，主要采用差量分析法、边际分析法、本量利分析法以及线性规划等方法。

为了有效地进行短期经营决策，首先必须正确划分相关成本与非相关成本。相关成本是指与特定决策相关、决策时必须加以考虑的未来成本，非相关成本是指与特定决策不相关的成本，因而决策时可不予考虑的成本。

相关成本对决策方案影响重大，是决策者在决策分析时必须考虑的成本，如果遗漏了相关成本，将会导致信息失真，决策失误。相关成本的主要特点有如下两方面。

（1）相关成本是未来成本。决策是面向未来的，与之相关联的成本也只能是未来将要发生的成本。决策不能改变已经发生的沉没成本。

（2）相关成本是有差别的未来成本。只有当未来的成本有差别时，才会对方案的选择产生影响。

在成本管理会计的决策中，应该注意正确选择决策的相关成本，而且由于决策的目的不同，考虑的相关成本也有所不同。

短期经营决策的内容较多，概括起来一般可分为定价决策、生产决策和存货决策等。

第二节　定价、生产与存货决策

一、定价决策

（一）定价决策的意义

定价决策（pricing decision）是企业短期经营决策的重要内容之一。为企业产品制定合理的价格关系到企业能否实现利润目标和企业经济效益的高低，甚至影响到企业的生存和发展。一般来说，售价的高低与销售数量、单位成本直至销售利润之间存在着错综复杂的关系。在其他条件不变的情况下，提高销售价格将提高企业的销售利润，但提高售价的同时势必会降低产品的销售数量，而生产数量的减少将提高产品的单位成本，这又导致企业销售利润的降低。所以，如何制定最佳的销售价格，确定产品合理的销售数量，最终关系企业利润的高低，关系企业近期利益和长远利益的实现。

（二）影响价格的因素

影响产品价格的因素很多，在完全自由竞争的市场经济条件下，产品的价格是由市场上众多的供给者和需求者之间的供需竞争决定的。此外，一些与人民生活息息相关（如粮食、电、水等）、与社会生产有重大影响（如钢铁、煤矿等）的行业的产品价格常常受到政府的干预和管制，这些行业产品的价格显然不能由企业根据利润最大化的简单目标来决定。由于我国目前的市场还远未达到完全自由竞争，市场上更多的产品仍需要企业合理决策，制定最符合企业经济效益的产品价格。

一般来说，企业在进行定价决策时，应充分考虑以下四个方面的因素。

1. 产品价值

产品价值是产品价格的基础，产品价格是产品价值的货币表现。产品价值的大小在很大程度上影响着产品价格的高低，它是影响产品价格发生变动的最重要的因素。由于市场供求关系的变动，产品价格围绕着产品价值上下波动。

2. 市场供求

市场供求是指一定时期市场上产品供应与需求之间的关系。市场供求影响产品价格，是买卖双方之间竞争的结果。一般来说，市场供应量超过需求量时，产品价格降低；市场需求量超过供应量时，产品价格上升。同时，产品价格降低会反过来刺激需求，使产品的需求量上升；产品价格上升会抑制对产品的需求，使产品需求量下降，最终的结果是产品的供给与需求趋于平衡。此外，不同产品的价格变动对需求量的影响程度也是不同的，即产品的需求弹性是不同的。需求量随价格的变动而变动较大（即需求弹性较大）的产品，适度降价可提高产品销售额；需求量随价格的变动而变动较小（即需求弹性较小）的产品，适度提价可提高产品的销售额。

3. 价格政策

价格政策是国家管理价格的有关政策和措施，是国家经济政策的组成部分。价格在一定程度上影响着产品生产者和消费者的剩余价值，影响着生产者和消费者之间的利益分配和社会资源的配置。国家为了实现一定的宏观经济目标，调节资源配置，优化产业结构，有必要在自觉利用价值规律的前提下，对部分产品价格实行调节政策，从而鼓励或限制某些生产和消费。企业应在遵守国家价格政策的基础上自主决定产品价格。

4. 竞争态势

产品价格在一定程度上还要受到其所处市场竞争状况的影响。不同的市场竞争态势将决定企业在定价时的"自由程度"。在完全自由竞争的市场中，买卖双方之间的供求竞争决定产品的市场均衡价格，众多的买者和卖者只是市场均衡价格的接受者，任何一个企业都没有动力制定偏离市场均衡价格的销售价格，因为那样会降低企业的销售额。

此外，还有很多其他影响产品价格的因素，如产品的成本消耗水平、产品质量、产品所处的寿命周期等。

（三）定价决策的基本方法

产品定价的方法一般有以成本为基础的定价、以市场为基础的定价及目标成本定价等。

1. 以成本为基础的定价

以成本为基础的定价决策方法又叫作按成本定价的方法，即以产品成本为基础，再加上一定的利润等因素来考虑制定产品价格的方法。产品定价的依据可以是单位成本指标，也可以是总成本指标；可以以完全成本为定价基础，也可以以变动成本为定价基础。

按成本定价的主要方法是成本加成定价法，其计算公式为：

$$产品价格 = 预计（目标）单位成本 \times (1+ 成本加成率)$$
$$其中：成本加成率 = 加成内容 \div 成本基础$$

（1）以完全成本为基础的定价。

以完全成本为基础进行定价的成本基础和加成内容分别为：

①成本基础：单位产品制造成本；

②加成内容：期间费用和目标利润。

（2）以变动成本为基础的定价。

以变动成本为基础进行定价的成本基础和加成内容分别为：

①成本基础：单位变动制造成本；

②加成内容：固定制造费用、期间费用和目标利润。

成本加成定价法计算简便，特别是在市场诸因素基本稳定的情况下，可以保证企业获取正常的预期利润。然而，成本加成定价法也有明显不足，它只考虑产品本身成本的补偿和获取预期利润，而忽视了产品的社会价值、市场供求和竞争情况，也没有考虑消费者的心理因素等，仅仅是从保证卖方利益出发而去"保本求利"。因此，它是传统的生产观念和销售观念指导下的一种定价方法，根据此种方法确定的产品价格很难为客户所接受，或者缺乏市场竞争能力，最终很可能导致企业预期利润难以实现。

2. 以市场为基础的定价

在一个完全竞争的市场上，供求之间的平衡关系将决定商品的价格，如果商品的供给大于需求，价格将会下降。而价格下降会刺激需求和抑制供给，直到供求关系达到再次平衡；相反，如果商品的供给小于需求，价格会上升，而价格上升会刺激生产和抑制需求，在另一较高点上供求又会平衡。

在供求变化过程中，价格、销售数量和利润有着密切的关系。例如，如果成本水平不变，产品售价高，企业的利润就多。但价格高要影响销售数量，而销售数量减少又会使成本增大，销售数量减少和成本增大都会影响利润。

这就需要平衡售价、销售量和利润之间的关系：

曲线（G）表示销售数量。当售价提高时，销售量比较少，随着价格的下降，销售量相应增加。当价格降低到一定限度时，销售量增加就缓慢了。

曲线（S）表示销售收入，当价格较高时，由于销售量少，总的销售收入也比较少；当价格下降时，销售量增加。增加销售量后的销售收入大于价格下降的损失，所以，总的销售收入是增加的，当价格下降到一定程度时，销售量增加缓慢，价格下降损失大于销售量增加的收入，总的销售收入反而呈下降的趋势。

曲线（C）表示销售成本。当销售量很低的时候，产品成本比较高。随着销售量增加，单位成本逐渐下降，但成本下降有一定限度时，超过这一限度，单位成本又会提高，呈现一个下凹的曲线。在（S）和（C）曲线之间有一个距离最大的销售量，就是最佳利润点，与此点相适应的销售量和价格水平是最优的。

在以市场为基础的产品定价决策中，通常以边际收入等于或接近于边际成本时的价格作为选择最优价格的依据。这是因为，当边际收入等于或接近于边际成本时，企业实现的利润最多。

3. 目标成本定价法

传统的定价决策方法首先确定产品的成本，然后在弥补成本的基础上，加上企业期望的利润从而确定产品的成本，这种定价法不利于企业降低成本，赢得市场。而目标成本定价法是一种以价格为基础的成本计算。目标价格是指预计潜在客户愿意接受的价格，也是一种竞争性的市场价格；目标成本是可以为企业带来目标利润的产品或服务的预计长期成本。

目标成本定价法的具体步骤是：首先确定所开发的某种新产品的期望实现的目标利润，并在目标利润的基础上，通过市场调研确定一个竞争性的目标销售价格，然后用目标销售价格减去目标利润，就得到制造该新产品的目标成本，用公式表示为：

$$目标成本 = 目标销售价格 - 目标利润$$

由于产品开发、设计阶段决定了产品的绝大部分成本，要实现产品的目标成本，必须从产品的设计阶段就开始进行严格的成本控制，做好成本规划。价值工程是一种系统的方法，它以功能分析为核心，目的是以最低的成本来实现产品或作业应具备的必要功能。通过功能分析，能够引导产品设计的改进、材料选择的变化或者工艺方法的改进，在满足产品必要功能的前提下，降低成本，保证目标成本的实现。

（四）市场定价策略

在现实的经济生活中，常常由于经济环境的瞬息万变，企业所面临的宏观经济环境、行业状况、市场的供需以及竞争对手的对策等方面都存在着诸多的不确定性，企业往往很难用精确的定价理论模型进行定价决策，而需要企业根据实际情况，在借助理论模型的同时，依靠自己的实践经验和判断能力对有关问题进行定性的分析，制定合理的定价策略。

1. 需求导向的定价策略

所谓需求导向的定价策略，是指根据消费者的不同消费心理，区别对待，采取不同的定价方法。

（1）需求弹性定价策略。需求弹性较大的商品，适宜制定较低的价格，实行薄利多销；需求弹性较小的商品，应制定相对较高的价格，以获得较高的利润。

（2）消费者心理定价策略。企业在进行定价决策时，常常可以利用消费者的某些心理特征制定合适的价格。例如，对某些常被消费者视为身份和地位象征的奢侈品，制定较高的价格更易被消费者接受，较低的价格往往适得其反；对中低档商品，很多厂商常使用尾数定价法，即让价格的尾数为非整数，以零头结尾，如 9.98 元、19.99 元等。

2. 竞争导向的定价策略

所谓竞争导向的定价策略，是指根据竞争对手的情况制定价格，区别对待，采用不同的定价方法。

（1）根据竞争对手的实力定价。如果竞争对手实力较弱，一开始可以采取较低的价格挤走竞争对手后再行提价；如果竞争对手的实力较强，适宜制定稍低于竞争对手的价格紧紧跟随，即对手提价我也提价，对手降价我也降价；如果双方的实力不相上下，双方宜协议定价，以免两败俱伤。

（2）根据双方产品的质量差异定价。如果竞争对手的产品质量较高，企业宜制定较低的价格，以低价吸引消费者，采取薄利多销；如果企业的产品质量较高，对手望尘莫及，企业应利用这一竞争优势，制定较高的价格以获取丰厚的利润。此外，双方还可以在交货时间、售后服务等方面展开竞争。

3. 新产品的定价策略

企业推出新产品需要进行定价决策，但由于新产品存在诸多的不确定性，如消费者对新产品的接受程度、市场销售量有多少、市场上已有产品对新产品的替代程度、新产品的推销成本等方面有很多的未知数，所以，许多企业在推出一项新产品时，常常先选择在某些地区采用不同的价格进行试销，以获得新产品在不同的销售价格下有关销售量、销售价格与销售量的关系以及竞争对手的反应等信息，根据试销阶段收集的这些信息，为新产品制定能给企业带来最大经济效益、最适宜于企业长远发展的定价策略。一般来说，新产品的定价策略有撇油性的定价策略和渗透性的定价策略。

（1）撇油性的定价策略。

撇油性的定价策略是指在产品销售初期制定较高的价格，以获取高额的利润、迅速收回产品研发阶段的成本以及保障新产品在产销方面无法预知的成本得到弥补。随着新产品趋于成熟以及高额利润所引致的激烈的竞争，新产品的高价难以维持，再逐步降低价格，总之，这是一种先高后低的定价策略。撇油性的定价策略是一种着眼于短期利益的定价策略，适用于市场上暂时没有类似的替代品、初期没有竞争对手且较容易开拓市场的新产品。

（2）渗透性的定价策略。

渗透性的定价策略是在产品销售初期制定较低的价格招揽顾客，迅速开拓和占领市场，确立市场优势后再行提价，是一种先低后高的定价策略。这种定价策略尽管在销售初期利润不高，但其低价有利于排挤竞争对手，在市场确立长期的竞争优势，能持久地给企业带来长期利益，是一种着眼于企业长期利益的定价策略。

4. 特殊订货的定价策略

所谓特殊订货的定价策略，是指订单的价格低于一般正常销售产品的售价，甚至低于产品的制造成本。特殊订货的定价往往发生在下列各种情况下。

（1）闲置生产能力。

当企业存在闲置生产能力且闲置生产能力又无法转移、没有其他用途时，只要制定的产品价格略高于单位变动成本，便可以为企业带来边际贡献，以弥补部分固定成本，提高企业整体利润。

（2）市场需求变化。

市场需求变化是指当市场对企业某种产品的需求量突然减少时，企业不得不削价销售。此时，企业只要将产品定价略高于单位变动成本，就能弥补部分固定成本。

（3）激烈的竞价。

当企业面临激烈的市场竞争时，企业定价不应以完全成本为基础，为了战胜竞争对手，企业应以单位变动成本为价格下限，采取薄利多销，从扩大销售中获得较多的利润。

企业是否接受特殊订货的决策标准是：当特殊订货能给企业带来边际贡献（即边际贡献大于0）且企业有剩余的生产能力时，就可以接受该项特殊订货；即便该项特殊订货的完全成本大于其售价，但由于其边际贡献可弥补部分固定成本，接受该特殊订货对企业来说依然是有利可图的，否则，企业不应该接受该特殊订货。

除此之外，企业在进行特殊订货决策时，还应该考虑接受较低价的特殊订货是否会影响企业正常渠道的销售、是否会招致其他客户的不满以及是否会失去潜在客户等，综合考虑相关因素后作出最优的决策。

5. 薄利多销的定价决策

所谓薄利多销，就是采取主动降低价格措施，通过扩大产品的销售量来争取实现更多的利润。因此，薄利多销不是目的，而是手段。"薄利"是对单位产品而言，"多销"是对整个企业而言，其最终目的是使企业实现更多的利润。所以，薄利多销只是一个美名，其实质是降价、多销、增利。

企业要想使薄利多销能够取得好的效果，除了应该慎重考虑其产品的性质之外，还必须着重掌握好降价时机和降价幅度这两个关键性的环节。实行薄利多销时，一要考虑利润最优，二要考虑风险因素，三要考虑企业现有生产能力。

（1）利润最优。

薄利多销要求利润最优，也就是说，产品降价后销售量增加，因增加销售数量而增加的利润在抵偿降价带来的单位收入减少的损失后还绰绰有余，从而使所得的利润比降价前高。关于这一点，可采用前述的市场基础定价法加以解决。

（2）风险因素。

如果预计销售量能够实现，预计利润就能得到保证，决策无疑是正确的。但是，如果预计销售量不能达到，利润也就不能实现，决策就成问题。因此，在决策中应该考虑预计销售量的实现可能性问题，即概率问题。

（3）企业现有生产能力。

对每个企业来说，在一定时间内销售量不可能无限制地增加，因为它将受到企业生产能力的约束。因此，在决策时应考虑企业的生产能力这一因素。

6. 赊销的定价策略

企业在制定商品价格时，往往同时要考虑货款的收款期和现金折扣。收款期的长短对商品销售量和企业财务状况有一定的影响。如果期限短，可以使货款早日收回，减少应收账款的余额，从而降低催账费用和可能发生的坏账损失，同时减少应收账款金额，就是减少应收账款投资，增加现金流量。但从顾客的立场看，企业的收款期（即顾客的付款期）短就是价格相对贵，从而影响商品的销路。所以，企业在制定收款期时，必须权衡得失。

7. 现金折扣的定价策略

现金折扣是为了加速应收账款的回收，从而减少应收账款投资额。现金折扣的定价策略就是指企业要比较提供现金折扣促使顾客提前付款而增加的收益是否超过提供折扣而发生的损失，如果前者大于后者，即为可取的方案。

二、生产决策

生产决策（production decision）是企业短期经营决策的重要内容之一。企业经常碰到的决策问题大多是生产方面的决策问题，如企业的生产布局、新产品的投产、几种产品生产的合理安排、材料的最佳利用、亏损产品的处理等。这些需要决策的问题往往有多种方案可以选择，不同的方案往往经济效益相差很多。通过生产决策，选取一个最佳方案，就能提高企业的经济效益。

（一）新产品开发的决策

企业必须不断地开发新产品，促使产品更新换代，这样才能不断满足社会需要，维护和扩大市场占有率，取得经营主动权。大量追加投资开发新产品属于长期投资决策的范围，这里介绍的新产品开发的决策，是指可以利用现有剩余生产能力开发某种在市场上有销路的新产品，而且已经掌握可供选择的多个新产品方案的有关资料。这种决策可以分为以下三种情况。

1. 不追加专属成本，也不存在机会成本

在新产品开发的决策中，如果有关方案均不涉及追加专属成本，并且也不存在机会成本，就可以用单位资源边际贡献分析法直接进行决策。

2. 涉及追加专属成本

当开发新产品的决策方案涉及追加专属成本时，可以使用差量分析法或产品边际贡献分析法进行决策。

3. 需压缩现有产品的生产，从而产生机会成本

当需要压缩现有产品的产销量才能满足新产品开发需要时，被压缩的原有产品生产所能带来的边际贡献就构成了机会成本，也可使用产品边际分析法进行分析。

（二）零部件自制还是外购的决策

随着生产专业化及产业分工协作的程度越来越高，企业常常面临着零部件自制还是外购的决策问题。企业自制某些生产所需的零部件便于控制质量，但有时企业为了保持灵活适应市场需求的能力，以及保持与客户的长期互利关系，也可从外部购买某些零部件。在零部件自制还是外购的决策问题中，一般可采用差量分析法。当企业全年所需的零部件总量固定时，由于自制或外购的收入是相同的，所以，只需要通过比较其差量成本选择方案。

（三）产品进一步加工或直接出售的决策

加工使产品增值这是不言而喻的，那么，加工到何种程度再出售才最有利呢？这是企业经营管理过程中经常遇到的决策问题。一般来说，是否进一步加工包括半成品、联产品、副产品三种情况。这类决策一般借助于差量分析法。不论哪种情况，进一步加工前的成本都是沉没成本，与决策无关，属非相关成本。因此，只需通过比较进一步加工后的增量收入和增量成本进行决策。

1. 半成品是否进一步加工的决策

半成品既可以直接出售，也可以加工后再出售。直接出售半成品，成本与售价相对低些；进一步加工后再出售，因售价升高可获得较高的销售收入，但需追加一定的成本。如何选择，需遵循下列原则：

进一步加工后的销售收入－半成品的销售收入＞进一步加工的追加成本
应进一步加工

进一步加工后的销售收入－半成品的销售收入＜进一步加工的追加成本
应出售半成品

在这里，"进一步加工后的销售收入－半成品的销售收入"是差量收入，"进一步加工的追加成本"为差量成本，此项包括追加的变动成本和专属固定成本。

2. 联产品是否进一步加工的决策

联产品是在同一生产过程中生产出来的若干种经济价值较大的产品。有些联产品，既可在分离后立即出售，也可以在继续加工后再行出售。对这类联产品是进一步加工后出售还是直接出售？这也是企业经常遇到的决策问题。由于联产品分离前所发生的成本是联合成本,与决策无关,属非相关成本;而联产品在分离后继续加工所发生的追加变动成本和专属固定成本是可分成本,属相关成本,所以,在决策时应按下列原则选择方案。

进一步加工后的销售收入－分离后即售的销售收入＞可分成本（应进一步加工）

进一步加工后的销售收入－分离后即售的销售收入＜可分成本（应分离即出售）

3. 副产品是否进一步加工的决策

副产品是经济价值很低或没有经济价值的联产品。对副产品是否进一步加工的决策,与联产品大致相同。可以说,副产品是否进一步加工的决策是联产品是否进一步加工决策的特例。所不同的是,副产品如不继续加工而作废料需支付一定的处理费用;若进一步加工,则可节约这部分处理费用,相当于增加了收入。因此,在决策时,只要分析副产品进一步加工后的销售额与节约的废料处理费之和是否超过可分成本即可。其选择方案的原则为：

进一步加工后的销售收入＋废料处理的费用＞可分成本（应进一步加工）

进一步加工后的销售收入＋废料处理的费用＜可分成本（应作废料处理）

（四）亏损产品应否停产或转产的决策

在企业生产经营过程中,往往由于市场需求变化、产品过时、质量较次等原因导致产品滞销积压,发生亏损。对于亏损产品,从财务会计的角度看,一般认为应停产或转产以增加企业的营业利润,但事实往往并非如此。从成本性态的角度看,停产某一亏损产品,一般只能减少该产品的变动成本,如果该亏损产品的边际贡献大于 0,能弥补部分的固定成本,就不应该停产该亏损产品。否则,该产品的边际贡献消失,全部的固定成本只能全部由其他产品的边际贡献来负担,其结果是反而降低了企业的经营利润。因此,亏损产品可分为"实亏损"产品和"虚亏损"产品两种。对于"实亏损"产品,由于其边际贡献为负数,生产得越多,亏损得越多,除非特殊需要,一般不应该继续生产。而对于"虚亏损"产品,由于其边际贡献是正数,它对企业还是有贡献的。它之所以亏损是因为其边际贡献不足以弥补全部固定成本,如果停产,由于固定成本依然存在,亏损不仅不能减少,反而会增加,所以,应该设法扩大该产品的生产。

（五）生产能力约束下的产品组合的决策

如果企业同时生产两种或两种以上的产品，到底应怎样安排各种产品的生产量呢？这是企业管理人员在生产决策中经常面临的一个问题。管理人员必须根据市场的需要和企业现有的资源，合理地安排各种产品的生产量，使各种产品的生产量达到最优组合，以取得最佳的经济效益。

三、存货决策

（一）存货决策的意义

存货是指企业在生产经营过程中持有以备出售的产成品或商品。

存货是企业生产经营过程中不可缺少的重要物资，一般在制造企业中，存货的成本占流动资金的50%左右，而在零售企业中，这一比例超过70%。由于存货管理在企业管理中已经起到了举足轻重的作用，因此，存货管理越来越受到企业管理者的重视。

在生产经营过程中，企业必须持有适当的存货，其主要原因有以下两个。

第一，企业利润最大化的经营目标要求与存货相关的成本最小化。然而，存货持有成本的最小化要求小批量的订货或生产；而订货成本的最小化则要求订货批量大、次数少（生产准备成本最小化则要求批次少、时间长的大量生产）。这样，要想实现存货持有成本最低，就要求企业保持尽量少的存货甚至是零存货；而要想使订货成本或生产准备成本最低，则要求企业保持尽量多的存货。所以，企业在选择存货水平时，要考虑的一个重要因素是在两类成本之间进行权衡，以使订货成本和存货持有成本的总和最小。

第二，企业持有一定的存货是为了满足不确定的存货需求。即使订货成本或生产准备成本可以忽略不计，但由于缺货成本的存在，企业仍然需要持有一定的存货。如果对产品或材料的需求量远远超出了预期的需求量，存货可以作为一种缓冲器，使企业能够做到按时交货，从而使顾客满意。

企业的存货过多或存货不足都会增加企业的费用。存货过多，必然增加许多仓储保管费用和利息支出；存货不足，会造成生产经营中断，从而给企业带来有形的和无形的损失。寻求最佳存货数量，使库存存货总成本最小化，是存货决策的意义所在。

（二）存货成本的构成要素

存货成本是指企业为取得并持有存货所发生的所有支出。在产品或材料等存货的市场需求量确定的情况下，与存货相关的成本主要有两项：如果企业的存货是外购的材料和商品，与存货相关的成本有订货成本和持有成本；如果企业的存货是自制的材料和商品，与存货相关的成本有生产准备成本和持有成本。而在产品或材料等存货的市场需求量不确定的情况下，与存货相关的成本还有缺货成本。

1. 订货成本

订货成本是指企业为订购货物而支出的各种费用，包括办公费、差旅费、采购人员的工资薪酬和电话通信费等。订货成本分为变动订货成本和固定订货成本。变动订货成本与订货的次数成正比，固定订货成本与订货批次无关。在存货决策中，一般将固定的订货成本视作无关成本。

2. 生产准备成本

生产准备成本是指使生产某种特定产品或部件的设备和设施达到可以使用状态而发生的各种准备成本，包括闲置的生产工人工资、生产设备的闲置成本（丧失的收益）和生产试运行成本（包括人工成本、材料成本和间接成本等）。与订货成本相似，在存货决策中，一般将固定的生产准备成本视作无关成本。

3. 持有成本

持有成本是指企业储存存货所发生的费用，包括仓储费用、保险费用、存货报废损失、财产税、年度检查费用、存货资金占用费用等。持有成本分为变动持有成本和固定持有成本。变动持有成本取决于存货数量及存储时间的长短，固定持有成本与存货数量及存储时间无关。在存货决策中，一般将固定持有成本视作无关成本。

4. 缺货成本

缺货成本是指由于存货的数量不能满足顾客的需求而发生的损失，包括销售额的减少（包括现在和未来的）、应急成本（增加的运输费加班费等）、停产成本以及延期交货而支付的罚金、客户选择其他供应商而丧失的销售机会及带来的企业信誉方面的损失等。缺货成本多属于机会成本，一般可采用一定的方法估计缺货成本。缺货成本和存货的存储量有关：当存货充足时，缺货的可能性小，缺货成本小；当存货不充足时，缺货的可能性大，缺货成本大。

除了上述的四种成本外，存货成本还包括采购成本。采购成本是指取得存货所花费的成本，包括买价、运杂费、装卸费、运输中的合理损耗和入库挑选费。采购成本的高低取决于采购数量及采购的单位成本。在存货采购的批量是固定的情况下，单位成本不变，因此，在存货管理的决策中，一般将存货的采购成本视作无关成本。只有当存在数量折扣时，采购成本才成为相关成本。

还应注意的是，订货成本和生产准备成本在本质上是相类似的、两者都表示为取得存货而必须发生的成本。它们之间的区别仅仅在于前期必要作业的性质不同：一个是填制和发出订单，另一个是调试设备和设施。在下面的讨论中，我们将着重讨论外购材料和商品的经济订货量，因此，如果涉及生产准备成本时，都可看作是订货成本。

（三）经济订货批量的基本模型

所谓经济订货批量（Economic Order Quantity，简称 EOQ），是指在保持企业正常生产经营活动的前提下，使企业存货的相关总成本最低的每次订货批量。

一般情况下，订货批量减小，一方面使变动持有成本随着企业平均存货量下降而下降，但同时因订货次数增加而使变动订货成本增加；相反，订货批量增大，一方面使变动持有成本随着企业平均存货量上升而上升，但同时因订货次数减少而使变动订货成本减少。所以，采用经济订货批量模型，就是为了寻找使企业的总存货成本（即年订货成本＋年持有成本）最低的经济订货批量。经济订货批量的确定可采用公式法、逐次测试法和图示法三种方法。

1. 公式法

如果存货的需求量是已知的，在选择经济订货批量时只需要考虑相关的订货成本和存货持有成本。订货成本和存货持有成本的总相关成本可用下面公式表示：

总相关成本＝每次订货成本年订货次数＋单位存货年变动持有成本平均库存量

为了便于分析，做以下假设：

T——年相关总成本；

R——全年存货需要量；

Q——每次订货数量，即订货批量；

S——每次订货的成本；

C——单位存货年持有成本。

年相关总成本可用公式表示如下：

$$T = \frac{R \times S}{Q} + \frac{Q \times C}{2} \quad (1)$$

为了求得总相关成本最小时的经济订货批量，可以通过导数求解：

令：

$$T' = \frac{RS}{Q^2} + \frac{C}{2}$$

$$-\frac{RS}{Q^2} + \frac{C}{2} = 0$$

得：

$$Q = \sqrt{\frac{2RS}{C}} \quad (2)$$

即当 $Q = \sqrt{\frac{2RS}{C}}$ 时，为最经济的订货批量。

将（2）式代入（1）式，得出年最低相关总成本：

$$T = \frac{RS}{\sqrt{\frac{2RS}{C}}} + \frac{C}{2} \times \sqrt{\frac{2RS}{C}}$$

$$T = \sqrt{2RSC}$$

2. 逐次测试法

逐次测试法也称列表法，是通过列表的方式针对不同的经济订货批量逐次测试，以求得总相关成本最小时的订货批量，也即经济订货批量的方法。

3. 图示法

图示法是将订货成本、持有成本和总相关成本标示在坐标图上，从而可以清楚地揭示订货成本、持有成本和总相关成本之间的关系。

当订货成本与持有成本相等时，此时的批量是经济订货批量，也即经济订货批量在订货成本与持有成本的交叉处，此时的总相关成本是最低的。

（四）基本模型的扩展

上述经济订货批量基本模型是建立在理想状态下的，在实际工作中很难达到。下面我们根据实际情况逐渐地放宽一些限制条件，通过对经济订货批量基本模型的扩展，以更好地适应不同情况的需要。

1. 存在数量折扣情况下的经济订货批量

在前面的经济订货批量基本模型中，我们假设企业的单位采购成本是固定的。

但在实际经济活动中，如果企业采购的数量达到一定的标准，销售方将给予企业相应的数量折扣，一般购买得越多，企业享受的数量折扣就越多。所以，在有数量折扣的情况下，采购成本是存货决策的相关成本。此时，存货的总相关成本由订货成本、持有成本和采购成本组成。

当享受折扣的订货起点低于或等于经济订货批量时，企业会选择享受数量折扣；而当享受数量折扣的订货起点高于经济订货批量时，企业应该对是否应享有数量折扣进行权衡。如果选择享有数量折扣，一方面，由于订货数量的增加，会使总相关成本增加；另一方面，由于享有数量折扣，采购成本会节约。因而，一般需要通过以下步骤进行选择。

（1）计算不享有数量折扣情况下的经济订货批量。

（2）如果该经济订货批量高于或等于享有数量折扣起点的订货批量，则该经济订货批量就是最优解。如果该经济订货批量低于享有数量折扣起点的订货批量，则应分别计算不享有数量折扣和享有数量折扣时的总相关成本。

（3）如果不享有数量折扣时的总相关成本低于享有数量折扣时的总相关成本，则不享有数量折扣时的经济订货批量就是最优解；否则，享有数量折扣时的经济订货批量是最优解。

2. 存货陆续入库情况下的经济订货批量

在上述的基本模型中，我们是以企业的订货是一次同时入库为前提的，但在实际工作中，由于企业本身的储备空间有限或者想要降低持有成本等原因，企业一次订货，但会陆续到达，并陆续地领用。为了便于计算，假设存货均匀地到达，同时入库的速度要大于领用的速度。

每天的入库量以 P 表示；每天的领用量以 R′ 表示；

则：每次订货全部到达所需要的时间 t=Q/P；

存货最高的库存量 =（P-R′）t

由此可以得出总相关成本为：

T=RS/Q+（P — R′）/2 ×（Q/P）C

对上式求关于 Q 的导数，得出存货陆续入库情况下的经济订货批量为：

$$Q = \sqrt{\frac{2RS}{C(1-R'/P)}}$$

当 Q 为经济订货批量时，总相关成本的计算公式为：

$$Q = \sqrt{2RSC\,(1-R'/P)}$$

3. 允许缺货情况下的经济订货批量

在产品或材料的市场需求量不确定的情况下，企业还可能发生缺货。当企业的缺货成本较之增加安全存量的成本很小时，企业可以通过支付一些缺货成本来弥补因缺货而对企业的信誉、生产经营活动造成的损失，所以，企业会允许一定数量的缺货。

设 T 代表与订货量（Q）及允许缺货量（L）有关的存货相关总成本（T）。在允许缺货的情况下，年相关成本应由订货成本、持有成本和缺货成本三部分构成。G 为单位存货的年缺货成本，则公式表示如下：

$$T = \frac{RS}{Q} + \frac{(Q-L)^2 C}{2Q} + \frac{L^2 G}{2Q}$$

分别求 T 关于 Q 与 L 的偏导数，并根据拉格朗日定理使偏导数为 0，得：

$$Q = \sqrt{\frac{2RS}{C} \times \frac{(C+G)}{G}}$$

$$= Q \times \frac{C}{C+G}$$

$$T = \sqrt{2RSC \times \frac{G}{C+G}}$$

（五）再订货点的确定

经济订货批量解决的是每次订购（或生产）多少存货的问题。除此之外，经济订货批量还要解决什么时候应该发出订单（或者开始准备生产）的问题，也即再订货点的问题。

我们在前面已经比较完整地阐明了经济订货批量如何确定，当然，经济订货批量的确定是建立在订货与到货并不存在时间间隔的假设基础上的，可是在我们的日常生活中，企业的采购部门不能做到随时补充材料，因为从采购订单发出到所需的存货运进仓库通常需要一段时间，因此，企业必须在用完全部材料之前就要订货，从而避免因企业库存不足造成的损失。

1. 需求确定情况下的再订货点

再订货点（recorder point）是指当企业的存货库存降到某一水平时，企业需要立即发出订单的时点。再订货点是经济订货批量、订货提前期（交货周期）以及存货消耗速度的函数。

为了避免缺货和尽量降低存货的持有成本，企业应该及时发出订单，以确保在最后一个单位存货用完时，新订购的存货恰好到达。在存货需求确定的情况下，如果已经知道了存货每日的耗用量和交货周期，就可以按下列公式计算出再订货点：

$$再订货点 = 存货平均每日的耗用量 \times 订货提前期$$

需要注意的是，在企业存货的每日需求量确定的情况下，当存货的库存量达到再订货点的时候，正好到达订货提前期。因此，按再订货点订货与按订货提前期订货是一致的。

2. 需求不确定情况下的再订货点

在存货的需求不能确定的情况下，影响再订货点的要素除了经济订货批量、订货提前期以及存货消耗速度外，还有安全存量要素。

安全存量（safety stock）是指为了应付需求波动而额外多持有的存货。为了防止因其他不确定因素的影响而使在交货周期内存货耗用量超过正常水平以及因突发事件使交货周期延长使库存不足以维持到存货入库情况的发生，企业通常都会保持一定的储备量。安全存量的多少取决于库存耗竭的程度。

安全存量的计算公式如下：

安全存量 =（预计每天最大耗用量 − 平均每日正常耗用量）× 订货提前期

在需求不确定的情况下，再订货点可按下列公式计算：

再订货点 = 平均每日消耗材料量 × 订货提前期 + 安全存量

应该注意的是，在增加安全存量的同时，企业相应的持有成本也会增加，因此，必须要权衡一下设置安全存量而增加的持有成本以及没有设置安全存量而增加的库存耗竭所带来的成本，包括失去市场份额的成本、失去商业信用的成本等。还应注意的是，在存货需求不确定的情况下，再订货点与订货提前期往往是不一致的。那么，什么时候应该发出订单呢？一般情况下，是看再订货点和订货提前期哪个先到达。如果是先到达再订货点，尽管此时还没有到达订货提前期，应该立即订货；如果先到达订货提前期，此时也可能还没有到达再订货点，同样应该立即订货。否则，存货就可能发生脱节，影响正常的生产经营过程。

（六）适时制存货管理

1. 适时制存货管理的特点

适时制（Just-In-Time，简称 JIT）也称即时制或需求拉动式，是一种全新的存货管理方法。在这种方式下，原材料和其他生产部件等存货仅在需要时才购买或生产，并且生产过程中的每一步都必须即时进行。采用适时制存货管理的目标是使库存存货达到最小化，甚至于是 0，以减少质量检验、储备、物料处理等非增值活动的成本，因此，适时制存货管理也称为零存货（Zero

Inventory）管理。适时制不仅仅是一个存货管理方法，它是要在整个生产经营过程中消除非增值作业并提高产品质量的哲学思想。本田汽车、宝丽来、西门子等实施适时制的公司都认为存货是一种浪费，因此，必须通过仔细的规划使存货达到最小化，甚至是 0。适时制存货管理理念所包含的要素有加强价值链各方的合作、降低存货、缩短生产耗时、提高产品质量以及增加雇员的责任和授权等。因此，适时制的实施过程就是对生产过程永无休止的持续改善，通过增加资源利用效率，消除各种浪费，减低企业成本，并提供满足市场需求的优质服务，达到企业增加利润及提升核心生产力的目的。

适时制存货管理的核心是降低存货，具体包括降低原材料存货、降低在产品存货和降低产成品存货等。

采用适时制系统对企业成本管理系统产生了重大的影响。主要表现在以下三点。

（1）缩短了产品的生产周期。

在传统的产品生产中，企业的大多数时间都用在存货的运输、检验、等待等非增值的生产准备时间上。而适时制认为生产准备时间不增加价值，是一种浪费。因此，适时制要消除这种浪费。适时制使库存存货达到最小化甚至于是 0 的目标，要求企业寻求一条全新的、更加高效的途径来完成生产准备工作，以减少质量检验、储备、物料处理等非增值活动的成本，因而大大缩短了生产周期。

（2）需求拉动存货的采购和生产。

传统产品生产采用推动式的生产系统。在该种系统下，计划部门根据计划生产量计算所需材料并发出生产和订货指令，每一生产车间将生产出的零件运到下一道工序，不论下一道工序是否需要。其结果是，库存的存货可能不断地累积。

适时制产品生产采用的是需求拉动式的生产系统，即企业根据市场的需求量安排生产的数量。每一道生产工序所生产产品的数量仅仅是下一道生产工序所需求的数量。所需要的材料或部件只要在生产开始时能够及时到达，就能够正好满足需要，从而使存货的库存达到最低。

(3）存货采购策略变化。

传统存货采购策略是建立在订货成本和持有成本基础之上的，并据此来确定经济订货批量，其思想认为企业需要保存一定量的存货以备不足，或者成批量购买成本会降低。而且，传统的采购方式最关心的是价格问题，一般忽视质量和交货时间问题。

与传统存货管理方式不同，适时制存货管理的重点在于降低存货。然而，从管理理论的角度来看，它所带来的好处绝不仅仅是存货数量的减少，而且还在改进质量、提高生产力、改进生产流程等方面发挥着巨大的作用。适时制系统除了能够提高成本效率外，还可以增强公司的灵活性，以应付顾客对更高质量、更多品种的产品的需求。适时制系统所关注的产品质量、对顾客需求的反应的灵活性以及成本效率等正是企业参与全球竞争必须重视的三个基本因素。因此，适时制系统无疑是企业实现其获得竞争优势战略目标的强有力工具。

2. 适时制存货管理的财务收益

采用适时制存货管理方式能产生诸多的财务收益，主要包括以下四个方面。

（1）降低产品成本。

适时制存货管理系统的实施将大大地降低产品的成本。这是因为：首先，由于适时制追求零存货，因而可以将存货上的投资降到最低，最大限度地降低存货上的机会成本。其次，由于适时制下存货只有在需要时才到达，因而一般没有额外的库存，这样，不仅可减少存货的仓储空间、保管费用及其他的仓储成本，而且可以减少存货过时及贬值的风险等持有成本。再次，适时制系统通过单元式制造、与供应商的密切联系等方式缩短生产准备时间，消除不增值作业，从而减少生产准备成本和生产总成本。最后，适时制强调全面质量管理。通过全面质量管理，能够迅速发现缺陷，并从根源上消除缺陷，减少废品和废料成本。

（2）增加企业收入。

适时制要求企业缩短向顾客的交付周期，以便提高对市场需求快速作出反应的能力；又由于采用适时制的企业所生产的产品是高质量的，因此为企业带来了质量方面的信誉。快速的反应和高质量的产品均能提高顾客的满意度，顾客满意度的提高能使市场份额扩大，从而带来收入的增加。

（3）简化成本核算。

在适时制环境下，企业几乎没有原材料、半成品等存货，且按制造单元组织生产。因此，许多过去或者采用动因追溯或者采用主观分配方法分配到产品成本中去的间接费用现在可直接按产品进行归集。这样，成本数据的收集和计算更加简单，既提高了间接成本的可追溯性，又简化了产品成本的核算过程。

（4）完善业绩评价指标。

适时制存货管理的目标是降低存货，并尽可能地减少非增值时间，使生产周期降低到加工时间，因而强调的是全面的效率。而许多传统的业绩评价指标仅强调部门的成本节约及部门的效率。因此，传统的业绩评价指标导致评价结果的片面性。例如，为了获得数量上的折扣，采购人员可能会订购过量的存货，从而导致后续费用（如储存、报废和搬运成本）大幅度增加。适时制存货管理方式更有助于企业实现其战略目标。与适时制存货管理目标相一致，其业绩评价强调存货的周转、生产周转的时间和生产周转效率。

存货周转率是用来评价企业在降低存货方面所取得的成绩的，存货周转率越高，降低存货的业绩就越好。其计算公式如下：

存货周转率 = 年需求量 ÷ 年平均存货（用某一项存货的实物量计算）

或

存货周转率 = 产品销售成本 ÷ 平均存货（用财务报表金额计算）

生产周转时间是用来计量生产某一单位产品所花费的总时间。其计算公式如下：

生产周转时间 = 准备时间 + 加工时间 + 搬运时间 + 等待时间 + 检验时间

在理想的环境下，生产周转时间只包括加工时间，并且这个时间越短越好。

生产周转效率是用来反映生产时间的有效性的。其计算公式如下：

生产周转效率 = 加工时间 ÷ 生产周转时间

如果所有的非增值作业都被消除的话，生产周转效率应该为1。

3.EOQ 存货管理与适时制存货管理的比较

经济订货批量法承认订货成本的存在，并试图通过找到一个合适的订货数量来使两类成本达到最优的平衡。而适时制系统采用的是一种完全不同的途径来实现使存货持有成本与订货成本之和最小的目的。相反，适时制系统不承认订货成本存在的合理性，因而试图将这些成本降低到 0。如果订货成本小到可以忽略不计的话，唯一剩下的需要最小化的成本就是只有存货的持有成本了。而存货持有成本的降低可以通过将存货降到一个非常低的水平来实现。这就是为什么在适时制系统中要求实现零存货的原因。

在适时制系统下，进货质量和供货的及时性是非常重要的。因为不合格的原材料、零部件和迟到的供货将使整个企业面临瘫痪。因此，采用适时制进行存货管理时，不仅要考虑订货成本、采购成本和储存成本等，还要考虑质量成本和缺货成本等因素。

第三节　长期投资决策概述

一、长期投资决策的特点

从广义上看，长期投资决策既包括将资金长期投向企业外部其他单位的决策，如购买债券、股票和基金或者实行联营投资的决策，也包括将资金长期投向企业内部的某些项目的决策，如购建厂房、设备、流水线等固定资产或对现有固定资产进行改建、扩建和更新改造的决策。成本管理会计中所讨论的长期投资决策是指企业增加固定资产，或对现有固定资产进行改建、扩建和更新等规划企业未来发展方向规模的决策。

与短期经营决策相比，长期投资决策具有较大的风险。风险大的原因如下。

（1）长期投资决策的金额大。固定资产具有单位价值较大、使用寿命较长等特点，因此，固定资产投资经常须支付大量的资金，其结果是可能使大量财务资源长期处于风险之中。

（2）长期投资决策涉及企业生产（或服务）能力的变动。由于固定资产投资项目一旦实施便会在较长的时间内影响企业，且其结果难以改变，当经营环境改变时，将会影响投资决策的实际效果。

（3）长期投资决策的投资期长。固定资产投资一般要经过很长时间才能收回，固定资产投资的收益又取决于产品市场需求情况、原材料供求状况、通货膨胀水平及未来行业竞争的激烈程度等许多不确定的因素，瞬息万变的市场使固定资产投资面临着较高的风险。

可见，长期投资决策是战略性的决策，正确做好长期投资决策对企业的持续发展有着十分重要的意义。因此，在对投资方案进行选择时，不仅要考虑技术上的先进性，而且要考虑方法上的合理性。为了能够对长期投资决策方案进行客观的评价，通常不是以利润为基础，而是以现金流量为基础。以现金流量为基础的原因如下。

（1）利润是以权责发生制计算的，不同的会计政策和会计方法将会影响投资项目收益的计算结果，从而影响对投资项目的客观评价。现金流量是以收付实现制为基础的，避免了人为因素的影响，从而使投资项目效益的计算建立在统一的基础上。

（2）未收到现金的收益往往有较大的风险，特别是当整个投资及其回收期较长时，若不是以实际的现金流入作为收入对投资项目进行评价，容易过高地估计长期投资项目的投资收益。

（3）由于现金流量是在一个较长时间内产生的，受到资金时间价值的影响，一定数额的现金在不同时期的价值是不同的。因此，为了正确地评价投资项目的效益，必须考虑货币的时间价值，而货币时间价值的计算是以现金流量为基础的。

二、长期投资决策的理论基础

（一）货币的时间价值

长期投资决策中最基本和最重要的概念是货币的时间价值。货币的时间价值是指货币经过一定期间的投资和再投资所增加的价值，实质上就是在没有风险和通货膨胀条件下的社会平均资金利润率。正如我们所知道的，现在的 1 元钱比 1 年后的 1 元钱的经济价值要大些，即使不存在通货膨胀也是如此。我们在银行存钱所获得的利息就是货币时间价值的表现。

货币的时间价值在投资决策方面的运用主要有三个方面。

（1）投资一定时间之后得到的价值。例如，如果每年投资10000元，年利率6%。10年后我们能得到多少累积金额？

（2）为在一定时期之后得到一定的金额，从现在起每期必须投资的金额。例如，为了在20年之后累积50万元，按每年8%的利率计算，每年必须投资多少金额？

（3）未来现金流的现值。例如，购入一台机器将使未来10年每年的人工成本减少200000元，按10%的报酬率计算，现在将为这台机器投入多少？

可以看出，终值和现值是货币的时间价值应用在长期投资决策方面的两个重要工具。

所谓终值，就是指某一特定金额按规定利率折算的未来价值。所谓现值，就是指某一特定金额按规定利率折算的现在价值。现值随着时间的推移慢慢趋向于终值。

终值和现值的计算方法通常有复利和年金两种方法，下面将分别进行阐述。

1. 复利现值和终值的计算

复利的计算是从单利的基础上发展起来的。要了解复利的计算，首先必须了解单利的计算。

单利是指只对本金计算利息，而不将前期利息累加到本金中计算利息的方法。

单利的利息和本利和的计算公式如下：

$$I = P \times i \times n$$

$$F = P + I = P + P \times i \times n = P \times (1 + i \times n)$$

式中：

I——利息；

P——本金；利率；

n——期数，通常以年为单位；

F——本利和。

（1）复利终值的计算。

复利终值（future value）是指本金在约定的期间内按一定的利率计算出每

期的利息,将其加入本金再计利息,逐期滚算到约定期末的本金和利息总值。

按单利终值的计算公式,则各期的复利终值公式推算如下:

第一年:$F=P \times (1+i)$

第二年:$F=P \times (1+i) \times (1+i) = P \times (1+i)^2$

……

第 n 年:$F=P \times (1+i)^n$

上式 $F=P \times (1+i)^n$ 是计算复利终值的一般公式,其中,$(1+i)^n$ 被称为复利终值系数,用符号(F/P,i,n)表示。

(2)复利现值的计算。

复利现值(present value)是指未来一定时间的特定资金按复利计算到现在的价值,即本金。现值是从本利和求本金的过程,是终值计算的逆运算。复利现值的计算公式可以由复利终值的计算公式推出。

已知:

$$F=P \times (1+i)^n$$

可推出复利现值的计算公式为:

$$P=F \times (1+i)^{-n}$$

上式中,$(1+i)^{-n}$ 称为复利现值系数,用符号(P/F,i,n)表示。

2. 年金终值和现值的计算

年金是指企业在未来若干均等间隔期所发生的等额收入或支出。例如,分期付款赊购、分期偿还贷款、发放养老金、分期支付工程款、计提折旧、支付租金等通常都采用年金的形式。

很多投资机会不是在未来发生一次现金流,而是未来期间连续产生等额的现金流。此时,就需要计算年金的终值和现值。根据每年收入或支出的不同,年金可以有普通年金、预付年金、递延年金、永续年金等形式。但任何一种年金都是建立在复利基础上的。尽管在实际工作中,每一个项目的每年现金流入和现金流出是在不同的时间点上发生的,但为了便于货币时间价值的具体运用,通常采用普通年金形式来计算年金的终值和现值。

普通年金(ordinary annuity)又称后付年金,是指在一定时期的每期期末发生的等额收入或支出。为了简化起见，本教材所涉及的年金均为普通年金。

（1）年金终值的计算。

年金终值（the future value of anannuity）就是每期末等额收入或支出的复利终值之和。按复利计算的年金终值等于各年的本利和的加总，因此，年金终值的计算可以从复利终值的计算公式中推出。若以 A 代表年金数额，则年金终值的计算公式如下：

$$F = A \cdot (1+i)^0 + A \cdot (1+i)^1 + \ldots + A \cdot (1+i)^{n-2} + A \cdot (1+i)^{n-1}$$

$$F = A \cdot \frac{(1+i)^n - 1}{i} = A \cdot (F/A, i, n)$$

上式中，$A \cdot \frac{(1+i)^n - 1}{i}$ 称作年金终值系数，用符号（F/A, i, n）表示。

（2）年金现值的计算。

年金现值（the present value of annuity）是指为在每期期末取得或支出相等款项的复利现值之和。按复利计算的年金现值等于各年现值的加总，因此，年金现值的计算公式也可以从复利现值的计算公式中推出。若以 P 代表年金的现值，则年金现值的计算公式如下：

$$F = A \cdot (1+i)^{-1} + A \cdot (1+i)^{-2} + \ldots + A \cdot (1+i)^{-(n-1)} + A \cdot (1+i)^{-n}$$

$$F = A \cdot \frac{1 - (1+i)^{-n}}{i} = A \cdot (F/A, i, n)$$

上式中，$A \cdot \frac{1 - (1+i)^{-n}}{i}$ 称作年金现值系数，用符号（P/A, i, n）表示。

（二）现金流量

现金流量（cash flow）是指一个投资项目引起的未来一定时期内现金流出量和现金流入量的总称。现金流出量和现金流入量两者之间的差额称为现金净流量。这里的现金，不仅包括各种货币资金，还包括项目需要投入企业拥有的非货币资源的变现价值。

1. 现金流入

现金流入量是指一项投资引起的现金收入的增加额，是整个投资及其回收过程中所发生的实际现金收入，包括项目投产后每年的营业收入、固定资产报废时的残值收入以及项目结束时收回的原垫付的流动资金。

（1）营业收入现金。项目投入使用后每年的销售收入扣除付现成本后所引起的现金净增加额。付现成本是指用现金支出的各种成本和费用，如材料费用、人工费用、设备维修费用等。

（2）固定资产报废时的残值收入。资产出售或报废时的残值收入，是由于当初购置该生产线引起的，应作为投资方案的一项现金流入。

（3）垫支的营运资金的收回。项目寿命期终了时投放在与它相关的各项流动资产上的投资收回。

2. 现金流出

现金流出量是指一项资本投资引起的现金支出的增加额，是整个投资及其回收过程中所发生的实际现金支出，包括固定资产投资支出、流动资金投资支出、各种税款及项目投产后每年的营业支出中的付现部分。

（1）直接资本投资。形成生产经营能力的各种直接支出，包括固定资产的购入或建造成本、运输成本、安装成本以及其他有关支出，如生产设备的购入、技术购入支出等。在财务会计中一般表现为固定资产、长期待摊费用和无形资产的增加。

（2）垫支的流动资金。投资形成的生产经营能力要投入使用，必然引起对流动资产的需求，包括正常的原材料、产成品、在产品、存货的占用等，另一方面还包括货币资金的支出。这部分现金流出属于垫支性质，一般在投资项目投入使用时发生，结束时收回。

（3）其他投资费用。包括与长期投资项目有关的谈判费、注册费、职工培训费等筹建费用。

3. 净现金流量

现金净流量是指一定期间现金流入量和现金流出量的差额。流入量大于流出量时，净流量为正值；反之，净流量为负值。各年的现金流入和现金流出可计算如下：

现金流入量 = 营业收入 + 固定资产残值收入 + 回收的流动资金

现金流出量＝固定资产投资＋流动资金投资＋营业成本＋营业税金＋销售费用＋管理费用－固定资产折旧

整个投资期的现金流量可计算如下：

净现金流量＝现金流入量－现金流出量

＝∑（各年营业收入－各年营业成本－各年营业税金－各年销售费用－各年管理费用＋各年折旧）－固定资产投资－流动资金投资＋固定资产残值＋回收流动资金

＝∑（各年营业利润＋各年折旧）－固定资产投资－流动资金投资＋固定资产残值＋回收流动资金

（三）投资项目的计算期

投资是期望在未来一定时期内能获得效益而投入的资源，这里所指的一定时期是指项目的经济寿命期而不是项目的有效使用年限。经济寿命期指的是在这一时期，项目在技术上具有一定的竞争力，在经济上可以获取相当的收益而不必支付很大的代价，这就要求正确地确定期限的开始和项目及时更新期。因此，一般情况下，投资项目的计算期指是从项目投资开始到项目最佳的更新时刻为止的期间。

三、长期投资决策的基本方法

长期投资决策的方法有静态分析法和动态分析法两种。

（一）静态分析法

长期投资决策的静态分析法主要是指不考虑货币的时间价值而直接按投资项目形成的现金流量计算，借以分析评价投资经济效益的各种方法的总称。静态分析法的主要指标有投资回收期和报酬率等。

1.投资回收期

静态投资回收期是指以投资项目经营净现金流量抵偿原始总投资所需要的全部时间。一般说来，回收期越短，表明该项投资的效果越好，所需冒的风险程度也越小。静态投资回收期的计算方法分两种情况：一种是各年现金净流量相等的情况，另一种是各年现金净流量不等的情况。

在各年现金流量相等的情况下，投资回收期可按下列公式计算：

$$投资回收期 = \frac{原始投资总额}{年现金净流量}$$

在各年现金流量不等的情况下，投资回收期可根据各年末累计的现金净流量与各年末尚未回收的投资金额进行计算。其计算公式如下：

$$投资回收期 = 累计净现金流量出现正值年份 - 1 + \frac{上年累计净现金流量的绝对值}{当年净现金流量}$$

投资回收期指标的优点是：

（1）计算简便，容易为决策者正确理解。回收期法不需要十分准确地估算方案的盈利能力，不需要对许多项目进行初步筛选，使用投资回收期法很方便。

（2）强调投资项目的流动性，在同等条件下，管理者总是偏爱投资回收期短的项目，可以较快地收回资金供其他项目使用，从而提高了组织的灵活性。

投资回收期指标的缺陷是：

（1）忽略了计划方案的经济寿命时间。

（2）没有考虑货币的时间价值，把不同年限的现金流入量等同起来，实际上人为地缩短了投资方案的回收期间。

（3）不能提供获利性的指标。

（4）由于没有考虑投资项目的所有收益，其结果可能导致放弃长期成功的方案。

2. 报酬率

在静态法下，反映投资项目获利能力的报酬率通常有投资报酬率和年平均报酬率两个指标。

（1）投资报酬率。

投资报酬率是指投资项目达到设计生产能力后的一个正常生产年份的年平均利润与项目总投资的比率，投资报酬率指标反映项目正常生产年份每1元投资带来的年利润。其计算公式如下：

$$投资报酬率 = \frac{年平均利润}{原始投资额} \times 100\%$$

（2）年平均报酬率。

年平均报酬率是指投资项目达到设计生产能力后的一个正常生产年份的年平均利润与平均投资额的比率。年平均报酬率指标反映在整个项目计算期内年平均占用 1 元投资所带来的年平均利润。由于折旧被看作是投资的收回，因而各年的投资额呈递减趋势。如果投资项目报废时无残值，并采用使用年限法计提折旧，则年平均投资额就等于总投资额的二分之一。其计算公式如下：

$$年平均报酬率 = \frac{年平均利润}{年平均投资额} \times 100\%$$

综上所述，静态法下评价指标的计算简单、明了，易于理解和掌握。但是，无论是投资回收期指标还是报酬率指标，由于都没有考虑货币的时间价值，只能用于投资项目方案的初选。

（二）动态分析法

长期投资决策的动态分析是指以现金流量为基础并考虑货币的时间价值，对长期投资项目作出分析和评价的方法。动态分析法的主要指标有投资回收期、净现值率和内含收益率等。

1. 投资回收期

动态分析法下的投资回收期是以折现后的现金流量为基础计算的完全收回项目全部投资所需要的时间。它是以部门、行业的基准收益率或设定的折现率折现的现金流量作为计算基础，当累计折现的净现金流量为 0 时所需要的时间。如果投资方案的每年净现金流量相等，可以根据年金现值系数，运用内插法计算动态投资回收期。具体方法如下：

由：

每年的现金净流量 × 年金现值系数 = 投资额

得：

$$年金现值系数 = \frac{原始投资}{每年现金净流量}$$

通过查年金现值表确定动态回收期的区间，然后采用插值法求得动态回收期的近似值。

如果投资方案的每年净现金流量不相等，则可按下列公式计算动态投资回收期：

$$动态投资回收期 = 累计折现的净现金流量开始出现正值的年份数 - 1 + \frac{上年累计折现的净现金流量的绝对值}{当年的折现的净现金流量}$$

动态投资回收期考虑了货币的时间价值，优于静态投资回收指标，但仍有片面性，它不能说明投资项目的经济效益，只考虑投资的期限长短，容易使管理者追求短期效益。

2. 净现值

所谓净现值（Net Present Value，简称 NPV），是指特定方案未来现金流入的现值

与未来现金流出的现值之间的差额，它反映的是一项投资的获利能力。通过净现值指标，可以判断一项投资项目是否可行。计算净现值指标，所有未来现金流入和现金流出都要按预定折现率折算为现值，然后再计算它们的差额。其计算公式如下：

$$NPV = \sum_{t=1}^{n}(C_1 - C_0)_t (1+r)^{-t}$$

式中：

C_1——现金流入量；

C_0——现金流出量；

$(C_1 - C_0)_t$——第 t 年的净现金流量。

其中的折现率是一个可取的投资项目所应达到的最低收益率。NPV 越大，说明该项目的经济效益越好。若 NPV 大于 0，说明该投资项目的报酬率大于预

定的折现率，该方案可行；若 NPV 小于 0，说明该投资项目的报酬率小于预定的折现率，该方案不可行。

净现值法以现金流量为基础，充分考虑了货币的时间价值。净现值法具有广泛的适用性，在理论上也比较完善。当两个方案的投资额相同时，净现值越大，说明投资的收益率越高。但当不同方案的投资额不同时，单纯以净现值的绝对数不能作出正确的评价，必须用净现值率来衡量。

3. 净现值率

净现值率（Net Present Value Rate，简称 NPVR）是投资项目的净现值与全部投资现值之比，也即单位投资现值的净现值。

净现值率的计算公式如下：

$$NPVR = \frac{NPV}{I_p}$$

式中：I_p——投资的现值。

净现值率指标用以说明每元投资的现值未来可获得的净现值有多少。净现值率指标是相对数指标，以现金流量为计算基础，并考虑了货币的时间价值，而且以比率的方式表现出来，适用于不同规模投资方案的比较。

净现值和净现值率两个指标之间存在着如下的关系：

净现值＞0，净现值率＞0

净现值＜0，净现值率＜0

净现值 =0，净现值率 =0

尽管净现值指标在投资决策分析中具有广泛的运用，但它是一个绝对数指标，只能反映某个单独的投资方案的成本和效益关系。净现值率是个相对数指标，用以说明每 1 元投资的现值未来可以获得的净现值有多少，并使投资规模不同的方案具有共同的可比基础。但两者都有一个共同的缺陷，就是不能揭示方案本身实际能达到的投资报酬率。

4. 内含收益率

内含收益率（Interal Rate of Return，简称 IRR）是通过计算投资方案本身的实际报酬率来评价方案优劣的一种方法。内含收益率是使一个投资项目的未来现金流入量现值等于未来现金流出量现值的折现率，也即使投资方案净现值为 0 的折现率。通过内含收益率指标，可以判断项目的实际收益是否高于资金成本，从而确定投资方案是否可行。若内含收益率大于资金成本，方案可行；反之，则不可行。

根据各期现金流量的不同，内含收益率的计算分两种情况。

（1）若每期现金流入量相等，可利用年金现值表计算确定投资项目的内含收益率。

具体步骤如下：

首先，以原始投资额除以年金金额，计算其年金现值系数。其计算公式如下：

$$年金现值系数 = \frac{原始投资}{各年现金净流量}$$

其次，从年金现值表中找出在相同期数里与上述现值系数相邻的折现率。

最后，依据两个相邻的折现率和已计算出的现值系数，采用内插法计算出投资方案的内含收益率。

（2）若每期现金流量不相等，则可采用逐次测试法计算投资项目的内含收益率。

具体步骤如下：首先，估计一个折现率，并以此折现率来计算各年现金流入量的累计现值。其次，计算项目的净现值。如净现值为正数，则表示估计的折现率小于该方案可能达到的内含收益率，这时，应提高估计的折现率再进行测算，直到测算的净现值正数下降到接近于 0 为止。如果净现值为负数，则表示估计的折现率大于该方案可能达到的内含收益率，这时，应降低估计的折现率再进行测算。如此经过逐次测算，即可求出由正到负的两个相邻的折现率。

最后，依据正负相邻的折现率，采用内插法找到使净现值为 0 的折现率，即为方案本身的内含收益率。其计算公式如下：

$$IRR = r_1 + (r_2 - r_1) \times \frac{|NPV_1|}{|NPV_1| + |NPV_2|}$$

式中：

r_1——试算用的净现值为正数的较低的折现率；

r_2——试算用的净现值为负数的较高的折现率；

——以 r_1 折现的净现值的绝对值；

——以 r_2 折现的净现值的绝对值。

内含收益率法以现金流量为基础，并充分考虑了货币的时间价值，而且不需要事先确定折现率。但这种方法计算手续比较复杂，而且这种方法有一个假定，即流入的现金在进行再投资时其收益率和所计算的内含收益率是一致的，在实际情况下是很难做到的，这也造成了在有些情况下内含收益率法的选择结果与净现值法是不一致的。

四、投资方案的对比和优选

投资项目的经济评价主要指标是净现值、净现值率和内含收益率等。这些指标是从不同的角度对投资项目进行评价的，各有其优缺点和局限性。因此，必须分别不同的目的和用途，正确使用不同的评价指标，对投资方案进行对比与优选。

正确计算评价指标的目的就是要运用这些指标，通过对比和分析正确选择投资方案。为了正确运用投资项目的经济评价指标，首先要从不同投资方案之间的关系着眼，将投资方案区分为独立方案和互斥方案两类，然后根据不同的评价目的，采用不同的评价指标和评价方法。

（一）独立方案的投资决策

对独立方案而言，其投资决策的目的是评价其在经济上是否可行。独立方案投资决策的常用的评价指标是净现值和内含收益率。

1. 单个独立项目的投资决策

在资金总量允许的情况下，一个独立方案的净现值如为正值，说明该方案可实现的投资收益率大于设定的折现率，经济上可行；如其净现值为负值，说明该方案可实现的投资收益率小于设定的折现率，经济上不可行。由于没有其他竞争方案，只要投资方案本身可行，就可以接受。

2. 多个独立项目的投资决策

如果有多个投资方案且相互之间是相互独立的，经过各种分析法的考查，证明在经济上具有可行性的，就有必要对这些投资方案进行排队。排队又分两种情况：

（1）在资金总量不受限制的情况下，可按净现值的大小对各项目进行排队，确定先后顺序；

（2）在资金总量受限制的情况下，则按净现值率的大小来排序。不同的投资方案可能需要的原始投资额不会完全相等，所以，一般还需要按净现值指标对选定方案进行调整。

（二）互斥方案的投资决策

所谓互斥方案，是指有取必有舍、不能同时并存的方案。互斥方案的决策目的是通过方案的对比和分析，从中选出最佳方案。对互斥方案的比较，如果同时使用净现值、净现值率和内含收益率，可能得出相互矛盾的结论。因此，互斥方案的决策一般可分别采用净现值法或差额投资收益率法进行对比和优选。

1. 净现值法

采用净现值法就是应用净现值与净现值率指标对互斥方案进行比较，决定其取舍，选择最优方案。在采用净现值法时，对投资额相同的互斥方案，可通过比较净现值指标，选取净现值大的投资方案为最优方案；对投资额不同的互斥方案，则应通过比较净现值率指标，选取净现值率最大的投资方案为最优方案。

2. 差额投资内含收益率法

差额投资内含收益率是以两个初始投资额不同方案的差额现金净流量为基础计算的内含收益率，它是两个方案各年现金净流量差额的现值之和等于零时的折现率。若以 OIRR 表示差额投资内含收益率，则其必须满足以下等式：

$$\Delta IRR = \sum_{t=0}^{n}[(C_I - C_O)_2 - (C_I - C_O)_1]_t \cdot (P/F, \Delta IRR, t) = 0$$

式中：

C_I——现金流入量；

C_0——现金 流出量;

$(C_1-C_0)_2$——投资金额大的方案的现金净流量;

$(C_1-C_0)_1$——投资金额小的方案的现金净流量;

$[(C_1-C_0)_2-(C_1-C_0)_1]_t$——第 t 年两方案的差额现金净流量。

两个方案的差额投资内含收益率可以用逐次测试法求得。当差额投资内含收益率大于或等于基准收益率时,投资金额大的方案较优;当差额投资内含收益率小于基准收益率时,投资金额小的方案较优。

总之,对于原始投资额相等的多方案进行比较,一般可采用净现值指标进行评价选择;对于原始投资额不等的多方案进行比较,一般可采用净现值率或差额投资内含收益率进行评价和选择。

除了新建项目外,企业还往往面临着老项目的改建、扩建与更新改造等方面的决策。在计算这些项目的经济评价指标时,是以改扩建与不改,扩建相对应的增量现金流入和增量现金流出(即增量的净现金流量)为计算基础的。增量的现金流出是改、扩建和更新改造项目的新增投资,而增量的现金流入随项目的具体情况而异:有些增量的现金流入可以单独计算,有些增量的现金流入难以单独确定;有些增量的现金流入表现为因增加产量而增加的收入,而有些增量的现金流入则表现为成本降低额。对于此类决策,往往是以增量的现金流量为基础来评价各个方案的可行性的。

五、影响投资决策的若干问题

(一)所得税对投资决策的影响

评价投资效益是以现金流量为基础的,而现金流量是以利润加折旧为依据的。利润又有税前利润和税后利润之别。到目前为止,我们一直没有考虑税收对投资决策的影响。然而,在实际工作中,企业要根据实现的利润总额和规定的所得税税率计算上交所得税,所以,投资者应该从税后利润的角度来考虑投资项目的投资效益。在这种情况下,所得税是现金流量的一个抵减项目,在投资决策中,必须考虑所得税对投资决策产生的重要影响,也即税金减除数的影响。所谓税金减除数,就是由于某种原因国家同意减免所得税的数额。

（二）折旧模式对投资决策的影响

现金流量的估算是具体评价投资方案经济效益的基础，而一定期间内现金流量的大小又受各年利润和折旧大小两个因素的影响。企业的折旧方法除了有平均年限法外，还有工作量法、双倍余额递减法和年数总和法等。尽管从投资的整个有效期来看，采用任何折旧方法提取的折旧总额相同，但每年计提的折旧额不同。

如果是以税前利润为基础计算的现金流量为评价投资方案的依据，折旧额的变化对现金流量的计算是没有影响的。因为现金流量等于利润加折旧，折旧额多了，利润就少了。折旧额的增加与利润额的减少是相等的。所以，在以税前利润作为评价投资方案依据的情况下，折旧模式的改变对投资效益的评价没有影响。

如果是以税后利润为基础计算的现金流量为评价投资方案的依据，折旧方法可以改变不同期间的折旧额，从而影响不同期间税后现金流量的数额。特别是在考虑货币时间价值的情况下，会改变投资的实际效果。所以，在以税后利润作为评价投资方案依据的情况下，折旧模式的改变对投资效益的评价有着一定的影响。

（三）通货膨胀对投资决策的影响

通货膨胀对决策有着一定的影响，尤其是在通货膨胀率高的情况下，对长期投资决策有着很大的影响，如果没有剔除通货膨胀的影响，一些投资方案的净现值可能很大或者内含收益率可能很高，而实际情况并非如此。

考虑通货膨胀的情况，资金成本由实际内含收益率和通货膨胀率两部分组成。假定以 i 表示名义内含收益率，f 表示通货膨胀率，r 表示实际内含收益率，则它们之间的关系如下：

$$i=(1+f)(1+r)-1=f+r+rf$$

根据上述公式，可计算实际收益率如下：

$$r=(i-f)/(1+f)$$

第九章
会计业绩评价分析

当公司分散决策时，它们就会通过组建责任中心为每个责任中心建立评价指标，以及根据责任中心管理者个人的业绩好坏进行奖惩等，以保持公司对每一个责任中心的控制。业绩评价（performance appraisal）意味着要对管理人员进行业绩评价，这也就意味着实际产出必须和预期或预算产出相比较，以评价管理者的业绩。

第一节 成本中心与收入中心的业绩评价

一、成本中心的业绩评价

由于责任会计是围绕责任中心来组织，以各个责任中心为对象进行有关资料的收集、整理和分析对比，因此，成本中心责任成本的核算制度与传统的产品成本的核算制度相比有很大的不同，其主要区别有以下四个方面。

（1）成本核算的对象不同。产品成本以一定种类或批次的产品为核算对象；而责任成本以各个责任中心为核算对象。

（2）成本核算的原则不同。产品成本的核算原则是"谁受益，谁承担"；而责任成本的核算原则是"谁负责，谁承担"。

（3）成本核算的内容不同。产品成本既包括可控成本又包括不可控成本，只要应归属于产品的，都是产品成本；而责任成本的核算只包括可控成本，不可控成本只作为参考指标。

（4）成本核算目的不同。产品成本核算能为考核成本计划完成情况及计算利润、制定产品价格提供依据，是实施经济核算制的重要手段；而责任成本核算则是为了评价和考核责任预算的执行情况，是进行成本控制和考核成本责任的重要手段。

责任成本与产品成本虽有区别，但两者又有密切的联系。首先，两者核算的原始成本信息是相同的，只是加工整理的主体不同；其次，两者归集的成本都是企业生产经营过程中实际发生的耗费，因此，就整个企业来说，一定时期的责任成本总额和一定时期的产品成本总额是相等的。分清产品成本与责任成本的区别，是责任中心核算的一个基本前提。

由于成本中心只对成本负责，职责比较单一，因此，对其业绩进行评价和考核的重点是责任成本。成本中心的考核指标主要包括目标成本降低额和目标成本降低率，其计算公式如下：

$$目标成本降低额 = 目标（或预算）成本 - 实际成本$$

$$目标成本降低率 = \frac{目标成本降低额}{目标成本} \times 100\%$$

在对成本中心进行考核时，应注意区分可控成本和不可控成本，不可控成本不应计入责任成本。还需注意的是，如果预算产量与实际产量不一致时，应先按弹性预算的方法调整预算指标，然后再进行考核。

二、收入中心的业绩评价

收入中心是只对产品或劳务的营业收入负责的责任中心。但应注意的是，收入中心的收入实际上是整个企业的收入，因此，各收入中心的目标营业额是否能够实现，直接影响到企业整体经营目标，尤其是利润目标的实现，所以，加强对各收入中心的营业收入目标控制非常重要。

收入中心的主要职能是实现营业收入，所以，其业绩评价以营业收入的实现为主。然而，收入中心的职能不仅包括将产品或劳务推向市场，而且还包括及时地收回货币资金和控制坏账。因此，收入中心的业绩评价指标包括营业收入目标完成百分比、营业货款回收平均天数和坏账发生率等。

（一）营业收入目标完成百分比

营业收入目标完成百分比是将实际实现的营业收入与目标营业收入相比较，以考核营业收入的目标完成情况。其计算公式如下：

$$营业收入目标完成百分比 = 实际实现的营业收入 / 目标营业收入 \times 100\%$$

对收入中心来说，这一指标是最主要的业绩评价指标。

（二）营业货款回收平均天数

营业货款回收平均天数是评价收入中心回收营业款项是否及时的指标。销售过程是企业的成品资金向货币资金转化的过程，在这一过程中，营业收入的资金能否及时收回对企业资金的正常周转将产生重要影响。在市场经济的条件下，一个企业的经营能否顺利进行和发展，资金是一个重要的因素。因此，确保营业货款的及时回收是收入中心的又一重要职责。营业货款回收平均天数指标能促进收入中心加速资金回收，提高资金使用效率。其计算公式如下：

$$营业货款回收平均天数 = \Sigma（营业收入回收天数）/ 全部营业收入$$

将实际的营业货款回收平均天数与计划天数相比较，能反映该收入中心的营业款项回收的及时情况。

（三）坏账发生率

坏账发生率指标主要是用来评价收入中心在履行其职责过程中所发生的失误情况。销售成品或提供劳务的企业发生坏账的情况是不可避免的。尽管如此，管理者仍然有责任来控制坏账的发生，以使企业尽量避免损失。对收入中心来说，正确判断客户的付款能力也是其经营业务中的基本职责。控制坏账的发生自然又是收入中心的重要职责。坏账发生率的计算公式如下：

$$坏账发生率 = 某年坏账发生数 / 某年全部营业收入 \times 100\%$$

以坏账发生率来评价收入中心的业绩能促进收入中心在经营过程中保持认真谨慎的作风。

第二节 利润中心与投资中心的业绩评价

一、利润中心的业绩评价

利润中心业绩的评价和考核主要是通过一定期间实现的利润与"责任预算"所确定的预计利润数进行比较，并进而对差异形成的原因和责任进行具体剖析，借以对经营上的得失和有关人员的功过作出全面而正确的评价。

利润中心业绩评价的主要指标是"责任利润"，而责任利润又有多种含义或多种选择，主要的评价指标包括可控边际贡献、部门边际贡献和税前部门利润等。

（一）可控边际贡献

可控边际贡献也称部门经理可控边际，是部门经理在其权责范围内有能力控制因而应对其负责的全部边际贡献，是最符合"责任利润"概念的指标。可控边际贡献通常是考核利润中心业绩最主要的指标。其计算公式如下：

可控边际贡献＝营业收入总额－变动成本总额－部门经理可控的可追溯固定成本＝边际贡献－部门经理可控的可追溯固定成本

上述公式可看作严格意义上的边际贡献在利润中心业绩评价中的自然延伸，是可控性原则的具体体现。

可控边际贡献指标主要用于评价利润中心（分部）负责人的经营业绩，因而必须就经理人员的可控成本进行评价、考核。为此，必须在各部门可追溯固定成本基础上，进一步将之区分为部门经理可控成本和不可控成本，并就经理人员可控成本进行业绩评价、考核。这是因为有些成本尽管可追溯到部门却不为部门经理所控制，如广告费、保险费等。部门经理贡献反映的是部门经理对其控制的资源的有效利用程度。

（二）部门边际贡献

部门边际贡献又称部门毛利，该指标反映利润中心为整个企业实际做出的贡献，对评价其在企业中所具有的重要性，确定其应有的客观地位具有重要意义。其计算公式如下：

部门边际贡献＝营业收入总额－变动成本总额－部门经理可控的可追溯固定成本－部门经理不可控但高层管理部门可控的可追溯固定成本＝部门经理贡献－部门经理不可控但高层管理部门可控的可追溯固定成本

部门边际贡献指标主要用于对利润中心（分部）的业绩评价和考核，因而仅将为分部所控制的可追溯固定成本从边际贡献中扣除，其所反映的是部门为补偿共同性固定成本及提供企业利润所做的贡献。但由于该指标中包含了部门不可控的因素，与"责任利润"概念不完全相符，因而只能作为利润中心业绩评价的参考指标。

（三）税前部门利润

税前部门利润是将部门边际贡献调整到与整个企业税前利润相一致的指标，其意义在于提醒部门经理企业中还有共同成本存在，只有当各个利润中心都产生了足够的边际贡献来弥补这些共同成本时，整个企业才有可能获利。以税前部门利润指标评价利润中心的业绩，能够促使各个利润中心自觉地为实现企业整体目标而努力。其计算公式如下：

税前部门利润＝部门边际贡献－分摊的企业共同费用

应该注意的是，以税前部门利润指标评价利润中心的业绩具有其局限性。其一，企业共同费用的分摊具有主观性，这一分配数会因共同费用实际发生数的改变而改变，也会因共同费用分配方法的改变而改变。其二，企业发生的共同费用对部门管理人员来说往往是不可控的。如果企业管理当局希望各个利润中心的获利能力足以弥补他们自己的费用，包括企业的共同费用，最好建立一个能够补偿企业发生共同费用的部门贡献标准。这样，利润中心的管理人员可以集中精力来提高收入和减少其所能控制的成本支出，而无须关心其不能控制的主观分配的成本。总之，采用"责任利润"评价利润中心的业绩有两个缺陷：一是利润只是一个概括性的指标，它只能概括地反映该利润中心对企业所作的贡献，无法直接让员工了解如何才能提高本部门的业绩；二是利润是一个短期指标，而且容易被操纵，从而导致部门的管理人员注重部门的眼前利润而牺牲企业的长期利益,如不注重员工的培训、不注重质量管理等。

二、投资中心的业绩评价

投资中心业绩的评价和考核除了使用利润指标外,还通常以投资报酬率剩余收益和经济附加值作为评价和考核其业绩的主要指标。

(一)投资报酬率

投资报酬率(Return On Investment,简称ROI)是一个常用的投资中心业绩评价指标。它对外对内都有较高的价值。从外部来说,投资报酬率是股东用来衡量公司是否健康运转的指示器,因为投资报酬率的提高会使公司的股票价格升高。从内部来说,投资报酬率被用来评价各分部的相对业绩。

投资报酬率是投资中心所获得的利润与其经营资产之间的比率,其计算公式如下:

$$投资报酬率 = \frac{利润}{经营资产(或投资额)} \times 100\%$$

上述公式中的利润是指扣减利息费用和所得税之前的利润。这是因为投资报酬率所要反映的是企业如何有效运用其资产以获得利润,而利息与所得税及资产的使用无关,故需将这两者排除在外。另外,由于营业利润是期间性指标(即利润是在整个预算执行期内获得的),故上述公式分母的"经营资产"应按平均占用额或投资额计算,即采用期初数加期末数除以2。

根据杜邦利润分析的方法,投资报酬率还可按其构成因素分解为如下的计算公式:

$$投资报酬率 = \frac{销售收入}{经营资产} \times \frac{利润}{销售收入} \times 100\%$$

$$= 经营资产周转率 \times 销售利润率$$

从上述公式中我们还可以了解到,有两个基本方法可以提高企业的投资报酬率,即提高经营资产周转率或提高销售利润率。

投资报酬率是全面评价投资中心各项经营活动的综合性质量指标。它既能揭示投资中心的销售利润水平,又能反映资产的使用效果。利用投资报酬率指标不仅能够使不同经营规模的责任中心的业绩具有可比性,从而对各利润中心的业绩作出客观公正的评价和考核，而且为企业合理调整资金布局和进行新的投资提供了决策依据。

然而，使用投资报酬率评价投资中心也有其局限性。

首先，由于投资报酬率重视投资中心短期业绩，因而容易导致投资中心短期行为的发生，也就是投资中心管理者常常以牺牲企业的长远发展为代价来获取短期利益。投资中心的管理者为了提高投资报酬率，常常通过直接削减可选择的成本来达到降低费用的目的。如解雇较高工资的雇员故意延迟雇员的提升和员工的培训等。虽然这些举措在短期内提高了利润和投资报酬率，但由于这些措施可能会挫伤员工的积极性，这反过来又有可能降低生产率降低顾客满意度，因此，它们有着长远的不利影响，也导致将来的投资报酬率下降。

其次，它不利于投资中心开发新项目。由于项目开发初期的投资报酬率相对较低，尽管会提高公司整体的利润率，但可能会降低投资中心的投资报酬率。因此，投资中心往往会拒绝开发投资报酬率较低的项目。为了弥补投资报酬率的这一缺陷，对投资中心还应考核剩余收益指标。

（二）剩余收益

剩余收益（residual income）是指投资中心的营业利润减去其经营资产按规定的最低报酬率计算的投资报酬后的余额。规定的最低报酬率一般是指各投资中心的平均报酬率或企业预期的报酬率。这一指标的含义是只要投资收益超过平均或期望的报酬额，对企业和投资中心都是有利的。剩余收益的计算公式如下：

$$剩余收益 = 营业利润 - （经营资产 \times 规定的最低报酬率）$$

应该指出的是，上述公式中从投资中心营业利润中所扣除的并非是其实际发生的资本成本，而是机会成本。

以剩余收益来评价和考核投资中心的业绩有两个优点：一是可以消除利用投资报酬率进行业绩评价所产生的缺陷，促使管理当局重视对投资中心业绩绝对金额的评价；二是可以鼓励投资中心乐于接受比较有利的投资，使部门目标和企业整体目标趋于一致。

但是，剩余收益指标也有其缺点：首先，与投资报酬率一样，以剩余收益指标评价业绩也会导致短期行为的发生；其次，剩余收益是一个绝对数指标，使用该指标很难直接比较各个责任中心的业绩。

（三）经济附加值

为了减避免以投资报酬率和剩余收益指标评价业绩所产生的短期行为，一个较好的方法就是使用经济附加值指标。

经济附加值(Economic Value Added,简称EVA)是一种特殊形式的剩余收益，它是税后利润减去全年资金使用的总成本的差额。其计算公式如下：

经济附加值（EVA）= 税后利润 − （加权平均资本成本 × 资金总额）

如果EVA是正数，表示该公司是盈利的；如果EVA是负数，则表示该公司的资金正在减少。从长期看，只有不断地创造资本或财富的公司才能生存。可口可乐、通用电气和英特尔等公司就是20世纪90年代EVA不断增加的公司。以EVA指标评价投资中心的经营业绩，能够激励管理者使用现有的和新增的资金去获得更大的利润。EVA指标的重要特征就在于它强调税后利润和资金的实际成本。

使用经济附加值指标的关键是如何计算资金成本。一般来说，计算资金成本需要下列两个步骤：一是确定资金的加权平均成本，二是确定资金总额。

1. 确定资金的加权平均成本

为了计算资金的加权平均成本，首先必须明确各种投资资金的来源。典型的资金来源是负债和权益资本。其次，确定不同来源资金的成本。负债的资金通常有一个规定的利率，由于利息成本是免税的，因此，这个利率可以根据相关的所得税税率进行调整。例如，公司借入10年期的年利率为8%的长期借款，所得税税率为25%，这笔借款的税后成本就是6%×[0.08−（0.25×0.08）]。而权益资金的成本是指投资者不投资于该项目而转投与其风险类似的其他项目的机会成本，股权成本无需作税后调整。例如，长期以来，股东的平均收益率比国债利率高4%，如果国债的利率是6%，股权的平均成本就是10%。最后，根据每种融资方式占总融资的比例与它的资金成本率，就可以计算出资金的加权平均成本。其计算公式如下：

资金的加权平均成本 = Σ （某种融资在总融资中所占的比例 × 该项融资的资金成本）

2. 确定资金总额

计算资金使用成本所需的第二个数据就是资金总额。一般来说，资金总额不仅包括购买厂房建筑物、机器设备和土地使用权等投资的资金数额，而且还应包括一些预期可能会有一个长期回报的其他支出，如研究开发费用、雇员的培训费等（实际上它们本身也是投资）。

现在，越来越多的公司都已发现使用 EVA 有助于鼓励它们的分部以一种正确的方式经营，即不能只注重营业利润。在许多公司，由于投资决策的责任往往是由公司管理当局来承担的，结果是资金成本被认为是一项公司费用，投资对于分部来说好像是免费的，因此，他们希望投资越多越好。为此，必须计量公司各分部资产的 EVA。

第三节　平衡计分卡的特点及指标

一、传统业绩评价体系的缺陷

传统的业绩评价主要是建立在财务指标基础上的，通过编制预算，对企业的经营过程进行控制、分析和评价。在相当长的一段时间里，传统的业绩评价方法适合了管理者重视生产和经营的观念，产生了较好的效果。但是，随着高科技条件下生产手段的日益自动化、电脑化以及消费需求的日益多样化、个性化，企业面临的经济环境正在发生巨大的变化。在新的经济环境下，传统的业绩评价体系的局限性越来越明显，主要表现在以下三个方面。

（1）传统的以财务业绩为主的业绩评价体系，只能衡量过去的事件，但无法很好地预测企业的未来。由于这种评价指标的滞后性，因而只能对短期经营活动进行控制，对企业的长期发展不具有完全的指导作用。

（2）传统的业绩评价系统过于重视财务指标，忽略了对企业发展有重要影响而又不能以货币计量的一些非财务指标，如市场份额、顾客满意度等，而这些指标恰恰是企业在激烈的竞争环境中取胜的关键因素。企业要想获得持续的竞争优势，单靠优良的财务业绩是远远不够的，它还必须依仗众多的非财务指标。

（3）传统的业绩评价体系往往将管理人员的业绩与财务指标挂钩，从而导致管理人员过分地重视短期财务业绩，其结果就可能使公司急功近利，在短期业绩方面投资过多，而在长期的价值创造方面，特别是在使未来的增长得以实现的无形的知识资产方面投资过少。

综上所述，传统的财务衡量方法所讲述的是过去的故事，这对工业时代的公司来说是足够的，因为以投资提高公司的长期能力及改善与顾客的关系对这些公司能否获得成功来说并不重要。然而，信息时代的公司要投资于顾客、供应商、雇员、工艺、技术和革新，只有这样，它们才能完成创造未来价值的行程，对指导和评价这一行程来说，财务指标的衡量方法是捉襟见肘的。一方面是要求提高长期竞争力的不可抗拒的力量，另一方面是传统的财务会计模式的雷打不动，这两者之间的碰撞产生了一种新的合成物——平衡计分卡。

二、平衡计分卡的战略过程及特点

平衡计分卡（Balanced Score Card）的研究设计者是著名的管理会计学家、哈佛商学院教授卡普兰和美国复兴全球公司总裁诺顿。他们通过对12家在业绩评价方面比较优秀的公司进行研究后，发现通过将财务指标与非财务指标相结合，可以弥补传统业绩评价体系的不足，并能将业绩评价与企业战略发展联系起来，由此形成了平衡计分卡。

（一）平衡计分卡的战略过程

平衡计分卡提供了一个将来源于战略的各种衡量方法一体化的框架。它在保留以往财务方法衡量绩效的同时，引进了未来财务绩效的驱动因素，作为对以往的业绩财务衡量方法的补偿。平衡计分卡的目标及衡量方法来源于企业的远景和战略。这些目标和衡量办法从财务、顾客、内部流程和学习与成长四个方面来考察企业的业绩。这四个视角的目标和指标由一系列因果假设联系起来，产生一个可向管理者提供战略反馈的可检验战略。

平衡计分卡不是关键业绩指标的单纯的集合。业绩指标是由公司的蓝图战略和目标决定的。这些指标表现在结果指标和导向指标之间、客观指标和主观指标之间、外部指标和内部指标之间、财务指标和非财务指标之间进行平衡。

（二）平衡计分卡的特点

与传统的业绩评价体系相比，平衡计分卡更强调创造长期竞争优势的因素，如顾客、内部流程和企业的学习与成长等。平衡计分卡的主要特点如下。

（1）强调以顾客为焦点。在目标市场分类中满足并留住已有的顾客，争取新顾客。

（2）重视商业运作。平衡计分卡通过产品和服务创新、高质、灵活和反应灵敏的操作程序以及优质的售后服务为目标顾客提供价值方案。

（3）重视组织的学习和成长。平衡计分卡强调通过组织的学习，从而培养技术熟练、积极肯干的员工，并提供战略信息接触渠道，以使组织不断地成长。总之，平衡计分卡是注重财务指标和非财务指标综合平衡的战略性业绩评价体系。正如《哈佛商业评论》所评价的那样，平衡计分卡是一种能够推动业绩表现的测量工具。由于平衡计分卡所具有的优点，现在，平衡计分卡已被超过 50% 的财富 500 强公司所采用。

三、平衡计分卡的目标和指标

平衡计分卡将一个组织的使命和战略阐述为四个不同视角的具体目标和业绩指标，这四个视角是财务视角、顾客视角、内部流程视角和学习与成长视角。平衡计分卡的四个方面使一种平衡得以建立，这就是兼顾短期和长期目标、理想的结果和结果的绩效驱动因素、较硬的客观目标和较软的主观目标。因为所有业绩的衡量方法都旨在实现一项一体化的战略。

（一）财务视角

财务视角主要关注从顾客视角、内部流程视角和学习与成长等三个视角采取的措施所产生的经济结果。

财务视角建立企业的长期和短期财务业绩目标，并关注其他三个视角的综合财务结果。因此，其他三个视角的目标和指标必须与财务目标相联系。财务视角有收入增长、成本降低和资产利用率三个战略主题。这三个主题成为具体的经营目标和指标体系的三个构成部分。

（1）收入增长。收入增长的目标主要包括增加新产品的数量、为现有产品开发新用途、开发新顾客和市场以及采用新的定价战略等。一旦确定了经营目标，就可以设计业绩指标。

（2）成本降低。成本降低的目标主要包括降低单位产品成本、降低每个顾客或每个分销渠道的成本等。对于上述的几个目标，适当的指标是特定成本对象的单位成本。单位成本的趋势将会说明成本是否正在降低。对这些目标来说，成本分配的准确性尤为重要。

（3）资产利用率。资产利用率的目标主要是提高资产利用率。其适当的指标是投资报酬率和经济附加值。

应该注意的是，如果公司不分青红皂白地对其所有部门和经营单位都采用相同的财务目标，则其结果可能是适得其反。例如，要求公司的每个经营单位都要实现公司统一规定的 10% 的投资回报率；或者要求对公司的每个经营单位都采用经济附加值指标评价其业绩。虽然这种做法可以使衡量业绩的指标具有一致性的特点，从某种意义上讲还是"公平的"，但它没有考虑到不同的经营单位所遵循的战略可能是不同的。因此，不同的经营单位采用同一项财务计量方法，特别是同一个财务计量目标，这显然是不合适的。财务目标和衡量方法必须起双重作用：它们不仅可用来确定战略的预期财务业绩，它们还是平衡计分卡所有其他方面的目标和衡量标准的最终目标。

（二）顾客视角

顾客视角主要关注企业将参与竞争的目标顾客和市场。

顾客视角是财务目标的收入部分的来源。该视角明确和选择了公司欲参与竞争的目标顾客和市场。一旦确定了目标顾客，就可确定核心目标和指标。顾客视角有五大核心目标，即增加市场份额、提高顾客保留率、增加顾客获得率、增加顾客满意度以及增加顾客盈利能力。

（1）增加市场份额。增加市场份额的主要目标是在利润目标的基础上，追求市场份额的最大化。市场份额（市场占有率）反映一个企业在目标市场上的占有情况，是评价该目标实现情况的主要指标。

（2）提高顾客保留率。提高顾客保留率是为了在目标客户群中增加现有顾客并能够保持或提高市场占有率。其主要的评价指标是现有顾客业务增长率和顾客回头率，反映企业保留或维持同现有顾客关系的比例。

（3）增加顾客获得率。增加顾客获得率是为了促使企业获得更多的新顾客或新业务，从而增加市场份额。新顾客的数量是其主要的评价指标。

（4）增加顾客满意度。增加顾客满意度是保持现有顾客并获得更多新顾客的前提。只要当顾客对所购买的产品特别满意时，他们才有可能再次购买企业的产品。因此，增加顾客满意度对企业是至关重要的。顾客满意度是用来评价顾客对企业产品或服务满意程度的主要指标。

（5）增加顾客盈利能力。企业不仅希望获得更多的顾客，更希望获得有利可图的顾客。增加顾客的盈利能力是保证企业生存和发展的前提条件。单个顾客和顾客群的盈利能力是其主要的评价指标。

除了核心目标和指标，顾客视角还需包括驱动顾客价值从而驱动核心结果的指标。例如，增加顾客价值，以建立顾客忠诚度（提高保留率）和增加顾客满意度。

与顾客价值实现相关的目标主要包括改进产品的功能、改进产品的质量、增强交货可靠性、改进产品形象和声誉。这些目标相应的指标分别是产品特性满意率、产品退回率、准时交货率和产品认知率。

顾客视角的目标使各公司能够把自己的核心顾客结果衡量标准——满意、忠诚、回头率、购买率和获利能力——同其所选中的顾客群体和市场部分相衔接。顾客视角还能够明确地确认和衡量企业将使客户获得价值的建议。这些建议标志着有关衡量顾客结果的重要方法的驱动因素和先行指标，这也将成为制定关于顾客视角的目标和衡量指标的关键。

（三）流程视角

内部流程视角主要关注为顾客和企业股东提供价值所需要的内部流程。内部流程是创造顾客和股东价值的手段。因此，内部流程视角要求识别实现顾客和财务目标所必需的流程。内部流程价值链由创新流程、经营流程和售后流程三个部分组成。

（1）创新流程。创新流程的目标是通过市场调查预测顾客现有的和潜在的需求，从而开发新产品和服务以满足这些需求。创新流程代表了长期的价值创造。企业只有及时、迅速地捕捉到顾客的需要，不断地寻找并开拓出新的市场，才能获得持久的竞争能力。创新流程的指标包括增加新产品的数量、专利产品收入百分比以及新产品开发周期等。

（2）经营流程。经营流程为顾客生产和交付现有产品和服务，经营流程开始于顾客订单，结束于产品和服务的交付。这一流程强调向顾客及时、有效、连续地提供产品和服务。经营流程的目标主要是提高流程质量、提高流程效率和缩短流程时间。经营流程中的质量指标主要包括质量成本、有效产出率和合格品率等。流程效率指标主要涉及流程成本和流程生产率。流程时间的指标主要有生产周期、生产速度和生产循环效率。

（3）售后服务流程。售后服务流程在产品或服务交付后，为顾客提供必要的、反应迅速的服务。售后服务流程包括提供担保、对产品进行修理和帮助顾客完成结算过程等服务。售后服务流程的目标包括提高质量、提高效率以及缩短流程时间。其相应的业绩考核指标包括一次解决问题比率、成本趋势、投入产出率和周期等。

为企业内部流程制定目标和业绩指标是平衡计分卡制度同传统的业绩评估制度之间最显著的区别之一。目前，很多公司都试图在内部流程中改善产品质量、缩短生产周期、增加回报率、最大限度地扩大生产能力和降低生产成本，但是，仅注意改善生产周期、生产能力、质量和成本不足以使公司形成独一无二的竞争能力，除非公司在所有上述领域都超过竞争对手，如质量时间、生产能力和成本等。应该注意的是，这种竞争能力只有助于企业的生存，而不能形成独特的、可持续存在的竞争优势。

（四）学习与成长视角

学习与成长视角主要关注组织创造长期成长力和改进所需的能力。学习与成长视角是其他三个视角的目标得以实现的源泉。学习与成长视角必须包括三个主要目标：提高员工能力，增加激励、授权和合作，提高信息系统能力。

（1）提高员工能力。提高员工能力的三种核心指标是员工满意等级、新员工百分比和员工生产率。关于员工能力的导向指标或业绩动因包括培训时间和适合战略性工作的员工比例。当产生新的流程时，经常需要新技术。培训和招聘是新技术的来源。而且，特定关键领域所需的、具备必备技术的员工百分比可反映组织实现其他三个视角目标的能力。

（2）增加激励、授权和合作。员工不仅必须具备必要的技术知识，还必须拥有有效使用这些技术知识的自由、动机和积极性。每个员工提出建议的次数和每个员工的建议被采纳次数都可作为激励和授权的指标。每个员工提出建议的次数衡量员工参与的程度，而每个员工的建议被采纳次数则反映员工参与的质量，同时，还向员工表明他们的建议是否得到重视。

（3）提高信息系统能力。提高信息系统能力意味着向员工提供更准确、更及时的信息，使他们能够改进内部流程，并有效地执行新的流程。提高信息系统能力的指标关注获取信息的难易程度，主要包括具有实时反馈能力的流程的百分比、通过在线获取顾客和产品数据来与顾客交流的员工百分比等。

越来越多的企业已经注意到，一旦以短期财务标准来衡量他们业绩，他们就难以获得新的投资以加强他们的员工、系统和内部经营过程的改进。削减这类投资对企业来说是增加短期财政收入的轻而易举的手段。平衡计分卡制度强调要实现长期的财政目标，企业必须对其基础设施——员工、系统和经营过程——进行投资。

（五）四个视角之间的具体关系

与传统的业绩评价方法不同，使用平衡计分卡，管理者可以从财务、顾客、内部流程和学习与成长等四个重要方面来评价企业。在平衡计分卡评价体系中，财务、顾客、内部流程和学习与成长四个部分紧密联系，相互作用。财务指标说明了已采取的行动所产生的结果，同时它又通过对顾客的满意度、内部流程及学习与成长活动进行测评的业务指标来补充财务衡量指标。这些指标是未来财务业绩的驱动因素。学习与成长直接决定着其他三个因素，内部流程对顾客和财务有着制约作用，财务指标受其他三个因素的直接影响。

例如，如果对设计人员进行质量培训，他们就能改进产品的工艺流程，以减少废品的数量；由于产品质量提高了，顾客的满意度就会增加；由于企业的信誉度上升，市场份额就会增加；由于市场份额增加，营业收入就会增加；由于营业收入增加了，也就使利润增加。

四个视角都通过假设的因果关系联系起来。学习与成长视角是通过对员工的培训体现的；流程视角是通过重新设计产品和生产流程体现的；顾客视角是通过顾客满意度和市场份额体现的；财务视角是由营业收入和利润体现的。战略的切实可行性是可以检验的，质量改进战略的实施结果最终可以通过财务指标得到反馈，从而便于管理者检验战略的合理性。

第十章
成本报表与成本分析

成本报表是根据成本管理要求，依据企业日常成本核算资料和其他有关资料编制的，用以反映和控制企业一定时期产品成本和构成情况，以及有关各项费用支出情况的一种报告文件，是企业成本信息的主要载体。

第一节　成本报表

一、成本报表的作用

（1）成本报表可以综合反映报告期内的产品成本水平，考核企业成本计划的执行和完成情况，为编制下期成本计划提供资料。

企业成本计划的完成情况，从根本上影响着企业利润计划的实现。因此，编制成本计划并定期进行考核，也就成为企业成本管理的重要内容之一。通过编制成本报表，可以综合反映报告期内产品成本的实际水平，产品实际成本与成本计划对比，可为企业领导及各级管理人员提供成本计划完成情况的有关成本信息。企业管理人员通过分析成本计划完成情况及原因，可为制订下期成本计划提供可靠的依据。通过分析成本报表资料，可及时发现企业在生产、技术、质量、管理等方面取得的成绩和存在的问题，不断总结经验教训，有利于提高企业的经营管理水平和经济效益。

（2）成本报表是进行成本差异分析、评价和考核各成本中心成本管理业绩的重要依据，为例外管理提供必要的信息。通过成本报表的分析，可以揭示成本差异对产品成本升降的影响程度，把注意力集中放在那些属于不正常的、对成本有重要影响的关键性差异上，查明原因，以便采取有效的措施来控制成本。同时，通过成本报表提供的成本信息，可以定期评价和考核有关部门和人员执行成本计划或预算的成绩和责任，奖励先进，鞭策后进，激励职工增强岗位责任感和积极性，保证企业降低成本任务的完成。

（3）企业管理者利用成本报表进行分析，能及时掌握成本实现的情况，有利于加强成本的日常管理和控制，为企业进行成本预测、决策提供信息。

企业对成本进行有效的控制是企业在市场经济中取胜的重要手段，而成本报表则是进行有效控制不可缺少的重要依据。企业要在市场竞争中保持低水平的成本，应不断结合企业实际情况，充分挖掘内部潜力，制订出新的成本计划，而当期的成本报表正是企业进行成本预测、决策的重要信息和资料的来源。

二、成本报表的种类和特点

（一）成本报表的种类

成本报表是服务于企业内部经营管理的内部报表，因此从报表的格式、编报种类、报送时间等都由企业根据生产经营的特点和企业管理的要求，特别是成本管理的具体要求而定的。不同企业，以及同一企业不同时期的成本报表的内容都不尽相同。因为成本报表可随着生产条件的变化，管理要求的不同而随时进行修改和调整。为了充分而又正确地认识和理解各种成本报表，有必要对其进行分类。

1. 按报表反映的内容分类

成本报表按其反映的内容可以分为反映成本执行情况的报表，反映费用支出情况的报表，反映生产经营情况的报表。

（1）反映成本执行情况的报表，主要包括产品生产成本表和主要产品单位成本表。这类报表主要反映企业为生产一定产品所发生的成本是否达到预定目标，通过报告期的实际成本与相关成本水平指标进行对比分析，可以了解企业产品成本的计划完成情况及发展变化趋势，为进行深入的成本分析，挖掘降低成本的潜力提供资料。

（2）反映费用支出情况的报表，主要包括制造费用明细表、管理费用明细表、财务费用明细表、营业费用明细表等。这类报表主要反映企业在报告期内的费用支出及构成情况。通过分析，了解企业费用支出的合理性和变化趋势，有利于企业加强费用预算，考核费用预算的执行情况，明确经济责任。

（3）反映生产经营情况（专项成本或成本管理专题）的报表，主要包括生产情况表、材料耗用成本表、责任成本表、质量成本表、环保成本表、人力资源成本表等。这类报表主要反映企业在报告期内某些费用，成本的具体发生情况及某些特定的、重要的专项成本管理问题等。通过这类报表的分析和信息反馈，有利于企业采取措施，加强对某些专项成本的管理。

2. 按编报时间分类

成本报表按编制时间可分为定期成本报表和不定期成本报表。

（1）定期成本报表，是指按规定期限报送的，反映企业有关成本、费用情况的报表。按时间长短，一般包括年报、季报、月报、旬报、周报、日报等，其中旬、周报、日报等是为及时反馈某些重要的成本信息，以便管理部门采取相应对策而编制的。

（2）不定期成本报表。这类报表是针对成本、费用管理中出现的某些问题或急需解决的问题而随时按管理要求编制的成本报表。

3. 按报表编制范围分类

成本报表按编制范围可分为全厂成本报表、车间成本报表、班组成本报表及责任个人成本报表等。

（二）成本报表的特点

成本报表是为企业内部成本管理服务的报表，主要特点有：

1. 编报的目的主要服务于企业内部

成本报表主要为企业内部经营管理服务，满足企业管理者、成本责任者对成本信息的需求，有利于观察、分析、考核成本动态和工作业绩，有利于控制成本目标的实现，也有利于成本预测、决策工作。

2. 成本报表的内容灵活

成本报表主要是围绕成本管理需要反映的内容，没有明确规定的统一内容和范围，往往可以从管理需要出发，对某一个问题或某一侧面进行编制报表反映。因此，成本报表的内容灵活多样，以适应不同使用者和不同管理目的对成本信息的需要。

3. 成本报表的格式呈多样性

成本报表的格式，可以由企业自行设计，随反映的内容不同，允许不同的格式，同一内容在不同时期也可有不同格式。因此，成本报表的格式不是统一固定的，而是灵活多样的。

4. 内部成本报表的编报可以不定期进行

成本报表可以根据管理的需要适时地不定期地进行编报，使成本报表及时反映和反馈成本信息，揭示存在的问题，促使有关部门和人员及时采取措施，改进工作，达到节约降低成本费用的目的。

三、成本报表编制的要求和依据

为了使成本报表能够在企业经营管理活动中发挥应有的作用，在编制时应满足以下要求：

（1）要考虑报表的专题性。虽然有些成本报表反映的是企业成本的全貌，但作为内部报表，其专题性是编报时需要考虑的重要问题。例如，产品生产成本表是反映企业全部产品总成本的报表，一般按产品种类反馈，但企业根据成本管理的需要，可按成本项目反映，也可按成本与产品产量的依存关系反映。

（2）在计量和填报方法上，应保持一致性编制成本会计报表，会计处理方法应当前后各期保持一致。当情况发生变化，计量和填报方式的变更成为合理和必须时，应当及时说明并进行相应的调整，以避免前后各期成本信息的波动，给企业经营管理者造成误导。

（3）要做到数字真实、计算准确、内容完整、说明清楚、编制及时。

成本报表中的有关成本信息，对财务报表也会产生影响，成本信息的准确、真实，将使财务报表中的有关信息的真实、客观得到保证，否则财务报表对外提供的信息就有虚假成分，而为了及时编报财务报表，也必须及时编报成本报表。因此，从对财务报表真实、准确、及时的要求看，成本报表的编制也必须做到真实、准确、及时。

第二节 成本分析

一、成本分析的意义

成本分析是利用专门的方法，对一定时期内企业成本的计划、定额和相关资料与成本的实际发生情况进行综合分析评价，揭示成本各组成部分之间的关系及成本各组成部分变动和其他有关因素变对成本的影响，以寻找降低成本途径，促进企业成本不断降低的手段，从而达到以最低的消耗取得最佳的经济效益。成本分析是成本管理的主要组成部分。正确及时地进行成本分析，对成本、费用的发生和完成情况进行评价和考核，对加强成本管理有非常重要的作用。

（1）通过成本分析，可以从成本形成的各种要素中，揭示成本节约或超支的项目及原因，有利于发现企业经营管理中存在的问题和不足，并及时采取措施，改善管理工作。

（2）通过成本分析，可以为下一步的成本预测、决策等提供重要的成本信息。

（3）通过成本分析，可以正确评价和考核企业成本计划的完成情况，揭示影响成本计划的因素及影响程度，为寻求进一步降低成本的方法提供资料依据。

二、成本分析的原则

进行成本分析应遵循的原则主要有：

1. 全面分析与重点分析相结合

成本是企业经济活动情况的综合反映，是多种因素的综合结果，只有进行全面的分析研究，才能真正揭示成本升降的原因。全面分析就是要求成本分析内容具有全局性、广泛性，要以产品成本形成的全过程为对象，结合生产经营各阶段的不同特点，做到事前进行预测分析，事中进行控制分析，事后进行查核分析。然而，全面分析并非事无巨细，面面俱到，而应该重点突出，找出关键问题进行针对性的透彻的分析。只有将全面分析与重点分析进行有机的结合，才能更好地促进成本的降低与节约。

2. 定量分析与定性分析相结合

定量分析是通过对成本变动数量的分析，来揭示成本指标的变动情况及各因素的影响程度。定性分析是通过对成本性质的分析，揭示影响成本各因素的性质、内部联系及其变动趋势。定量分析是定性分析的基础，定性分析是对定量分析的进一步补充和说明。进行成本分析，必须在定量分析的基础上进行科学的定性分析，将两者有机结合起来，使成本分析更深入透彻。

3. 纵向分析与横向分析相结合

进行成本分析时，不仅要从企业内部范围进行本期与上期的对比分析，本期与计划的对比分析，本期与历史先进水平的对比分析，而且还要与国内外同行业先进水平相对比，指出差距和原因，激发职工的积极性，充分发挥潜力，达到或超过先进水平。

4. 成本分析与成本考核相结合

为了达到成本分析的目的，还应将成本分析结果同企业内部各部门业绩考核结合，将降低成本的任务落实到各责任部门，使得各职能部门的责任目标更具体和明确，并且可以及时将执行任务的结果进行反馈，使成本分析更实际和深入。

三、成本分析的程序

进行成本分析时，应按以下程序进行：

1. 提出分析对象，明确分析

要求企业应根据成本管理的要求，明确分析目标，提出分析对象，然后根据分析对象，拟订分析计划或纲要。

2. 收集相关资料，掌握有关情况

进行成本分析，必须收集内容真实、数据正确的资料。包括成本核算的实际资料，成本目标、定额、标准等资料，日常的成本管理资料，国际国内先进企业的资料等。这是企业开展成本分析的基础。

3. 对比差距，揭露矛盾

企业进行成本分析时，主要通过实际与计划对比，同种指标在不同时间上对比，同种指标在不同条件下对比，有关指标之间相互对比等对比分析，以揭露矛盾，寻找差距，发现存在的问题。

4. 分析原因，抓住关键

对比分析，只能从数量上、现象上发现差异，不能说明差异的实质。因此，还必须进行深入分析，分析形成差异的原因，并找出主要原因，抓住主要矛盾。

5. 提出措施，改进工作

分析矛盾是为了解决矛盾。对成本分析中发现的关键问题和薄弱环节，企业要及时提出改进措施，挖掘潜力，改善企业的成本管理工作。

四、成本分析的方法

成本分析的方法是多种多样的，它可以采用会计方法、统计方法和数学方法等。而这些方法往往不是孤立的，在进行成本分析时，可以将它们结合使用。下面仅介绍成本分析中的常用方法。

1. 比较分析法

比较分析法也叫对比分析法，是通过同一指标的实际数与基数的对比来揭示其存在的差距，并为进一步的分析指明方向的一种分析方法。

采用比较分析，要注意比较指标的可比性，即对比指标采用的计价标准、时间单位、计算方法、指标口径等是可比的。在比较同类企业成本指标时，还必须考虑到客观条件、技术经济条件等因素。

比较分析法除用于绝对指标对比外，在很多情况下还要进行相对数的比较分析。

2. 比率分析法

比率分析法是通过计算和对比经济指标的比率，进行数量分析的一种方法。比率分析法一般包括：

（1）相关指标比率分析。是将不同质但相关的指标进行对比求出比率的一种方法。成本分析中常见的指标有：成本利润率、销售收入成本率和产值成本率等。通过相关比率的分析可以进一步分析和比较生产耗费的经济效果。

（2）构成比率分析。是指同质指标的各组成部门占总体的比重，成本分析中常见的构成比率分析有：产品成本的构成比率、制造费用的构成比率、管理费用和营业费用构成比率等。通过构成比率分析可以反映产品成本或其他各项费的构成是否合理以及变动情况，有利于掌握经济活动情况及其对产品成本的影响。

（3）动态比率分析。就是将同质指标的不同时期的指标数值进行对比，求出比率，以反映该指标的发展趋势、增减速度及变化情况，从中发现企业在生产经营管理方面存在的问题和不足。

动态比率分析也叫趋势分析法。具体包括定比分析和环比分析两种。定比分析是以某一时期为基数，其他各期均与该期进行比较；环比分析是每期均分别以上一期为基期，下一期与上一期进行比较。

3. 因素分析法

因素分析法是把某一综合指标分解为若干个相互联系的因素，通过一定的计算方法，定量分析确定各因素影响程度的方法。

成本指标是一个综合性指标，它受许多因素的影响，只有把成本指标分解为若干个因素，才能明确成本指标完成情况的原因和责任，因此必须运用因素分析法进行成本分析。

因素分析法可分为以下两种：

（1）连环替代法。这是在确定影响因素的条件下，按照一定的替换顺序逐一因素替换，计算出各个因素对成本指标影响程度的一种方法。这种分析方法的程序如下：

第一，根据分析对象，确定影响因素。

第二，将各影响因素排序，各因素的排列顺序，一般先计算数量因素，再计算质量因素，如果有几个数量因素或质量因素，先计算主要因素，再计算次要因素。

第三，按排定的因素顺序，逐一将各因素的基数替换成实际数，计算每个因素的影响程度。在替换某一因素时，假设其他因素不变。

第四，将各因素的影响程度汇总，与分析对象相核对。

（2）差额计算法。差额计算法是连环替代法的简化形式，它是利用各个因素的实际数与基数的差额，计算出各个因素变动对指标的影响程度的一种分析方法。

结　语

　　成本管理会计对企业的成长和发展都有着非常重要的意义，要想更好地实现成本管理会计的应用效果，首先，需要努力创设一个较为完善的成本管理会计平台，使得成本管理会计相关工作能够体现出制度化和规范化；其次，企业本身应该加强对成本管理会计工作的重视，企业领导层应该不断转变对会计部门的传统认识，更加积极地推动成本管理会计工作的展开。除此之外，还应该注重成本管理会计从业人员的专业素质，定期对他们进行培训，让其能够了解最新的动态和理念，提升综合素质和专业技能。同时，企业还应该建立成才储备机制，注重人才的储蓄和培养；最后，企业应该对财务会计相关工作进行明确的分工，划分各岗位的职权，针对性地分配职责。此外，企业还应该将分离理念应用到岗位管理工作中，一方面保证岗位独立，另一方面也实现各岗位之间的制衡和监督。

参考文献

[1] 余绪缨, 王怡心. 成本管理会计 [M]. 西安：立信会计出版社, 2004.

[2] 张涛. 现代成本管理会计 [M]. 北京：经济科学出版社, 2011.

[3] 杨公遂, 何敏, 高玉荣. 战略成本管理会计理论与实务 [M]. 大连：东北财经大学出版社, 2013.

[4] 谢爱萍, 李亚云. 成本管理会计 [M]. 北京：人民邮电出版社, 2015.

[5] 汪蕾. 成本管理会计 [M]. 天津：南开大学出版社, 2015.

[6] 甘永生, 闫德志. 成本管理会计 [M]. 武汉：华中科技大学出版社, 2011.

[7] 高等教育自学考试命题研究组. 企业成本管理会计 [M]. 北京：中国财政经济出版社, 2013.

[8] 胡国强, 马英华. 成本管理会计(第三版)[M]. 成都：西南财经大学出版社, 2008.

[9] 胡国强, 张亚连. 成本管理会计学习指导 [M]. 成都：西南财经大学出版社, 2010.

[10] 聂永刚. 现代企业成本管理会计 [M]. 贵阳：贵州人民出版社, 2003.

[11] 林万祥. 现代成本管理会计研究 [M]. 成都：西南财经大学出版社, 2005.

[12] 胡玉明. 高级成本管理会计 [M]. 厦门：厦门大学出版社, 2002.

[13] 余海宗. 战略管理会计论 [M]. 成都：西南财经大学出版社, 2004.

[14] 陈芬. 战略管理会计 [M]. 昆明：昆明理工大学, 2009.

[15] 郭化林, 阮晓明. 战略管理会计理论研究 [M]. 长春：吉林科学技术出版社, 2004.

[16] 宋献中, 胡玉明. 管理会计：战略与价值链分析 [M]. 北京：北京大学出

版社, 2006.

[17] 余绪缨. 管理、管理会计理论与实践的新发展 [M]. 广州：暨南大学出版社, 2006.

[18] 林钢. 责任会计 [M]. 北京：中国人民大学出版社, 2005.

[19] 孙续元. 现代成本管理 [M]. 上海：上海财经大学出版社, 2007.

[20] 李永梅, 张艳红, 汪军. 财务预测理论与实务 [M]. 西安：立信会计出版社, 2005.

[21] 汪祥耀. 现代成本会计学 [M]. 杭州：浙江人民出版社, 2004.

[22] 李妍. 成本费用业务处理 [M]. 北京：北京工业大学出版社, 2013.

[23] 樊行健. 成本费用内部控制 [M]. 大连：大连出版社, 2010.

[24] 袁静. 成本费用控制原理与应用 [M]. 哈尔滨：黑龙江人民出版社, 2007.

[25] 蔡维灿. 经营预测与决策分析 [M]. 北京：北京理工大学出版社, 2012.

[26] 胡义和, 麻占华. 现代成本会计管理理念与方法 [J]. 会计之友旬刊, 2003, 000(001):10-11.

[27] 党誉珲. 新时期加强企业成本会计管理的措施分析 [J]. 消费导刊, 2018, 000(022):192.

[28] 夏菱. 成本核算法比较分析 [J]. 中国乡镇企业会计, 2009, 000(012):134-136.

[29] 王淑凤. 浅谈企业成本核算中成本费用分配 [J]. 中国集体经济, 2011(2X):176-176.

[30] 何纳. 企业成本报表分析的探讨 [J]. 中国乡镇企业会计, 2015(7):137-138.